공감의 뿌리

Roots of Empathy: Changing the World Child by Child
Copyright ⓒ 2005 by Mary Gordon

All rights reserved.
Korean translation copyright ⓒ 2008 by Shanti Books

This Korean edition Published by arrangement with Transatlantic Literary Agency Inc.
through Koleen Agency, Korea.

이 책의 한국어판 저작권은 콜린 에이전시를 통한 저작권자와 독점 계약한 도서출판 샨티에 있습니다.
신저작권법에 의해 한국 내에서 보호를 받는 저작물이므로 무단 전재와 무단 복제를 금합니다.

공감의 뿌리

2010년 5월 30일 초판 1쇄 발행. 2022년 12월 12일 초판 10쇄 발행. 메리 고든이 쓰고 문희경이 옮겼으며, 심상달이 감수했습니다. 도서출판 샨티에서 박정은이 펴내고, 이홍용이 편집을 했습니다. 새와 나무에서 본문 및 표지 디자인을 하였고, 제작 진행은 굿에그커뮤니케이션에서 맡아하였습니다. 출판사 등록일 및 등록번호는 2003. 2. 11. 제2017-000092호이고, 주소는 서울시 은평구 은평로3길 34-2, 전화는 (02) 3143-6360, 팩스는 (02) 6455-6367, 이메일은 shantibooks@naver.com입니다. 이 책의 ISBN은 978-89-91075-64-1 03370이고, 정가는 15,000원입니다.

이 도서의 국립중앙도서관 출판시도서목록(CIP)은 e-CIP홈페이지(http://www.nl.go.kr/ecip)와 국가자료공동목록시스템(http://www.nl.go.kr/kolisnet)에서 이용하실 수 있습니다.(CIP제어번호: CIP2010001874)

Roots of Empathy

공감의 뿌리

아이들 한 명 한 명이 세상을 바꾼다

메리 고든 지음 | 문희경 옮김 | 심상달 감수

【산티】

항상 날 사랑해 주시는 부모님,
조지 다이어와 헬렌 다이어께.
이 책을 읽고 매우 기뻐하실 겁니다.

: 차례 :

추천의 글 _ 10

들어가는 글 _ 13

1부 공감의 뿌리

1. 작은 씨앗으로부터 _ 23
공감의 씨를 뿌리다 25 | 공감의 뿌리 교과 과정 31 | '공감의 뿌리'의 탄생 36 | '공감의 뿌리' 첫 번째 프로그램 40 | 초대할 아기 선정하기 45 | '공감의 뿌리', 세계로 뻗어나가다 46 | 우리 세계의 '공감의 뿌리' 47

2. 공감이란 무엇이고 왜 중요한가? _ 50
공감이란 무엇인가? 50 | 공감이 왜 중요할까? 56 | 공감, 감성 능력 58 | 아이도 한 사람이다 62 | 공감은 말로 가르쳐지는 것이 아니라, 보고 터득하는 것이다 65 | 공감과 세 가지 기본 교과 66

3. '공감의 뿌리' 교실 풍경: 아기가 교사다 _ 70
레아가 아이들을 가르치다 70 | 왜 아기를 초대할까? 76 | 미래를 만들다 79 | 소망 나무에 매달린 나뭇잎 글들 80

공감의 뿌리
Roots of Empathy

2부 인간 관계의 여섯 가지 요소

4. 공감의 뿌리: 인간 관계의 여섯 가지 요소 _ 85
   첫 번째 요소: 신경 과학 86 | 두 번째 요소: 기질 86 | 세 번째 요소: 애착 87 | 네 번째 요소: 감성 능력 87 | 다섯 번째 요소: 진정한 소통 88 | 여섯 번째 요소: 사회적 포용 89

5. 사랑이 뇌를 키운다: 아이들에게 신경 과학 가르치기 _ 90
   사랑이 뇌를 키운다 92 | 긍정적 양육의 부재 95 | 자극을 주는 학습 환경 99 | 신경 과학의 이해: 정치적 조치 102

6. 기질: 자기를 이해하기 _ 105
   기질이란 무엇인가? 106 | 기질: 어떻게 행동하는가? 111 | 기질 특질 112 | 기질, 큰 그림으로 보라 118 | 부모가 아기에게 적응하는 방식 120 | 교실 안에서 나타나는 기질 123 | 기질: 모두를 위한 학습 126

7. 애착: 생애 첫 관계 맺기 _ 127
   생애 첫 관계: 건강한 사회의 기반 127 | 애착이란 무엇인가? 130 | 애착의 발달 133 | 안정된 애착을 형성하지 못하면 어떻게 될까? 136 | '공감의 뿌리' 교실에서의 애착 관계 137 | 애착을 이야기하다 141

8. 감성 능력: 마음의 언어 _ 143
   감성 능력이란 무엇인가? 145 | 감성 능력의 발달 145 | '공감의 뿌리' 교실에서의 감성 능력 149 | 보살피는 능력과 생각하는 능력 163

9. 진실한 대화: 마음에서 우러나온 말_165
   아이가 이끄는 대화 165 | 진실한 대화를 방해하는 요인 167 | 진실한 대화의 힘 169 | '공감의 뿌리' 교실에서의 진실한 대화 174 | 진실한 대화, 진정한 성장 178

10. 사회적 포용: 모두에게 자리를 내주기_179
    다양성에서 풍부한 경험을 얻다 179 | 태어날 때부터 배척당하는 삶: 악순환의 고리 끊기 183 | '공감의 뿌리'와 사회적 포용 187 | 안에 있는 사람과 밖에 있는 사람 193 | 포용하는 분위기 만들기 198

3부 공감의 뿌리와 사회

11. 아기는 친구를 괴롭히는 아이들에게 무슨 말을 해줄까?_201
    약자를 괴롭히는 세상 204 | 또래 괴롭힘의 여파 207 | 가해자는 만들어진다. 따라서 방지할 수도 있다 208 | '공감의 뿌리', 또래 괴롭힘에 대한 해결책 211 | 모든 아이는 평화의 원동력 216

12. 아기는 안전에 관해 무슨 말을 해줄까?_218
    울기와 안전 218 | 수면과 안전: 부모가 될 준비가 되었는가? 222 | 돌아다니는 아기, 안전한 집 224 | 알코올과 담배, 안전한 양은 없다 225 | 너무 이른 나이는 없다 227

공감의 뿌리
Roots of Empathy

13. 아기는 교사에게 무슨 말을 해줄까?_229
    '공감의 뿌리': 서로를 배려하는 교실 분위기 229 | 내가 있는 곳으로 와주세요 229 | 모든 아이는 리더감이다 233 | 돌봄의 교과 과정 234 | 관계와 학습 238 | 아이마다 다른 학습 방식과 교육적 순간 240 | 교사의 자격 243

14. 아기는 부모에게 무슨 말을 해줄까?_245
    생애 첫 관계 245 | 유년기의 학습 247 | 성격 형성: 공감의 발달 250 | 부모가 전문가다 253

15. 아이들 한 명 한 명이 세상을 바꾼다_256
    마음의 길 256 | 아는 것을 지키며 살자 258 | 가능성을 실현하다 262 | 아이들 하나하나로 시작하라 264

부록 1. 자녀 양육 및 가족 교육 프로그램의 역사_266
부록 2. '공감의 뿌리'가 아동의 감성 능력과 사회 능력 향상에 미치는 효과_276

주_289
참고 문헌_296
감사의 글_301

: 추천의 글 :

오직 학문적 주제만 측정하고 개선할 수 있다고 믿는 사람들은 이 책을 읽고 생각이 바뀔 것이다. 메리 고든의 《공감의 뿌리 Roots of Empathy》는 아이들에게 공감 능력을 길러주는 작업을 최우선에 두고, 놀라운 성과를 얻은 과정을 단순하면서도 명쾌하게 전달한다.

메리 고든은 과학과 모성애를 이용하여 가슴을 울리고 영감을 주는 훌륭한 프로그램을 개발했다. 이 프로그램은 가장 열악한 상황에서도 어떤 일을 해낼 수 있는지 보여준다는 점에서 우리에게 깊은 감동을 준다. 엄마와 아기를 중심에 두고 교육 내용을 구성할 수 있으리라고, 또 아기가 이끄는 교육이 신경과학 측면에서 이토록 놀라운 결과를 낳을 수 있으리라고 그 누가 상상이나 할 수 있었을까?

'공감의 뿌리 Roots of Empathy, ROE'는 철저히 인간 조건에 관한 과학적 지식에 뿌리를 두지만, 그보다는 애착 attachment, 감성 능력, 진실한 대화, 사회적 포용의 방법을 개발하고 강화하는 데 중점을 둔다. 제멋대로인 아이에게도 다양한 세계, 아니 험난한 세상에서 인간으로 산다는 것이 어떤 의미인지 직접 체험할 기회를 주면서 말 그대로 인생을 바꿔놓을 만한 놀라운 경험을 제공한다.

'공감의 뿌리' 전략은 간명하면서도 강력하다. 그리고 결과가 확실히 보장된다. 외부 연구자의 철저한 평가에서도 '공감의 뿌리' 수업이 진행된 한 학년 동안 또래 괴롭힘 사건이 줄고 다른 유형의 공격 행동도 줄었다는 결과가 나왔다. 더불어 다른 아이들에 대한 공감 수준이 높아졌다. 특히 학교 생활에 적응하지 못하는 친구에게 손을 내미는 아이들도 늘었다. 그리고 독해나 수학과 같은 학습 능력과 자존감이나 행복감이 긴밀하게 연결되어 있어 이들 간의 상호 관계가 서로의 발달을 더욱 강화한다는 사실을 확인할 수 있었다.

나 역시 독해 능력과 수리 능력을 발달시키는 데 초점을 맞추면서 '공감의 뿌리' 프로그램을 연구했다. 그 결과 평가 기준을 높이고, 학생들 사이의 격차를 줄일 수 있었다. 우리 팀은 영국처럼 한 국가 전체나 온타리오처럼 한 지방 전체에서 대규모로 연구를 진행해 긍정적인 결과를 내고 있다. 하지만 아직 시작일 뿐이다. 여기서는 제3의 기본 요인, 즉 아이들이 느끼는 행복감은 고려하지 않았다. 독자적인 행복이 아니라 학업과 성공한 삶에 꼭 필요한 요소로서의 행복을 연구에 포함하지 않은 것이다. 학업과 개인 발달 그리고 사회 발달을 한데 녹여서 프로그램의 정책과 전략을 강화할 수 있다면 우리는 원대한 목표를 달성할 수 있을 것이다.

세계 어느 나라든 '공감의 뿌리' 프로그램에 진지한 관심을 보일 필요가 있다. '공감의 뿌리'를 배우고 이를 자국의 많은 학생들과 함께해야 한다. 아이를 발달의 중심에 두어야 한다는 얘기다. 추상적이고 철학적인 방식이 아니라 직접적이고 구체적인 방식으로 말이다. 메리 고든은 실용적이고 설득력 있으면서도 공감적인 방식으로 아이를 대하는 방법을 제시한다. 가슴은 머리에 이르는 길이다. 이 둘은 명료하게 연결되어 있어야 한다. 무엇보다 '공감의 뿌리'는 사회적 포용과 학문적 포용의 본보기 역할을 하고 있다. 따라서 만약 당신이 교육자나 부모 혹은 정치인이라면 꼭 이 책을 읽어봐야 할 것이다.

마이클 풀란Michael Fullan
토론토 대학 온타리오 교육연구소 소장, 명예교수

: 들어가는 글 :

나는 뉴펀들랜드에서 한 지붕 아래 3대가 사는 화목한 대가족에서 자랐다. 우리 부모님은 사회 정의에 관심이 많은 분들이었다. 내가 여섯 살이고 언니 수전이 여덟 살이던 어느 저녁 식사 자리에서 아버지가 식탁에 빈 깡통을 올려놓더니 그 안에 동전 몇 개를 떨어뜨리셨다. 그러면서 우리가 사달라던 검은색 메리제인 에나멜 구두를 사주지 못하겠다고 하셨다. 그 돈으로 신발이 한 켤레도 없는 인도의 어린 소녀에게 신발을 사주어야 한다는 것이었다.

근처 교도소에는 "출감해서 다이어 여사(우리 어머니) 댁으로 가면 밥 한 끼 대접받을 수 있다"는 소문이 퍼져 있었다. 우리는 손님을 따뜻하게 맞아주고 거실의 카드 테이블에 앉아 손님이 식사하는 동안 함께 이야기를 나누곤 했다. 어머니는 사람은 누구나 처지와 상관없이 존엄한 존재라고 가르쳐주셨다.

우리 집 이야기를 꺼내는 이유는 가족의 힘이 얼마나 위대한지, 가정 안에서 일어나는 모든 일상이 한 사람의 가치관을 형성하는 데 얼마나 중대한 영향을 끼치는지 말하기 위해서다. 어릴 때 나는 넘어지면

꾸중을 듣기보다 도움을 받았고, 그 덕분에 자신감을 키울 수 있었다.

'공감의 뿌리' 프로그램을 개발하기까지 나는 먼 길을 돌아오면서 다채로운 경험을 쌓았다. 그리고 다음과 같은 주제의 중요성을 거듭 확인했다.

가족의 중요성

나는 아동 학대, 방치, 가정 폭력의 굴레를 벗어나지 못하는 여러 가족들을 만나면서 부모에서 자식으로 폭력이 대물림되는 현실을 목격했다. 이 시대에 만연한 사회적 병폐의 공통분모를 찾아보면 문제 해결의 길이 보이게 마련인데, 그 공통분모는 바로 공감empathy의 부재이다.

공감 능력이 발달한 아이는 타인에게 인간애를 느낀다. 공감 능력이 없으면 갈등을 해결하지도, 이타심을 발휘하지도, 평화를 추구하지도 못한다. 여러 가족들을 만나보면 두 가지 중요한 사실을 확인할 수 있다. 첫째, 아이들은 가족의 문화 안에서 발달하므로 가족의 문화를 배척하지 말고 그 안에서 공감 교육이 이루어져야 한다는 것, 둘째, 가족의 구조보다 가족 구성원 간의 관계가 중요하다는 것이다.

아이들을 만나는 특권

나는 학대받거나 방치된 아이들, 싸구려 여관을 전전하며 사는 아이들, 약물이나 알코올에 중독된 부모와 함께 사는 아이들을 만나면서 아이들은 아무런 편견 없이 순수하게 사랑하고 한없이 용서하는 능력을 지닌 존재임을 깨달았다. 모든 아이는 우리에게 충성심과 포용력을 가르칠 수 있다. 나는 유치원 아이들을 가르치면서 강하면서도 연약한 아이들의 모습에 놀랐다. 또 감정과 행동을 솔직하게 드러내는 모습에 감탄했다.

아이를 만나는 일은 곧 미래에 닿는 일이다. 안타깝게도 북미 지역은 아동에 무지한 사회이다. 아동 보호 인력을 업신여기고, 아이를 돌본다고 하면 일터로 돌아가기 전에 집에서 아이와 함께 시간을 때우는 정도로 치부하기 일쑤이다. 그래서 나는 많은 사람들이 이 책을 통해 아동 교육의 소중함과 함께 아동 발달 분야 종사자들이 하는 역할이 얼마나 중요한지 깨닫게 되기를 바란다.

사랑과 소속감을 바라는 보편적 욕구

자녀를 학대하는 부모라고 해도 그들이 흔히 생각하듯 괴물 같은 모습을 하고 있는 것은 아니다. 인정과 사랑, 수용을 갈구했지만 공감을 받지 못하고 살아온 사람들일 뿐이다. 아동이나 청소년들은 따돌림을 당할 때 '보복'하려는 욕구를 드러낸다. 언론에도 자살, 살인, 공격 행위 등 청소년의 극단적 '보복' 행위들이 자주 보도된다.

우리는 방치나 학대가 아동의 삶에 크나큰 악영향을 끼친다는 점을 깨달아야 한다. 그리고 아동기의 따돌림을 받은 경험과 바람직하지 못한 양육으로 인해 사회적 폭력이 발생하는 점에 주의를 기울인다면, 그러한 악순환의 고리를 끊을 방법을 찾을 수 있다. 이것이 나의 첫 번째 동기였다. 그리고 실제로 '공감의 뿌리' 수업은 문제가 있는 아이들뿐만 아니라 모든 아이들을 대상으로 한다. 또한 아이들에게 공감으로 세상과 만날 수 있는 능력을 길러주고 있다.

공교육의 가치

나는 유치원 교사로 일하면서 교육에는 평등한 세상을 만드는 힘이 있다는 것을 깨달았다. 공교육은 건강한 민주주의의 기초다. 학교에서 실시하는 부모 교육 프로그램과 정규 수업 등을 통해서 아이들에게 질문을 하여 자기 나름의 의견을 표현하도록 도와주는 것은 매우 중요한 일이다. 자기 의견을 갖는 것은 자신감이나 자존감과 직결되고, 민주 사회의 일원으로 성장하는 데 꼭 필요한 요소이다. 이를 위해서는 아이들이 정말로 어떤 방식으로 배워나가는지 보여주는 증거를 활용할 필요가 있다. 이를테면 설교하고 야단치는 것보다는 머리와 가슴을 사용하는 의미 있는 경험을 통해서 배운다는 것이다.

'공감의 뿌리'는 수학이나 읽기와 달리 측정될 수 없는 학습의 감성적 측면을 다룬다. 교육의 목표는 산업 역군을 길러내는 것보다 훨씬 원대하다. 교육에는 건강한 시민을 길러낼 책임이 있다. 단순히 직업에 필요한 기술만을 가르치는 것이 아니라, 사회 적응력과 감성 능력을 길러주며 공적으로 쓸모 있고 사적으로 충만한 사람을 길러내는 것이 교육의 진정한 목표이다. 직업 기술은 있으나 사회적·정서적 기술이 없는 학생은 직업을 갖더라도 이를 유지하거나 승진하기 어렵기 때문이다.

예술의 힘

예술은 아이들이 언어의 한계를 뛰어넘어 내면 깊은 곳의 복잡한 감정을 표현하는 수단이다. 음악, 미술, 연극은 감성적 소양(emotional literacy: 감정을 적절히 인식하고 이해하고 관리하고 표현하는 능력)으로 안내하는 문과 같다. 우리가 끈끈한 인간 관계를 맺으며 살아가는 데 꼭 필요한 능력이다.

나는 아이를 키우느라 고전하는 부모들을 만나면서 그림을 그리고 교감을 나누고 우정을 쌓는 것이 서로를 연결하고 치유하는 도구라는 것을 배웠다. 이 책에도 아이들의 속마음을 전달하고자 아이들이 직접 그린 그림을 삽입했다. 아이들은 눈에 보이는 것이 아니라 마음으로 느끼는 것을 그리면서 자기 자신에게 말을 건넨다. 그림을 잘 들여다보기만 해도 아이들의 마음을 알 수 있다.

나는 경험 많은 교사인 동시에 숙련된 학습자이기도 하다. 내가 교사로 삼는 사람은 바로 아이들이다. 나는 아이들이 우리에게 많은 것을 가르쳐준다고 믿는다. '공감의 뿌리'는 아이들이 길잡이 노릇을 하는 여행이다. 독자 여러분도 이 책에서 만나는 수많은 아이들과 길을 떠나면서 아이들이 세상을 어떻게 변화시키는지 확인하길 바란다.

나는 아이들의 삶과 닿아 있는 모든 사람을 위해 이 책을 썼다. 부모나 교사와 같은 '유력한 용의자' 뿐 아니라 아동에게 프로그램이나 서비스를 제공하는 기관에서 일하는 사람들에게도 많은 도움을 줄 것이다. 무엇보다 아이들의 생각이 중요하다. 이 책을 읽으면 아이들의 목소리를 직접 들을 수 있다. 이 책에 등장하는 아이들의 이름은 실명이 아니지만 사례는 실화이다.

나치 독일의 전범 재판인 뉘른베르크 재판이 열리던 중 어느 판사는 전쟁 범죄에 대해 '공감의 실패 failure of empathy'라고 표현했다. 하지만 가까운 역사에서 2004년 쓰나미가 일어났을 당시 세계인들이 그 재난에 보인 반응은 '공감의 승리'였다. 흔히 차이가 서로를 규정하고 구별하면서 소외와 괴롭힘과 따돌림의 자양분이 된다. 다른 집단과 증오 관계에 있는 집단의 주장을 들어보면 다른 집단을 열등한 인간이라거나 자기네와 너무 달라서 인간적으로 교류할 수 없다고 말한다. 하지만 이 책에서 소개하는 아이들로부터는 차이를 넘어서 공통점을 발견할 수 있다. 교실에 찾아온 아기는 공감 능력을 길러주는 촉매제이다. 공감은 가족에서, 학교 운동장과 회의실, 군대 사령부에서 갈등을 해결하는 데 없어서는 안 될 요소다. 다른 사람의 입장에 서는 능력은 평화를 이끌어내는 최고의 자산이다.

세계적인 정치 지도자와 정신적 지도자 들은 아이들의 성장에 관심이 많았다. '공감의 뿌리'는 두 가지 영역 모두와 관계를 맺는다. 영적 스승 달라이 라마는 2006년 10월, 밴쿠버에서 열린 공개 대담에서 '공감의 뿌리'에 깊은 관심을 보였다. 달라이 라마는 특히 우리 프로그램의 예방적 측면에 감탄했다. "어린아이들은 어른들의 부주의로 버릇없이 자랍니다. 그러다 나중에는 바로잡기가 어려워져요. 그때 가서 소중한 가치를 되찾으려 해봤자 소용없지요. 나는 여러분이 아주 어린아이 때부터 특별한 관심을 기울여주는 점을 높이 평가합니다."

달라이 라마는 '공감의 뿌리'가 사회적 능력과 감성 능력을 기르는 동시에 공격성을 줄여준다는 데 큰 감명을 받았다. 특히 아기를 교사로 삼는 방식에 흥미를 보이면서 우리가 선물한 '공감의 뿌리' 아기 티셔츠를 받아들고 기뻐했다. 이어서 '연민milk of compassion'과 '공감의 뿌리'를 주제로 연설했다. 달라이 라마는 공감의 중요성을 이해하고, '공감의 뿌리'를 통해 연민을 길러줄 수 있다는 데 동의했다.

'공감의 뿌리' 프로그램은 2007년에 뉴질랜드에 진출했다. 뉴질랜드 정부 부처 세 곳과 기업, 재단이 참여해서 3년 성장 계획으로 추진되었다. 헬렌 클락 수상은 나와 함께 오클랜드로 날아가 '공감의 뿌리' 프로그램 개회식에 참여했다. 클락 수상은 미래의 심장 소리에 귀를 기울였다. 오늘의 아이들에게 투자해서 바람직한 내일의 뉴질랜드를 만드는 일에 앞장서는 셈이었다. '공감의 뿌리' 교실은 세계 시민을 길러내는 공간이다. 아이들에게 공감 윤리를 키워주고, 모두가 한 배에 탔다는 책임감을 길러준다. 이 아이들 하나하나가 커서 따뜻하고 평화롭고 품격 있는 사회를 건설할 것이다.

1

작은 씨앗으로부터

3학년 교실이다. 쉬는 시간이 끝난 지 얼마 안 돼서인지 아이들이 왁자하게 떠든다. 아직 밖에서 놀던 기분에 취해 있다. 교사가 손을 들어 아이들을 조용히 시키려 한다. '공감의 뿌리' 강사가 벌써 교실에 들어와 초록색 담요를 바닥에 깔고 있다. 아이들이 마치 마법에라도 걸린 듯 조용히 책상다리를 하고 담요 가장자리에 둘러앉는다. 교실이 조용해진다. 그때 교실 문이 열린다. 젊은 엄마가 5개월 된 아기를 안고 문 앞에 서 있다. 아기가 엄마 품에서 버둥거리며 엄마 가슴께를 발로 찬다. 무척 신이 난 모양이다. 누가 시키지도 않았는데 아이들이 환영 노래를 부르기 시작한다. "안녕, 토머스, 잘 지냈니? 잘 지냈니? 잘 지냈니? 안녕, 토머스, 오늘 기분이 어떠니? 기분이 어떠니? 기분이 어떠니?"

토머스와 엄마는 초록색 담요 주위를 한 바퀴 돌면서 아이들 한 명 한 명에게 반갑게 인사를 건넨다. 엄마가 담요 위에 앉아 안고 있던 토머스를 내려놓는다. 아이들은 호기심 어린 눈으로 아기가 하는 행동을 지켜본다. 이제 토머스 엄마에게 지난달에 다녀간 뒤로 아기가 어떻게 지냈는지 물어보는 시간이다. "그동안 토머스가 웃었나요?" "음식을 먹었나요?" "뒤집기는 했나요?" "첫 이는 났나요?"

이번에는 강사가 담요 위에 무릎을 꿇고 앉아 장난감을 들어 올린다. 지난 시간에는 아기가 흥미를 보이지 않던 물건이다. 화려한 색깔에 큼직한 무늬가 있고 여러 가지 재질이 섞여 있으며 흔들면 요란한 소리가 나는 장난감이다. 이른바 다감각 학습 도구이다. 아이들은 아기가 감각을 통해 학습한다는 것을 지난 수업 때 배워 알고 있다. 아기의 뇌는 환경에서 자극을 받아 시냅스(신경 세포의 신경 돌기 말단이 다른 신경 세포에 접합하는 부위—옮긴이)를 형성한다. 아이들은 토머스가 딸랑거리는 소리를 듣고 얼굴을 돌리거나 몸을 움직일 때마다 손가락을 튕겨서 딱 하는 소리를 낸다. 토머스의 뇌에서 뉴런이 연결되고 전기가 발생하는 모습을 표현하는 것이다. 아이들은 토머스가 시각과 청각을 통합해야 장난감을 찾을 수 있다고 배웠다. 두 바퀴 자전거를 탈 때 균형을 잡으면서 계속 페달을 밟아야 할 때와 같다고 생각한다. 토머스가 딸랑거리는 소리가 나는 쪽을 돌아보다가 장난감을 발견하면 아이들은 다시 한 번 손가락을 튕긴다. 하지만 이번에는 손가락을 튕기면서 큰소리로 응원한다. "힘내, 토머스!" 토머스의 뇌는 자라고 있다. 아이들은 아기의 뇌가 자라는 순간을 지켜보고 있다.

엄마는 아이들이 토머스의 발달에 관심을 가져주는 데 놀라고, 아기가 새로운 과제를 성취할 때마다 아이들이 진심으로 기뻐하는 모습에 가슴이 뭉클해진다.

아이들은 지난 한 주 동안 강사의 지도에 따라 토머스를 맞이할 준비를 하면서 토머스가 이제 무엇을 할 수 있을지 예상했다. 그리고 토머스가 왔다간 다음 주에는 방문 수업에서 배운 내용을 되짚어보고 그것을 아이들 자신의 발달과 감정에 연결해 본다. 그런 다음에는 큰 도약이 일어난다. 친구들의 감정까지 이해하게 되는 것이다.

지금까지 '공감의 뿌리' 교실을 잠깐 들여다보았다. 토머스와 엄마는 앞으로 한 달에 한 번씩 이 교실을 방문할 것이다. 아이들은 강사의 지도를 받으면서 부모와 자식의 관계, 아기의 발달, 아기의 기질, 아이들 자신의 기질, 친구들의 기질을 관찰한다. 아기의 안전을 배우고, 아이들 자신의 행복과 안전에 영향을 미치는 요인이 무엇인지 배운다. 기질을 이해하고 자기의 감정과 다른 사람의 감정을 이해하면서 공감 능력을 기르고 풍부한 인간 관계를 형성하는 방법을 배운다.

공감의 씨를 뿌리다

대런은 내가 공감의 뿌리 교실에서 만난 학생들 가운데 가장 나이가 많은 아이였다. 당시 대런은 두 번이나 유급당한 뒤 8학년에 다니고 있었다. 친구들보다 두 살이나 많아서 턱 밑에는 벌써 거뭇거뭇한 수염이 자라기 시작했다. 나는 대런의 사정을 알고 있었다. 대런은 네 살 되던 해에 눈앞에서 엄마가 살해당하는 모습을 보았고, 그렇게 엄마를 잃고 양부모 집을 전전하며 살아왔다. 대런은 자기를 업신여기지 말라고 경고하려는 듯 험상궂은 모습이었다. 머리는 정수리 쪽에 한 묶음 정도만 남기고 완전히 밀어버렸고 뒤통수에는 문신까지 새겼다.

그날은 '공감의 뿌리' 강사가 기질의 차이에 관해 설명해 주기로 한 날이었다. 강사는 6개월 된 아기 에반을 데려온 엄마에게 에반의 기질에 관해 이야기해 달라고 부탁했다. 엄마는 아이들에게 에반이 어떤 아기인지 이야기해 주었다. 에반은 포대기로 안을 때 얼굴을 바깥으로 돌리길 좋아하고 엄마를 꼭 껴안아주지 않는다고 했다. 하지만 엄마는 아기가 품에 꼭 안겼으면 좋겠다고 덧붙였다. 수업이 끝나고 엄마는 포대기를 매보고 싶은 사람이 있냐고 물었다. 초록 바탕에 핑크색 무늬가 들어간 포대기였다. 그때 저쪽에서 대런이 손을 들었다. 학생들이 점심을 먹으러 앞 다투어 교실을 빠져나가는 사이 대런은 포대기를 둘러맸다. 그러고는 포대기 안에 에반을 넣고 안아봐도 되느냐고 물었다. 엄마는 잠시 걱정하는 듯했지만 곧 아기를 내주었다. 대런은 아기 얼굴을 자기 품으로 향하게 안고, 아기를 포대기 안에 넣었다. 작고 영리한 아기가 포대기 안으로 쏙 들어가자 대런은 아기를 안은 채 교실 구석으로 가서 한동안 아기를 얼러주었다. 그리고 잠시 후 아기 엄마와 '공감의 뿌리' 강사가 있는 곳으로 돌아와서는 이렇게 물었다. "아무한테도 사랑받지 못한 사람도 좋은 아빠가 될 수 있나요?"

공감의 씨앗이 뿌려진 것이다. 대런은 어린아이로서 겪지 말았어야 할 일들을 겪으며 살아왔다. 부모를 잃고 열네 살이 되기까지 누군가에게 사랑받은 기억도 없이 힘겹게 살아온 아이가 이제 어렴풋한 희망의 빛을 발견한 것이다. 아기에게 아무런 조건 없는 사랑을 받은 대런은 사랑받지 못하던 어린 시절의 자기와는 다른 부모가 되는 모습을 꿈꾸기 시작했다. 아기는 인간애를 발견할 기회를 주었고, 어린 소년의 미래를 바꿔놓았다. 그 후로 8년이 흐른 지금까지 나는 '공감의 뿌리'를 진행하면서 아이들에게 아기의 첫 해를 함께할 기회를 마련해 주었고 아이들 한 명 한 명에게서 희망의 빛이 되살아나는 것을 지켜보았다.

'공감의 뿌리'는 어린 학생들을 위한 프로그램이다. 아이들은 평소 공부하는 교실 안에서 실제 부모와 아기의 역동적인 인간애를 체험한다. 아기를 통해 공감하는 부모 역할을 배우며, 세상을 변화시키는 시민의 모습을 배운다. '공감의 뿌리'에서는 '관계'를 시민 사회의 핵심으로 본다. 시민 사회란 작은 교실도 되고, 학교 전체도 되고, 지역 사회도 되고, 국가도 되며, 나날이 좁아지는 지구촌도 된다. 학생들은 생후 1년 동안 한 달에 한 번 교실을 찾는 아기와 아기의 부모를 만나면서 부모와 자식 관계를 직접 체험한다. 부모와 자식 관계는 긍정적이고 공감적인 인간관계의 원형이다. 학생들은 '공감의 뿌리'에 참여하면서 보편적이고 중요한 사실 하나를 깨닫는다. 부모와 자식 관계는 지금 이 순간 서로를 대하는 방식을 결정할 뿐만 아니라 이후에 부모와 시민으로 성장하기 위한 기반이 된다는 점이다.

'공감의 뿌리'에 참여하는 학생과 프로그램 진행에 도움을 주는 어른들은 '아기의 지혜'라는 중요한 지혜를 배운다. 아기는 행동과 감정이 꾸밈없고 순수하다. 아기는 사회화의 장막을 겹겹이 둘러쓰고 있지도 않고, 성장하면서 생기는 편향된 시각에 사로잡혀 있지도 않다. 아기에게는 교실 안 모든 학생이 새로운 경험이다. 아기는 학생 한 명 한 명과 만날 준비가 되어 있다. 아기의 눈에는 인기가 많은 학생도 없고 말썽꾸러기 문제아도 없다. 다만 침울하거나 근심에 싸인 학생이 자꾸 눈에 들어올 뿐이다. 아기는 대개 이런 학생에게 손을 내민다. 늘 소외당하고 따돌림당하던 학생은 아기와 공감 관계를 형성하면서 사회적 포용 영역으로 들어간다.

'공감의 뿌리'에서는 아기가 교사 노릇을 한다. 아기는 경계나 규정에 얽매이지 않고 직관에 따라 골고루 사랑을 나눠준다. 아기는 세상이 정해둔 차이를 모른다. 아이들이 어른의 세계에서 자라면서 겉에 드러난 차이만으로 누가 누구보다 잘났다는 편견을 갖는 순간 인종주의와 계급주의를 비롯한 온갖 '주의'가 한 세대에서 다음 세대로 전해진다.

아홉 살인 데이비드는 자폐아이다. 부모 말에 따르면 '공감의 뿌리'를 만나기 전에 데이비드는 한 번도 생일잔치에 초대받아 본 적이 없었다. 그런데 프로그램에 참여한 해에는 세 번이나 초대를 받았다. 게다가 데이비드가 자기 자신과 학교를 대하는 태도도 180도 달라졌다. 그동안 별별 치료를 다 받아봤지만 친구들의 따뜻한 관심보다 큰 효과는 얻지 못했다. 반 친구들은 '공감의 뿌리'에서 따돌림의 괴로움을 새롭게 이해하고 자기 자신과 주변 사람을 끌어안는 것이 얼마나 중요한지 배우면서, 데이비드를 다르게 대하기 시작했다. '공감의 뿌리'가 지닌 변화의 힘이란 바로 이런 것이다.

아동기의 모든 능력을 뒷받침하는 것이 바로 감성 능력이다. 감성은 우리를 인간으로 묶어주는 요소이다. 감성은 보편적이다. 서로에게서 인간애를 발견하는 능력은 관계 맺는 방식에 영향을 준다. 아동학대와 방치는 자식 세대로 대물림되어 나타나는 경향이 있다. 감성은 이러한 악순환을 끊음으로써 한 가정의 삶에 큰 영향을 미칠 수 있다. 또한 감성은 정책에도 영향을 미쳐 사회를 갈등상태에 놓이게 하거나 타협으로 이끌 수도 있다. 더불어 감성은 세계 시민이라는 정체성에도 영향을 미친다.

감성 능력을 가르쳐주고 남의 입장에 서보는 능력을 길러주면 아이는 공격적이고 남을 괴롭히는 대신 협력할 줄 아는 문화인으로 성장할 수 있다. '공감의 뿌리' 프로그램을 통해 검증된 사실이기도 하다. 아이가 잔인한 행동을 멈추는 법을 배우면 약한 친구들을 괴롭히는 아이를 용납하지 않는다. 약자를 괴롭히는 친구에게 용감히 맞서는 광경은 놀랍다. '공감의 뿌리' 교실에는 구경꾼이나 방관자가 없다. 위협받거나 모욕당하거나 신체적으로 상해를 입으면 어떤 기분인지 모두가 알기 때문에 서로에게 책임감을 느낀다. 또한 명확하고 직접적인 방식으로 소외 문제를 해결하고 사회 정의를 실현하는 방법을 이해한다.

어느 학교를 방문했을 때의 일이다. 열 살짜리 여학생 제시가 점심을 먹으러 나가려고 친구들 사이에 줄을 서 있다가, 어떤 남학생이 다른 아이가 쓰고 있던 모자를 잡아채는 장면을 목격했다. 놀림을 당한 아이는 친구들 앞에서 망신을 당하면서도 아무것도 하지 못한다. 이럴 때 어른들은 대개 못 본 척 고개를 돌리거나 짜증 섞인 한숨만 내쉰다.

공감 능력이 있으면 놀림당한 아이가 어떤 기분인지 안다. 아이는 구경꾼이 지켜보는 가운데 겨우 용기를 내서 모자를 빼앗아오거나, 상대가 아무리 괴롭혀도 대응하지 못하고 수치스런 심정으로 묵묵히 운동장으로 걸어가야 한다. 그때 아이들과 줄지어 서 있던 제시가 앞으로 나오더니 모자를 빼앗은 아이에게 다가가서 차분하지만 단호한 목소리로 말했다. "쟤한테 모자 돌려줘." 모자를 빼앗은 남학생은 다른 아이들의 표정을 살폈다. 다들 심정적으로 모자를 빼앗긴 아이의 편인 듯 보였다. 자기네가 당했을지도 모른다고 생각하는 표정으로 보였나보다. 모자를 빼앗은 남학생은 결국 "쳇, 그깟 모자 너나 가져"라고 투덜대면서 모자를 돌려주었다. 정중하게 돌려주지는 않았지만 어쨌든 정의가 승리한 것이다. 제시는 자기가 공감한 대로, 그리고 모자를 빼앗긴 친구의 권리가 침해당해서는 안 된다는 믿음에 따라 행동했다. 그날 교실에 있던 아이들은 남을 괴롭히는 행동은 아무리 작은 일이라도 결코 용납해서는 안 되고, 또 누가 자기를 괴롭히면 친구들에게 도움을 구할 수 있다고 약속한 것이다. 이런 사건을 보면 아직 '찍찍이 운동화'를 신는 어린아이라도 누구보다 용감하게 중재자로 나설 수 있음을 알 수 있다.

교실 안에 시민 의식의 씨앗을 심으려는 이유는 지역 사회 전체의 시민 의식을 높여서 무관심과 냉담이 다음 세대로 전해지지 못하게 하기 위해서이다. 지금은 비록 학생이지만 나중에는 부모가 되고 정책 입안자가 되고 유권자가 된다. '공감의 뿌리'는 바람직한 시민 의식을 기를 수 있는 여건을 마련해 준다. 농부가 직접 곡식을 만드는 것이 아니라 곡식이 잘 자라도록 여건을 조성해 주는 것과 같은 이치이다. 자유롭게 소통하며 감성을 이해하는 '공감의 뿌리' 교실에서 아이들은 무엇이든지 될 수 있다.

아이들은 우리가 생각하는 것보다 훨씬 대범하고, 세상을 더 나은 곳으로 만들기 위해 큰 힘을 발휘한다. 우리는 아이들을 통해 과학과 기술의 한계를 뛰어넘어 인간 마음의 깊은 곳까지 탐색할 수 있다. 그러나 바람과 태양과 물의 힘으로 동력을 만들어내면서도 아이들의 힘으로 사회를 변화시킬 수 있다는 사실은 선뜻 믿지 못한다.

세상에서 일어나는 수많은 갈등의 주된 원인은 서로의 차이를 받아들이지 못하는 태도에 있다. 역사를 돌아보면 차이는 대량 학살이나 전쟁의 원인으로 작용하기도 하고, 재난과 질병에 적절히 대처하지 못하도록 가로막는 장벽으로 작용하기도 했다. 인류 역사에서 종교, 민족, 인종, 문화, 언어의 차이는 학살의 원인으로 작용해 왔다. 아이들 놀이터를 들여다보면 조금이라도 남과 다른 아이는 왕따가 된다. 여기서 '다르다'는 말에는 나약하다는 의미가 포함된다. 가해 아동은 피해 아동의 다른 점을 공격한다. 키가 작거나 뚱뚱하거나 친구들한테 인기가 없거나 운동을 못한다는 이유로 괴롭힌다.

'공감의 뿌리'는 희망의 교육학이다. 아이들에게서 새로운 질서를 세울 기회를 발견할 수 있다. 새로운 질서에서는 서로의 차이를 인정하고 존중하며, 서로의 공통점은 우리를 하나로 묶는 원동력이 된다. '공감의 뿌리'에서는 서로 배려하는 훈훈한 분위기를 만들어서 인간애를 나누도록 이끌어준다. 이를테면 "내 마음을 아프게 하는 행동은 남의 마음도 아프게 할 수 있다"는 생각을 공유하게 해준다. 상대방의 입장에 서보면 서로의 공통점을 발견하고 인정할 수 있다. '공감의 뿌리'의 밑바탕에는 나와 다르다고 해서 소외시키거나 미워하거나 상처 주지 않는다는 믿음이 자리 잡혀 있다.

공감의 뿌리 교과 과정

앞에서 소개한 아기 토머스가 교실을 찾은 날은 '공감의 뿌리' 수업 총 27회 중 한 회였다. '공감의 뿌리'는 모두 아홉 가지 주제를 다루고, 매달 3회에 걸쳐 한 가지 주제를 다룬다. 우리 연구소에서 정식으로 수련을 받고 자격증을 딴 강사가 프로그램을 진행하는데, 프로그램의 중심은 아기와 부모가 교실을 방문하는 시간이다. 방문 수업

전 주에 예비 수업을 실시하고, 방문 수업 다음 주에는 방문 수업에서 배운 내용을 토론하면서 주제별로 다시 정리하는 시간을 갖는다.

'공감의 뿌리' 교과 과정은 유치원, 1학년에서 3학년, 4학년에서 6학년, 7학년에서 8학년의 네 단계로 이루어져 있다. 예를 들어 다섯 살 아이에게는 감정을 표현하는 말을 가르치고, 신체 활동 시간을 자주 마련한다. 다섯 살 아이는 자꾸 몸을 움직이고 경험을 말로 표현하려고 하기 때문이다. 열 살 아이에게도 감정을 표현하는 말을 가르치지만 한 단계 더 나아가 감정이 전이되는 현상과 여러 가지 감정을 동시에 느끼는 현상도 가르친다. 열 살 아이는 여러 가지 감정이 서로 경쟁하는 신비로운 현상을 이해하지만 다섯 살 아이는 아직 이런 현상을 이해하지 못한다.

아기가 방문하는 날에는 학생들에게서 자연스럽게 관심을 끌어낼 수 있다.[1] 방문 수업 전후 시간에도 알찬 내용을 준비해서 감성, 안전, 의사소통과 같은 주제로 토론을 진행하거나 다양한 활동을 계획한다. 방문 수업 일주일 전 준비 시간에는 주제를 소개하고, 주제를 아기의 발달 단계와 연결하며, 아기가 교실에 와서 무엇을 할 수 있을지 생각해 보라고 주문한다. 그리고 실제 아기 크기의 인형을 들고 아기를 안는 연습을 하기도 한다. 방문 수업 후 다음 주에는 정리 시간을 가지며 방문 시간에 배운 내용을 통합한다. 어렸을 때 좋아하던 자장가나 무서웠던 기억에 대해 이야기하기도 하고, 아기와 엄마에게 선물할 그림이나 노래, 연극 등을 준비하는 시간을 마련하기도 한다.

'공감의 뿌리'의 교과 과정은 여러 가지 면에서 정규 교과 과정과 연결된다. 방문 수업 전후 시간에는 사회, 미술, 과학, 수학을 다룬다. 특히 토론을 자주 진행하고 글쓰기 과제를 내서 학교의 언어 교육 목표를 달성하는 데 일조한다는 점에서 정규 교육 과정과 연결된다. '공감의 뿌리' 시간에는 유명한 이야기책을 교재로 택해서 외로움이나 슬픔을 다루고 포용이나 따돌림 같은 주제를 보충한다. 이런 이야기책은 학생들에게 다른 사람의 입장에 서보게 하고, 풍부한 토론과 폭넓은 이해의 장을 마련해 준다. 강사는 방문 수업 전후 시간에 그 달의 주제를 토론하는 데 도움이 될 만한 책을 선정해서 읽어준다. 자기보다 어린 친구들 입장이 되어볼 기회를 주기 위해서 7,8학년 학생들에게 그림책을 보여주기도 한다. 고학년 학생들에게는 책의 주제나 극적 사건을 중심으로 자신의 문제를 탐색하도록 이끌어준다.

음악도 '공감의 뿌리'에서 중요한 부분을 차지한다. 학생들은 방문 수업이 시작될 때와 끝날 때 환영 노래와 작별 노래를 불러주고, 수업 중에는 〈거미가 줄을 타고 올라갑니다 Itsy Bitsy Spider〉나 〈아기돼지 This Little Piggy〉 같은 노래를 부르면서 율동을 한다. 고학년 학생도 처음에는 애들 노래라면서 쭈뼛거리지만, 아기가 귀에 익은 장단에 맞춰 들썩이는 모습을 보고는 같이 노래를 따라 부른다.

'공감의 뿌리' 활동은 여러 방식으로 활용된다. 교실에 찾아와서 프로그램을 진행해 주는 강사가 '공감의 뿌리' 과정을 모두 마친 후에도 담임교사가 '공감의 뿌리'에서 배운 경험을 정규 수업으로 연장하는 경우가 많다.

교사에게 '공감의 뿌리' 시간은 선물 같은 시간이다. 마찬가지로 교실에 찾아와서 프로그램을 진행해 주는 강사 역시 학교가 속한 지역사회의 단체들로부터 받는 선물이다. 이 단체들이 강사 사례비를 부담한다. 강사는 주로 이 단체들의 내부 직원이다. 이들 기관들은 '공감의 뿌리' 연구소에서 하는 집중 훈련과 멘토 과정을 자기 직원에 대한 전문적인 훈련으로 간주한다. 한편 교사는 '공감의 뿌리'에 참여하면서 학생들을 새로운 관점에서 관찰할 수 있다. 교사는 한 학년 동안 학생들의 행동 발달 사항을 평가하면서, 특히 전에는 보이지 않던 친절한 태도 등의 감성 측면이 나타나는지 주목한다. 대개 교사들은 '공감의 뿌리' 시간 덕분에 수업 분위기가 한결 좋아졌다고 평가하고, 학생들과 함께 한 시간 중 '공감의 뿌리' 수업이 가장 행복했었다고 말하곤 한다.

'공감의 뿌리' 시간에 학생들은 아기가 자라는 모습을 가까이서 지켜본다. 그리고 교실을 찾아온 아기뿐 아니라 다른 아기들에게도 많은 관심을 갖는다. 또 아기의 부모와 솔직한 이야기들을 나누며 부모가 되는 기쁨과 책임을 배운다. 방문 수업 중에 엄마가 잠시 자리를 비운 동안 학생들은 아기의 발달과 자신의 발달이 어떻게 연결되고, 아기의 감정과 자신의 감정이 어떻게 연결되는지 탐색한다. 예를 들어 아기가 엄마 도움 없이 혼자서 일어나 앉으려고 버둥거리다가 자꾸 넘어지는 모습을 보면서, 야구 경기를 할 때 공을 잘 치고 싶었지만 번번이 방망이가 늦어 공을 치지 못했던 자신의 경험과 연결해 본다. 또 아기가 일어나 앉으려고 안간힘을 쓰는 모습을 함께 보면서 강사는 아기의 감정을 학교 공부가 어려울 때 학생들이 느끼는 좌절감에 비유한다. 강사는 토론을 진행하면서 학생들이 속으로 앓는 부정적인 감정을 밖으로 끌어내고, 학생들은 서로 도울 수 있는 방법들을 찾기 시작한다. 그러면서 학생들은 어려운 일이 생길 때 남에게 도움을 요청해도 괜찮고 그로 인해 상처를 받거나 하지는 않는다고 생각한다. 이렇게 '공감의 뿌리' 시간을 통해 학생들은 내적으로 더 성숙해지는 기회를 갖는다. 한 학년이 끝나고 새 학년 반 편성 시기가 다가올 때 교사들이 '공감의 뿌리'에 참여한 학생들을 자기 반에 데려가려고 하는 이유도 '공감의 뿌리'를 배운 학생은 학급 일에 더 열심히 나서고 친구들을 잘 도와준다고 정평이 나 있기 때문이다. '공감의 뿌리' 프로그램 연구에서도 아이들의 협동심이 높아졌다는 결과가 나왔다.

아기는 인간의 발달이 이루어지는 것을 볼 수 있는 일종의 실험실이다. 다시 말해서 아기는 신체, 사회, 감성, 지능, 도덕, 영성을 비롯해 인간을 구성하는 모든 요소가 발달하는 모습을 보여준다. 학생들은 강사의 지시에 따라 진지하게 성찰하는 법을 배운다. 모든 학생은 집단으로 모여 의견을 나누고 자기 생각을 정리하면서 집단의 당당한 구성원이 된다. 집단 토론에서는 틀린 답도 없고 어리석은 질문도 없으며 누구나 존중받는다.

내가 처음 '공감의 뿌리'를 실시한 곳은 유치원이었다. 한 학년이 채 끝나기도 전에 교사들이 초등학교에서도 프로그램을 진행해 달라고 요청해 왔다. 교사들 사이에 '공감의 뿌리'에 참여한 학생은 감성 능력이 발달해서 건강한 자아상을 형성할 뿐만 아니라, 여럿이 모인 집단에서 타인을 존중할 줄 안다는 인식이 자리 잡은 덕분이었다. 고학년인 8학년에서도 '공감의 뿌리'를 실시해 달라는 요청이 들어왔다. 임신해서 학교를 그만두는 학생들이 늘어나자, 교사와 교장 들은 고학년 학생들에게 아기의 감성과 신체적 요구를 가르치고 아기의 첫 해가 일생에 어떤 영향을 미치는지 깨닫게 하는 것이 좋겠다고 판단했다. 십대 청소년에게 아기를 만날 수 있는 기회를 마련해 주어, 모든 아기는 부모에게 최선의 삶을 보장받을 권리가 있다는 사실을 가르치려는 의도였다. 더불어 아직 준비되지 않은 상황에서 덜컥 아기를 낳으면 앞날에 어떤 변화가 생길지 냉철하게 파악할 시간을 주려는 생각도 있었다. 학생들에게 '육아 전쟁'을 치르고 있는 부모를 직접 만날 수 있는 기회를 주어, 육아가 어떤 것인지 깨닫게 하고 육아를 현실적으로 바라보게 하려는 취지였다. 학생들은 십대 임신이 장차 어떤 어려움을 초래할지 깨달을 수 있을 것이다. 어느 8학년 교실을 찾은 아기 엄마 중에 소아과 의사가 있었다. 어떤 학생이 부모가 되면 재미있냐고 물었다. 그 엄마의 대답은 이랬다. "하루 24시간 중 순수하게 즐거운 시간은 15분이고, 나머지 23시간 45분은 아주 힘들단다."

'공감의 뿌리'는 부모와 자식 관계가 펼쳐지는 흥미진진한 이야기 속으로 학생들을 이끈다. 학생들은 초록색 담요 위에서 펼쳐지는 사회 학습과 감성 학습의 장에 뛰어들어 인간 발달을 탐구한다. '공감의 뿌리'는 학생들의 감성 측면, 곧 남을 돌보는 능력에 초점을 맞춘다. 공감은 좋은 부모가 되기 위한 핵심이다. 아기의 요구에 민감하게 반응하고 책임을 다하는 부모가 되기 위해 어떻게 해야 할지 생각하다 보면 감성 능력이 길러지고 마음 깊은 곳에서 변화가 일어난다. '공감의 뿌리'에서 길러주는 능력은 학생들이 현재 맺고 있는 관계를 개선하는 데 도움이 되고, 장차 좋은 부모로 성장하는 데도 도움이 된다. 더불어 인간 관계의 필수 요소인 공감, 통찰, 이해력을 길러줘 사회에 나아가서도 한 사람의 인격체로 올곧게 설 수 있도록 도와준다.

'공감의 뿌리'의 탄생

초등학교에서 '공감의 뿌리'를 실시한다는 발상은 어떻게 나왔을까? 애초에 아기를 교실로 초대하는 프로그램을 개발한 이유는 무엇일까? '공감의 뿌리'가 가족과 사회에 어떤 영향을 미칠 것이라고 예상했을까? 이런 질문에 답하자니 처음 아이들을 가르치기 시작했을 때가 떠오른다.

처음 교직에 들어섰을 때 나는 아이들의 삶을 변화시키겠다는 의욕으로 한껏 들떠 있었다. 십대 초반만 해도 언니와 나는 제발 수녀나 교사가 되라는 '부름'을 받지 않게 해달라고 기도할 정도였으니, 정말 놀라운 변화가 일어난 것이다. 수녀원 부속 학교에 다니던 우리는 가르치는 일만은 하지 않기를 바랐지만, 결국 언니는 음악을 가르치러 떠났고, 나는 유치원 교사가 되었다.

나는 교사로서 아이들에게 완벽한 세상을 만들어줄 수 있다고 믿었다. 그러나 완벽한 세상은커녕 오히려 아이들을 둘러싼 냉혹한 현실을 마주해야 했다. 특히 서너 살 된 어린아이들이 첫날 교실에 들어오는 모습을 보고 내 생각은 크게 달라졌다. 교실에 첫발을 들여놓는 순간부터 어떤 아이는 승자가 되고 어떤 아이는 패자가 될지 판가름이 났다. 첫발을 어떻게 떼느냐에 따라서 경쟁력에 차이가 생기고, 유치원을 마치고 학교로 올라가면서 마주할 스트레스에 대처하는 능력이 달라졌다. 어떤 아이는 이마에 '성공'이라는 두 글자를 새기고 교실 문을 들어섰다. 또 난생 처음 부모와 떨어져 낯을 가리거나 어쩔 줄 몰라 하다가도 이내 자기가 소중한 사람이라는 걸 깨닫기라도 한 듯 자신감을 찾는 아이도 있었다. 이런 아이들은 몇 주만 지나면 학교생활에 잘 적응하는 모습을 보였다.

그런데 어떤 아이들은 교실 문을 들어서기 전부터 긴장하거나 공격적인 태도를 취했다. 아직 몇 년 살지도 않았으면서 벌써부터 자기 욕구는 중요하지 않다거나 어른들은 믿을 수 없는 존재라고 생각했고, 잠시도 외부의 위협을 경계하지 않으면 안 된다고 여겼다. 이 아이들은 행동 하나하나에 상처가 묻어났다. 공부할 때도 애를 먹었고, 친구들과 사이좋게 지내기도 어려웠다. 학교는 이런 아이들을 맞이할 준비가 되어 있지 않다. 타이르거나 훈계해도 결국은 이 아이들이 학교생활에 적응하지 못한다는 점만 거듭 부각시킬 뿐이다.

나는 아이들을 변화시키려면 그 출발은 가정이 되어야 한다고 생각하게 되었다. 사실 유치원도 너무 늦다.

모든 아이는 부모를 사랑하고 부모에게 전적으로 의지한다. 권위가 바로 서 있는 화목한 가정이든 학대와 갈등이 만연한 가정이든 아이들에게 부모는 똑같이 소중한 사람들이다. 나는 부모를 불러서 이렇게 말했다. "아이에 관해 아는 대로 말씀해 주세요. 저는 아이가 학교생활을 잘할 수 있도록 집에서 어떻게 도와주면 될지 알려드리고 싶습니다." 그 후로 30년이 지난 지금까지 수많은 부모와 아이들을 만나왔다. 30여 년 전 신출내기 교사였던 내가 어렴풋이 감지했던 사실이 점차 뚜렷해졌다. 즉 부모와 자식의 관계는 교육적으로 가장 크게 영향을 끼치는 관계라는 것이다. 가정은 아이가 학교에 들어가기 전부터 학업에 대한 태도와 적성에 큰 영향을 미친다. 부모는 아이에게 가장 중요한 교사이다. 유년기 경험은 부모의 양육 방식을 매개로 아이를 성공이나 실패의 궤도에 올려놓는다. 자신감과 자아 개념의 정립, 겁내지 않고 새로운 공부를 받아들이며 주위 사람들과 건강한 관계를 맺는 능력은 부모에게 받는 보살핌의 질에 따라 달라지고 서로 복잡하게 연관되어 있다.

이런 사실을 깨달은 후 지난 25년 동안 나는 유치원 아이들과 부모들을 만나면서 부모와 자식 관계가 지닌 잠재력을 지속하고 강화하는 프로그램들을 개발했다.(부모 교육과 가족교육연구소에 관해서는 이 책의 부록 2 참조) 부모에 대한 존중, 부모와의 공감, 그리고 아이들에게 최상의 교육 제공이라는 취지로 만든 프로그램이었다. 많은 부모들이 이 프로그램에 참여하면서 자녀가 어떻게 학습하는지 이해할 수 있었다. 부모들은 아이는 본래 사랑과 격려, 정서적 연결, 진실한 대화, 의미 있는 놀이를 통해 학습한다는 것을 발견하게 되었다. 아이의 성공에 긍정적인 영향을 미치는 자녀 양육 방식에 관한 연구는 충분히 이루어졌다. 프레이저 머스터드$_{\text{Fraser Mustard}}$ 박사와 온타리오 주 전 주지사 마거릿 노리 맥케인$_{\text{Margaret Norrie McCain}}$이 주 정부를 위해 실시한 '아동기에 관한 연구$_{\text{Early Years Study}}$'에서는 자녀 양육의 효과를 다음과 같이 강력하게 주장했다. "엄마 뱃속에 있을 때부터 여섯 살까지의 영유아기는 다른 어느 시기보다 뇌 발달이 활발하며 이후의 학습, 행동, 건강에도 큰 영향을 미친다. 생애 초기의 경험, 그 중에서도 처음 3년 동안의 경험이 뇌에서 수십억 개의 뉴런$_{\text{neuron}}$을 연결하고 뉴런의 형태를 만드는 과정에 영향을 미치며, 결과적으로 아이의 일생을 좌우한다."[2]

 나는 지금도 자녀 양육$_{\text{parenting}}$ 분야의 전문가를 양성하고 있지만 프로그램을 직접 진행하지는 않는다. 하지만 기회가 될 때마다 프로그램에 참관하고 자녀 양육 분야에서 활동하려는 사람들에게 프로그램을 소개한다. 활기찬 분위기에서 진행되는 우리 프로그램은 부모에게는 자녀의 교사이자 응원단이 되어주라고 격려하고, 아이들에게는 일생 동안 활용할 수 있는 확실한 학습 계획을 마련해 준다.

 자녀 양육 프로그램의 과학적 진실을 한 문장으로 표현한다면, 그것은 "사랑이 뇌를 키운다!"이다. 뇌 발달을 최고 수준으로 끌어올리기 위한 세 가지 요건은 풍부한 영양, 애정 어린 보살핌, 건강한 자극이다. 신생아의 뇌에는 수십억 개의 뉴런이 들어 있지만 뉴런과 뉴런을 연결하는 경로는 아직 발달하지 않았다. 생후 몇 달 혹은 몇 년 동안의 경험이 뉴런과 뉴런을 연결하고 앞으로 학습에 필요한 기반을 다진다. 건강하고 사랑이 넘치는 부모와 자식 관계에서 아기의 욕구를 채워주려는 노력이 무엇보다 중요하다.

'공감의 뿌리' 첫 번째 프로그램

나는 아직 어린애 티를 벗지 않은 십대 부모들을 만날 때마다 걱정이 앞서곤 했다. '좋은 부모가 되려면 어떻게 해야 하는지 배우지도 못한데다, 아기가 건강하게 인생의 첫걸음을 떼려면 무엇이 필요한지도 모른다면 어떻게 될까?' 그러다 십대 엄마 에이미를 만나면서 나는 폭력과 부정적인 양육 방식이 세대 간에 대물림되는 악순환을 끊어야겠다는 생각을 굳히게 되었다.

어느 날 나는 에이미가 자녀 양육 프로그램에 나오지 않아 퇴근길에 에이미의 집에 들렀다. 에이미는 남자 친구한테 또 맞아서 눈썹 부위를 꿰맨 상태였다. 포주이기도 한 남자 친구는 에이미가 순순히 몸을 팔도록 하기 위해 그녀를 코카인 중독자로 만들었다. 그날 에이미가 프로그램에 나오지 않은 이유는 다른 엄마들이 자꾸 남자 친구와 헤어지라고 충고하는 소리가 듣기 싫어서였다. 에이미가 내게 말했다. "그 인간, 진심으로 미안해해요. 다시는 때리지 않을 거예요. 절 사랑하거든요." 나는 이 순간을 영원히 잊지 못한다. 에이미의 어린 딸도 나중에 엄마처럼 살게 될 것이다. 십대 엄마인 에이미 역시 엄마에게 학대를 당하고 엄마의 여러 남자 친구들에게 성적으로 유린당하며 살아왔다. 에이미는 알코올 중독인 엄마에게 따뜻한 보살핌을 받은 기억이 거의, 아니 전혀 없기 때문에 자기와 어린 딸이 폭력의 위험에 놓인 상황에서도 자기 식대로 애정과 관심을 갈구하고 있었다. 어린 딸이 에이미의 전철을 밟지 않도록 하는 것이 관건이었다. 폭력과 약물 중독, 낮은 교육 수준, 열악한 자녀 양육이 다음 세대로 이어지는 고리를 끊어야 했다.

공감은 자녀 양육 프로그램의 핵심이다. 공감은 아이들에게 따뜻한 관심과 반응을 제공하는 데서 그치지 않고, 사회 학습과 감성 학습의 기회도 열어준다. 정규 학교 수업 시간에서 공감 발달에 관한 교육을 기대하기는 어렵다. 아이들은 교실 안의 사회 집단에 소속되려고 애쓴다거나 운동장에서의 집단 따돌림에 대처하느라 에너지를 소진하다 보면 학업을 소홀히 하기 십상이다. 나는 매일 이런 현실을 접하면서 어떻게 하면 아이들이 스스로를 가치 있는 사람이라 여기고 다른 사람과 따뜻한 관계를 맺을 수 있을지 고민했다. 그러면서 아이들에게 "내가 세상을 변화시킬 수 있는 사람"이라는 자아상을 형성하도록 도와주는 구체적인 프로그램을 구상했다.

1996년, 메이트리 재단Maytree Foundation[3]에서 '공감의 뿌리' 프로그램을 개발하고 시범 운영하는 데 필요한 자금을 지원해 주면서 드디어 '공감의 뿌리'는 구체적인 교육 프로그램으로 모습을 갖추기 시작했다. 먼저 유치원에서 시범적으로 운영되었다. 우리 자녀 양육 프로그램에 참여한 아이와 부모가 달라지는 모습을 예전부터 주목해 왔던 열성적인 유치원 원장과 헌신적인 교사 들은 '공감의 뿌리' 프로그램도 선뜻 받아들여 1년 동안 함께 그 과정을 이끌어주었다. 자녀 양육 프로그램의 취지는 명확했다. 부모가 아이의 발달 과정에 직접 참여해서 아이의 발달 모습을 이해하자는 것이다. 그래서 부모들도 큰 관심을 보였다. 그런데 아이의 상상력을 이해하고 세상에 대한 경험을 풍부하게 제공하는 부모가 되라고 가르치는 이유는 무엇일까? 사실 부모는 아기를 책임지는 기간이 영원처럼 길다고 생각한다. 양육을 현실적으로 바라보게 하려면 어떻게 해야 할까? 기존의 양육 프로그램에서 미취학 아동을 위한 교육은 철저히 체험 위주의 활동으로 이루어졌다. 직접 보고, 만지고, 느끼면서 구체적인 경험을 개념과 연결하는 방식이었다. 학령기 아동 프로그램을 개발하면서도 체험 위주 학습 원리를 적용했다. 따라서 세심하게 반응해 주는 양육이라는 개념을 가르치기 위해 나는 부모와 아기의 관계를 구체적인 '학습 도구'로 삼았다. 나는 부모와 자식 관계의 소중함을 잘 알고 있는 사람들을 모아서 훈련시켰다. 다들 오랫동안 나와 함께 자녀 양육 프로그램을 해온 사람들이라 '공감의 뿌리' 첫 해부터 전 과정에 참여하면서 프로그램의 중심 주제를 잡아주었다.

　나는 1년 동안 아기와 부모를 교실로 초대해서 학생들을 아기의 발달 과정에 참여시키고 아기와 부모가 소통하는 모습을 지켜볼 기회를 주자는 의견을 냈다. 아기와 부모의 관계가 사회 능력과 감성 능력을 길러주는 비옥한 토양이 될 것이라는 확신이 있었기 때문이다. 이후 프로그램을 진행하는 동안 아기와 부모의 역동적인 상호 작용을 보면서 아기로부터 배움이 시작되고, 아기가 곧 교사라는 사실을 깨달았다. 아기가 주변 사람들에게 미치는 영향에 대해서는 벌써 오래 전부터 숱하게 목격해 왔다. 감성적 반응과 신뢰라는 측면에서 아기는 아무런 '계획'도 세우지 않는다. 아기는 태어나는 순간부터 자기 영역 안에 들어온 사람 모두에게 골고루 사랑을 나눠주고 또 모두로부터 최고의 사랑을 기대한다. 아기는 감정이나 요구를 감추기 위해 감정을 억제하지도 않고 책략을 쓰지도 않는다. 인간다움이란 무엇인지, 사람과 사람이 공감하면서 소통하는 방법은 무엇인지 있는 그대로 보여준다. 아기에게서 공감의 뿌리가 뻗어 나오는 것이다.

토론토 공립학교의 교과 과정 일부로 자리 잡기도 한 초기의 자녀 양육 프로그램에는 학교에서 말썽을 일으킨 고학년 학생들이 종종 찾아왔다. 이 아이들이 찾아온 이유는 우리 프로그램에서 제공하는, 아이들을 진정시키는 그 무언가를 자신들도 받고 싶었기 때문이었다. 그 효과를 일으킨 주인공은 아기였다. 아기들 덕분에 교실 분위기는 늘 따뜻하고 푸근했으며, 좌절과 혼란에 빠져 고통스러운 감정을 밖으로 끄집어내지 못하던 학생들은 아기를 만나면서 그 감정을 말로 풀어낼 수 있었다.

'공감의 뿌리'에는 다양한 측면이 있다. 우선 체험 학습을 통해 바람직한 자녀 양육에 대한 통찰을 제시한다. 즉 아기가 소통하는 방식을 보여주면서 아기의 안전과 발달에 관련된 문제를 가르친다. 아이들은 교실에 찾아온 아기와 소통할 뿐 아니라, 자기 자신과 상대방을 어떻게 이해하고 존중해야 하는지도 알아간다. 아기는 인간 경험에서 꼭 필요한 모든 측면, 이를테면 건강한 관계를 맺는 데 필요한 요소와 건강한 지역 사회와 품격 있는 사회를 이루는 데 없어서는 안 될 요소를 탐색하기 위한 완벽한 길을 제시한다는 확신에서 나온 것이 '공감의 뿌리'이다.

'공감의 뿌리'에서는 또한 감성 능력을 가르친다. 학생들은 아기의 감정을 관찰하면서 자신의 감정과 다른 사람의 감정을 이해하고, 다른 사람의 관점에서 이해하는 방법을 배우며, 갈등을 해결하는 힘은 다른 사람의 입장에서 상황이나 세계를 바라볼 줄 아는 능력에서 나온다고 배운다. 나는 '공감의 뿌리'가 지닌 변화의 힘이 엄청나다고 믿었다. 더불어 학생, 교실, 지역 사회 할 것 없이 모든 세대에게 감성 능력과 협동심, 자녀 양육 역량을 키울 수 있다고 굳게 믿었다.

그동안 학교는 학생들에게 부모 역할을 체험할 기회를 주기 위해 여러 가지 방법을 시도해 왔다. 플라스틱 인형을 나눠주고 돌보게 하거나 달걀을 가지고 다니면서 돌보게 하기도 했다. 모두 부모의 경험을 재현하거나 모방하려는 목적에서 나온 방법이었다. 그러나 '공감의 뿌리'는 실제로 한 살짜리 아기를 데려와 직접 부모가 되어보는 기회를 준다. 더 나아가 학생들의 공감 능력을 길러준다. 공감 능력이야말로 성공적인 부모가 되는 핵심 요인이기 때문이다.

아기는 모두 훌륭한 교사이다. 어느 '공감의 뿌리' 강사는 7, 8학년 교실을 배정받은 첫날 몹시 당황했던 경험을 털어놓았다. 강사는 잔뜩 긴장했고, 교실 안은 어수선했다. 강사는 아기와 부모가 오기를 기다리며 신경이 곤두서 있었다. 품행이 좋지 않은 반 남학생 하나가 아기가 오면 못생기고 멍청하다는 욕을 하겠다고 말했기 때문이었다. 그런데 막상 아기와 엄마가 교실에 들어오자 아이들은 뭔가에 홀린 듯 얌전히 앉아서 밝고 활기차게 수업에 참여했다. 욕을 하겠다던 남학생은 수업이 끝날 즈음 제일 먼저 아기에게 다가가 안아봐도 되냐고 물었다. 아기 엄마 역시 다음 달에 다시 와서 아기가 얼마나 자랐고, 무엇을 새롭게 배웠는지 보여줄 날을 손꼽아 기다렸다.

초대할 아기 선정하기

우리가 '공감의 뿌리'에 관심을 보이는 지역 사회와 손잡고 일할 때 학교 이사회와 부모들만 이 프로그램에 참여한 것은 아니었다. 공중 보건 간호사, 지역 봉사 단체에서 나온 청소년과 자원 봉사자도 중요한 역할을 맡았다. 그들은 다들 지역 사회의 일원으로 지역을 잘 아는 사람들이라서 어떤 가족이 환영받을지 잘 알았다. 초대할 가족을 선정할 때는 학생들에게 풍부한 경험을 제공해 줄 만한 가족을 택해야 한다. 이를테면 '공감의 뿌리'가 학생들에게 무엇을 선사하는지에 관심이 많고, 아기의 소중한 첫 해를 학생들과 나누고 싶어 하며, 정해진 날에 꼬박꼬박 방문할 수 있는 가족을 선정해야 한다. 우리는 학교 인근에 거주하고, 다양성을 대표하는 가족을 초대하고 싶었다. '슈퍼 베이비'나 '명품족 엄마'를 원하지는 않았다. 아동심리학자 브루노 베텔하임Bruno Bettelheim의 말을 빌자면 우리는 '충분히 훌륭한' 부모를 찾고 있었다.[4]

아기가 교실에 처음 방문할 때는 생후 2개월에서 4개월 사이이다. 학생들이 1년 동안 아기의 발달 단계를 지켜보며 최고의 학습 기회를 얻기 위해서는 가급적 어릴수록 좋다. 학교 인근에 사는 아기를 강조하는 이유는 부수적인 혜택이 주어지기 때문이다. 무엇보다 학교와 가족 간에 공동체 의식이 커지고, '공감의 뿌리' 가족이 그 학교의 문화적 측면을 반영하기도 쉽다. 학교의 다양한 문화 집단 중에서 한 집단의 아기를 초대하면 학생들은 '그 집단의' 아기와 좋은 감정과 유대감을 나누고, 나아가 지역 사회도 포용하게 된다. 그리고 우리는 이왕이면 아빠가 함께 오거나 엄마 대신 아빠가 아기를 데려올 수 있는 가족을 권하기도 한다. 아빠가 오면 육아에서 남자의 역할을 경험하지 못한 학생들에게 소중한 경험을 해보게 할 수 있다. 한편 엄마가 키우든 아빠가 키우든 편부모 가족을 초대할 수도 있다.

한 유치원 수업에서 타마라는 아기가 엄마와 함께 매달 찾아왔고, 가끔은 아빠가 데려오기도 했다. 마오리족 출신인 타마의 엄마 테레사는 교실에서 마오리족 자장가를 불러주었는데, 이때 다섯 살짜리 아이들이 보여준 뜨거운 호응에 큰 감명을 받았다. 타마의 엄마는 이렇게 소감을 밝혔다. "아이들이 타마가 무엇을 할 수 있고 무엇을 할 수 없는지 진지하게 관심을 가져줘서 아이들의 질문에 답하기가 쉬웠어요. 아이들의 행동도 의젓하고, 기질이니 변화니 이정표니 의사소통이니 하는 어려운 말을 하는 데도 놀랐어요. 어려운 말을 쓰지 않는 아이들도 있었지만 무슨 뜻인지는 알더라고요." 타마의 부모는 '공감의 뿌리' 프로그램에 참여한 많은 부모가 그랬듯이 교실에서 펼쳐지는 상호 관계를 보면서 아이들에 대해 많은 것을 배운다고 말했다.

'공감의 뿌리', 세계로 뻗어나가다

'공감의 뿌리'는 그동안 놀라운 속도로 성장해 왔다. 현재 캐나다와 오스트레일리아의 여러 학교에서 '공감의 뿌리'를 실시하고 있다. 2005년까지 2만 9천 명에 달하는 학생들이 '공감의 뿌리'를 거쳐 갔다. 지금도 입소문을 타거나 언론 보도를 통해, 그리고 좋은 교육 방법을 함께 나누려는 교사들을 통해 '공감의 뿌리'에 관한 소식이 널리 퍼져나가고 있다. 예를 들어 어느 지역에서 '공감의 뿌리'에 대한 놀라운 효과를 접하고 이 프로그램을 신청한다. 그러면 '공감의 뿌리' 연구소가 그 지역과 협력해서 프로그램을 원하는 사람들을 중심으로 위원회를 구성하고 강사를 선정한 뒤 그 지역의 여러 학교와 협력해서 프로그램을 도입하고 실시한다.

세계화 열풍 속에서 지구촌은 나날이 가까워지고 사람들이 고심하는 문제도 비슷해졌다. 우리는 새로운 돌파구가 필요한 시대와 공간에 살고 있다. 학교 폭력과 갈등이 만연한 세상에서 '공감의 뿌리'는 희망을 주는 교육 프로그램이다. '공감의 뿌리'는 아기의 눈을 통해 진정한 인간으로 성장하는 길이 무엇인지 우리에게 보여준다.

우리 세계의 '공감의 뿌리'

이 책에서 나는 우리의 다음 세대를 키우는 데 관심 있는 부모와 교육자, 일반인들에게 부모와 아기 관계에서 얻을 수 있는 배움의 기회를 전하고자 한다. 이 책은 '공감의 뿌리' 세계를 보여주는 열린 창인 셈이다. 이 책에서 나는 학생들이 '공감의 뿌리'를 통해 얼마나 다채로운 교육 기회를 접하고 또 그 경험에 어떻게 반응하는지 보여주고 싶다.

한편 부모는 '공감의 뿌리'에 참여하면서 아기가 첫 울음을 터뜨리는 순간, 아니 아직 뱃속에 있던 순간부터 자식에게 부모가 얼마나 중요한 존재인지 다시 한 번 확인할 수 있었다. 눈빛과 미소, 어르고 달래는 말로 친밀한 분위기를 만들어줄 때 아기는 안심하고 세상을 만날 수 있다. 건강한 관계를 형성해 주변 세계를 탐험하며, 문제를 해결하고 공부하는 방법도 배운다. '공감의 뿌리'는 통섭적인 맥락에서 신경 과학과 아동 발달과 관련한 개념들에 이름을 붙이고 설명하고 생명력을 불어넣는다. 부모들은 '공감의 뿌리'를 접하면서 자신들이 본능적으로 하는 것들이 보다 품격 있는 사회를 만들어갈 수 있는 기술과 감성 능력을 지닌 아이들을 길러내는 데 꼭 필요한 요소라는 사실을 깨닫는다. '공감의 뿌리'는 폭력이든 방치든 정감이 없는 것이든 간에 아이에게 해로운 양육 방식이 한 세대에서 다음 세대로 전해지지 못하도록 그 악순환의 고리를 끊을 수 있다. 또한 '공감의 뿌리'는 학생들에게 아기가 1년 동안 발달하는 과정을 보여주어 사회 학습과 감성 학습의 기반을 제공한다. 토론, 미술, 글쓰기, 음악을 활용하는 의사소통 기술은 '공감의 뿌리'에서 중요한 부분이다. 어느 초등학교 교감이 내게 이런 말을 해주었다. "이 프로그램은 특히 학교 교과 과정과 연결된다는 점에서 상당히 기대됩니다. 제가 아이들을 가르치던 시절에 '공감의 뿌리'를 알았다면 이 프로그램을 중심으로 수업 계획을 짰을 겁니다." 학교 수업 시간에 '공감의 뿌리'를 실시하는 또 하나의 이유는 공감 능력 발달 정도가 학업 성취도와 연결된다는 근거가 있기 때문이다. 공감 능력 훈련을 학교 수업에 들여오면 비판적 사고, 독해력, 창의적 사고가 길러진다.[5]

한 학년 동안 '공감의 뿌리' 교실을 지켜본 수많은 관찰자와 참가자 들은 학생들의 자아상과 세계관에 큰 변화가 일어나는 것을 보고 하나같이 혁명적이라고 감탄했다. 사회 정책 개발에 직접 관여하고 변화를 주도하는 사람들은 가정 폭력, 아동 학대, 학교 내의 약자 괴롭힘, '태아 알코올 스펙트럼 장애 Fetal Alcohol spectrum disorders'에 따른 무시무시한 폐해, 청소년 폭력 등 시대에 만연한 여러 가지 병폐를 해결할 방법을 찾으면서 '공감의 뿌리'를 옹호하게 될 것이다. '공감의 뿌리'는 학생들이 스스로를 존중하고, 타인을 이해하고 동정하며, 세계 시민으로서 세계와 미래에 책임감을 느끼게 하는 데 목표가 있다. 따라서 '공감의 뿌리'는 정책 입안자들이 우려하는 사회 병폐를 해결하는 데 효과적인 예방 프로그램이기도 하다. 미국에서 실시한 주요 종적縱的 연구들을 보면 아동 초기에 투입하는 여러 가지 예방 비용은 훗날 아이들이 탈선해서 사회 복지 시설이나 사법 기관을 전전할 때 들어가는 비용에 비하면 아주 미미하다.[6] 형사재판소 판사인 에드워드 옴스턴Edward Omston은 내게 이런 말을 한 적이 있다. "아이들이 '공감의 뿌리'에서 배우는 내용을 내가 매일 만나는 사람들에게 가르칠 수만 있다면 교도소 수를 크게 줄일 수 있을 겁니다." 옴스턴 판사는 현재 '공감의 뿌리' 연구소의 일원이기도 하다.

우리가 아이들을 대하고 보살피는 태도는 학교 시스템과 경제, 그리고 우리의 미래에 지울 수 없는 영향을 준다. 정의 추구의 동기가 형성되는 과정이나 도덕이 발달하는 과정에서 공감은 결정적인 역할을 한다.[7] 모든 시민이 완전히 참여하고, 평화와 사회 정의가 살아 숨쉬며, 정감이 넘치는 세상을 만드는 데는 유년기 경험과 가족의 역할이 매우 중요하다. '공감의 뿌리'에서는 작은 아기가 어떻게 앞장서서 이런 세상을 만들 수 있는지 보여준다.

2

공감이란 무엇이고
왜 중요한가?

공감이란 무엇인가?

4학년 교실의 아홉 살 여학생 실비는 일명 찍찍이 운동화를 신고 있었다. 친구들이 '아기 신발'이라거나 '괴짜 신발'을 신었다며 실비를 놀려댔다. 실비가 놀림을 받은 이유는 두 가지였다. 신발이 싸고 유행에 뒤떨어진데다 유치해서였다. 아홉 살 소녀가 이런 놀림을 받으면 충분히 주눅들 것이다. 그런데 그때 놀라운 일이 일어났다. 쉬는 시간을 알리는 종이 울리고 아이들이 밖으로 몰려나가려던 참에 실비의 제일 친한 친구인 준이 신발 한 짝을 실비와 바꿔 신었다. 이 아이의 공감 능력과 빠른 사고는 우리에게 희망을 준다. 준은 '나는 네 친구니까 너랑 같은 신발을 신고 너랑 같은 모습이어도 부끄럽지 않아'

라는 마음을 행동으로 보여준 것이다. 준은 말 한 마디 하지 않고도 친구들의 치졸한 괴롭힘을 즐거운 일로 바꿔놓았다. 교실에 있던 다른 아이들도 준이 하려는 말을 알아들었다. 준이 하려는 말은 이런 것이었다. "실비는 내 친구야. 실비를 놀리는 건 나를 놀리는 것과 같아. 어디들 계속 그렇게 해봐. 가만히 보고만 있지 않을 친구들이 더 많으니까."

철학자 토머스 맥컬로우Thomas McCollough는 〈학교 개혁의 진실과 윤리학〉이라는 논문에 이렇게 썼다. "도덕적 상상력이란 타인과 공감하는 능력이다. 혼자 생각하는 것이 아니라 타인과 함께 느끼고 타인의 기분을 살필 수 있다는 뜻이다. 이는 교육으로 길러야 할 능력이자 시민이 정치권에 요구해야 할 능력이다."[1] 대개 공감을 타인의 감정과 입장을 이해하는 능력이라고 정의한다. 나는 거기에 덧붙여 "타인의 감정과 관점에 적절히 반응하는 능력"이라는 문구를 넣고 싶다. 공감이 없다면 어떻게 될지 잠시 생각해 보라. 건강한 인간 관계를 맺는 데 공감이 얼마나 복합적이고 중요한 역할을 수행하는지 이해할 수 있을 것이다.

제2차 세계대전에 자행된 홀로코스트나 남아프리카공화국의 인종차별 정책을 돌아보면 그 잔혹한 범죄에 소름이 끼친다. 사람들은 이런 끔찍한 범죄 행위와 거리를 두고 싶어한다. 오래 전에 일어난 과거사라거나 먼 나라에서 일어난 사건이라면서 자기가 사는 지금 여기에서는 그런 비인간적인 일이 일어나지 않는다고 믿고 싶어 한다. 하지만 잘 생각해 보자. 인권 유린에 적극 가담하거나 또는 뒷짐 지고 구경만 하는 사람들은 우리와 본질적으로 다른 사람들일까? 다르지 않다면 그들은 대체 어떤 힘에 이끌려 극악무도한 범죄를 저질렀을까?

우리와 같든 다르든, 그들은 선전과 세뇌와 협박 등 온갖 수단을 동원해서 대다수 국민에게 유태인 혹은 남아프리카공화국 흑인은 이방인이라거나 위험하다거나 열등한 민족이라는 인식을 심어주었다. 하지만 많은 사람들이 범죄 행위에 앞장서거나 마지못해 분위기에 휩쓸리는 와중에도 그와 같은 선전을 거부하고 희생자를 도우면서 변화를 이루기 위해 투쟁한 사람도 많다. 두 가지 상반된 반응이 나오기까지 어떤 요인이 작용했을까? 답은 바로 공감 능력이다. 타인의 감정이나 입장과 동일시하는 능력 말이다. 다른 사람을 자기와 똑같은 인간으로 볼 줄 모르면 동일시하지 못한다. 다른 사람의 입장에 설 줄 모르면 그 사람이 어떤 경험을 하고 어떤 기분인지 이해할 수 없다. 그리고 그러한 공감 능력이 없을 경우 범죄 행위에 가담하거나 방관하고, 나아가 누구보다 앞장서서 잔인한 폭력을 휘두를 것이다. 앞서 소개한 찍찍이 운동화를 신은 아홉 살 소녀의 이야기는 우리에게 많은 교훈을 준다. 소녀의 친구 준은 친구들의 부당한 행동을 방관하지 않고 당당히 맞섰다.

  굳이 역사를 돌아보거나 다른 나라로 눈을 돌리지 않아도 학교와 지역 사회에서 남을 괴롭히는 사례를 얼마든지 찾을 수 있다. 희생자가 무리에서 배척당하는 이유는 한두 가지가 아니다. 키가 작거나 몸이 약하거나 사회성이 떨어지거나 친구가 없거나 이민자 가정 출신이거나 억양이 다르거나 피부색이 다르다는 점이 괴롭힘의 이유가 될 수 있다. 어떤 이유에서든 사람들은 희생자를 배척하고 주류 집단과 다르다거나 열등하다고 낙인찍는다. 희생자는 주동자에게 괴롭힘을 당하고, 구경꾼들에게도 상처를 받는다. 또래 간의 괴롭힘에 관한 연구에서는 주동자가 잔인한 성격을 드러내는 이유로 공감 능력의 부족을 꼽는다. 구경꾼 역시 희생자에게 공감하는 능력보다 주동자를 두려워하거나 존경하는 마음이 훨씬 크기 때문에 방관하는 것이다. 결국은 모두가 참담한 결과를 맞는다. 험악한 분위기 속에서 아무도 또래의 괴롭히는 행동을 막으려 하지 않는다. 아이들한테는 주동자에게 맞서고 자신과 친구를 보호할 능력과 자신감이 없다. 어른들이 환경을 바꾸려고 적극 노력하지 않으면 아이들에게 서로 존중하면서 건강한 관계를 맺는 기술을 가르쳐줄 수 없다. 또래 괴롭힘은 나쁜 행동이라는 사실을 일깨워주지 못할 뿐만 아니라 시민 사회의 일원으로서 어떻게 행동해야 옳은지도 알려주지 못한다.

극단적인 예이지만 캐나다 브리티시컬럼비아 주에서 열네 살 여학생 리나 버크가 친구들에게 폭행을 당한 뒤 사망한 사건이 있다. 폭행에 가담한 학생은 모두 여덟 명이고, 그 중 일곱 명이 여학생이었다. 현장에 있던 다른 남학생과 여학생들은 구경만 했고, 오직 한 학생만 말리려 했다. 그리고 리나가 실종된 지 나흘이 지나도록 아무도 신고하지 않았다. 얼마 후 폭행에 가담한 여학생 중 한 명이 리나를 살해한 죄로 두 차례 항소 끝에 2급 살인죄를 선고받았다. 세 번째 공판에서는 학생들이 리나의 머리를 때리고 머리카락을 불에 태우려 했으며, 리나가 움직이지 않을 때까지 물속에 계속 처박고 있었다는 증거가 나왔다. 이 비극적인 사건에서 주목해야 할 사실이 있다. 신체 폭행에는 남녀 구분이 없다는 점이다. 폭행을 더 이상 남자들만의 문제로 볼 수 없다는 뜻이다. 또 이 사건에 연루된 학생이 대부분 열네 살이라는 점에도 주목해야 한다. 이런 사건을 방지하려면 훨씬 어린 나이부터 교육해야 한다는 뜻이다.

다행히 인간의 본성은 다른 사람의 감정을 배려하는 사회를 건설하는 쪽으로 작용한다. 사람은 공감 능력을 타고난다. 감정을 알아채는 능력은 인종, 문화, 민족, 사회 계층, 연령에 따라 다르지 않다. 세계 각지의 다양한 연령대의 사람들에게 사람 얼굴 사진을 보여주는 실험이 있었다. 사람들은 사진을 보고 곧바로 겁먹은 사람, 행복한 사람, 걱정에 싸인 사람, 슬픔에 잠긴 사람을 찾아낼 수 있었다. 인간의 감정이나 감정 표현이 보편적이라는 이야기다.[2] 아프리카 말리의 부족장에게 겁먹은 표정을 짓는 일본 소녀 얼굴을 보여주면 인종과 의식주와 문화가 다름에도 일본 소녀의 감정을 단박에 알아맞힌다. 정서와 표현은 어디서나 동일하다. 남에게 감정을 이해받으려는 욕구는 지극히 기본적인 욕구이기 때문에 감정을 드러내는 표정 역시 세계 어디서나 같다.

이는 모든 인간이 마음 깊은 곳에서 서로 연결되어 있다는 증거이다. '공감의 뿌리'는 아이들이 서로 연결된 지점을 발견할 기회를 준다. 아이들은 슬픔을 이야기하면서 "엄마 아빠가 자주 다투셔"라거나 "우리 집엔 엄마 아빠가 아니라 엄마만 둘 있어서 아이들이 놀려"라고 할 수도 있다. 그만큼 슬픔의 이유는 다양하다. 하지만 슬픔이라는 감정을 이해하면 서로 소통하는 방법을 찾고 공감의 길로 나아갈 수 있다.

아기는 엄마나 보호자의 슬픔이나 기쁨에 즉각 반응한다. 아기는 화목과 불화의 미묘한 차이를 감지할 줄 안다. 아기는 다른 사람과 분리되어 있는 자기에 대한 감각을 키우면서 동시에 공감 능력도 기른다. 자기가 느끼는 감정이 무엇이고 그 감정이 자기에게 어떤 영향을 미치는지 이해할수록 주변 사람의 감정을 파악하고 여러 가지 감정이 초래하는 결과를 이해할 수 있다. 18개월 된 아기는 다른 아기가 침울해 보이면 장난감을 주거나 어른에게 도움을 요청한다.³ 이때부터 도덕 감각이 발달하기 시작하고, 친사회적으로 행동하는 능력이 길러진다. 공감이 발달하면서 자기를 이해하고 자기 감정을 이해할 뿐 아니라 다른 사람의 감정을 알아채고 다른 사람의 입장에 서보는 단계는 긍정적인 사회화에 꼭 필요한 과정이다.⁴

아이가 타고난 공감 능력을 발달시키는 과정에서 부모는 가장 중요한 영향을 미친다. 태어나면서부터 부모와 맺는 관계는 모든 인간 관계의 기초가 된다. 아기가 배고파서 울음을 터뜨리면 엄마는 울음소리를 듣고 아기가 배고픈 줄 알아채고 아기를 안아 젖을 먹인다. 아빠가 환하게 웃는 얼굴로 아기 이름을 부르면서 번쩍 들어 올리면 아기는 아빠를 보고 까르르 웃으면서 팔을 뻗어 아빠의 얼굴을 만진다. 소통이 오가면서 서로를 이해하고 관계를 형성한다. 생후 몇 년 동안 이런 소통이 반복된다. 상대가 보내는 신호를 읽고 반응을 보이는 관계는 공감이 뿌리를 내리고 힘껏 뻗어나갈 수 있는 토양이 된다.

가정은 공감이 처음 뿌리를 내리는 곳이다. 아이가 자기를 찾는 공간이자, 여섯 살 이전의 가치관과 태도가 형성되는 공간이기도 하다. 가정에서 시작된 공감의 뿌리는 아이에게 안전한 기반을 마련하고 자신감과 뚜렷한 자기 감각을 심어주어 가정의 울타리 너머 넓은 세상에서 사람들과 관계를 맺도록 해준다. 아이들은 가정에서 배운 대로 또래 친구나 어른들의 행동과 감정 표현을 이해하고 반응한다. 가족의 정서적 부침 속에서 소통과 보살핌, 또 문제 해결 방식이 어떤 식으로 형성되었는지를 보면 놀이터와 학교와 회의실에서 친구를 사귀고 우정을 나누는 방식을 이해할 수 있다. 사회가 아이와 부모에게 제공할 수 있는 혜택 가운데 사회 학습과 감성 학습을 정규 교과 과정으로 편성해서 성공적인 인간관계를 맺도록 도와주는 방법만큼 좋은 것이 또 있을까? 국제화 시대에 학습 능력을 기르는 데 주력하는 것처럼 공감 능력을 바탕에 둔 인간 관계 형성에도 관심을 기울일 필요가 있다. 두뇌의 발달만큼 가슴의 발달에도 관심을 기울여야 안정적인 미래를 건설할 수 있기 때문이다.

공감이 왜 중요할까?

어느 날 '공감의 뿌리' 수업을 듣는 코디라는 학생의 부모가 교사에게 전화를 걸어왔다. "요즘 학교에서 뭘 배우는지는 몰라도 우리 아이가 동생을 대하는 태도가 달라졌어요. 아기를 상냥하게 잘 돌봐준답니다." 코디는 학교에서 공감과 아기의 욕구에 대해 배운 대로 집에 돌아가서 실천을 했다. 다행히 이런 이야기를 들려주는 부모가 아주 많다.

한편 공감이 주는 치유의 힘도 우리는 자주 발견한다. 리엄이라는 아이는 '공감의 뿌리'를 시작할 무렵만 해도 학교에 와서 자주 화를 내고 침울해하는 모습을 보였는데, 아기의 미소와 따뜻한 몸짓을 보고 서서히 마음을 열어 아기와 긍정적이고 끈끈한 관계를 맺었다. 아기는 몇 차례 교실을 방문하는 사이 리엄에게 유난히 관심을 보이면서 리엄을 자기에게로 끌어당겼다. '공감의 뿌리' 강사의 눈에도 리엄은 아기의 미소와 처음 마주친 날 이후로 크게 달라진 듯했다. 그날 수업이 끝날 무렵 리엄은 아기의 발을 쓰다듬으며 작별 인사를 건넸다. 그때부터 리엄은 다른 사람과 눈을 맞추고 친구들과 친근하게 교류하기 시작했다. 나는 많은 교실에서 이와 같은 '현명한 아기 신드롬

wise baby syndrome'을 목격했다. 아기는 직관적으로 누가 자기를 필요로 하는지 알아채면서, 인기가 없고 고통스런 짐을 짊어지고 다니는 아이를 찾아낸다. 아기는 아무런 잣대도 들이대지 않고 순수한 눈으로 아이를 바라본다. 그러면 아이는 아기의 반응에 비춰진 자기의 진실한 모습을 발견하고 자기를 새롭게 창조할 기회를 맞는다.

타인의 감정을 이해하는 능력은 교실과 지역 사회, 나아가 더 넓은 세계에서 따뜻한 인간 관계를 맺기 위한 밑거름이다. '공감의 뿌리' 시간에 아기는 감정을 있는 그대로 솔직하게 표현한다. 이를 통해 아이들은 타인의 감정을 이해하는 법을 배우게 된다. 행복한 아기는 몸 안의 세포 하나하나까지 행복하다. 또 겁에 질려 있는 아기는 두려움이 가득하다. 아이들은 이런 아기들의 모습을 금방 알아챈다. 아이들은 아기의 감정을 살피면서 자신의 감정을 자각하고 식별하게 되며, 나아가 타인의 감정도 깨닫게 된다. '공감의 뿌리' 수업에는 또래 친구들의 얼굴 사진을 보고 사진 속 아이의 기분을 알아맞히는 과제가 있다. 아기와 함께해 본 경험이 있기 때문에 아이들한테서 갖가지 반응이 나온다. 또 아기가 보내는 신호를 보고 무엇을 배웠는지 이야기를 나누는 시간도 있는데, 이때 아이들은 자신의 감정을 드러내놓고 이야기해 보는 경험을 한다. 그렇게 사람들 앞에서 감정을 드러내거나 이야기하면서 생각을 정리하기도 한다.

사람과 관계 맺는 능력은 공감과 감성 지능을 바탕으로 발달한다. 자신의 감정을 이해하고 타인의 감정을 알아챌 수 있으면 먼저 손을 내밀어 관계를 맺을 수도 있다. 상처받은 사람을 따뜻하게 보듬어주고, 행복한 사람과 함께 기쁨을 나눈다. 다른 사람에게 더 배려하고 반응한다면 기운이 다 빠져버린 사람들이 이렇게 많지는 않을 것이다. '공감의 뿌리' 교실에서는 아이들이 감정 나누기 과정을 통해 서로 가까워지는 경험을 하고 그렇게 우정을 쌓아가도록 유도한다. 일례로 슬픔에 잠긴 소녀 사진을 보여주고, 그 소녀가 어떤 기분인지, 그리고 어떻게 도와줄 수 있는지 이야기해 보는 것이다. 그러면 소녀가 외로워서 슬프고 또 친구가 없어서 외롭다는 의견이 적잖이 나온다. 소녀를 자기네 친구들 모임에 데려가겠다는 해결책을 제시하는 학생도 많다. 말로는 잘 표현하지 못하지만 본능적으로 친구의 슬픔을 덜어주고 싶은 마음이 생기는 것이다. 이처럼 공감을 기르고 감성을 자각하는 과정을 마련해 줌으로써 현재 아이들의 관계 능력이 향상되는 것은 물론 다음 세대들이 인간 관계의 질을 높이는 데에도 좋은 영향을 미칠 수 있다.

강연에서 '공감의 뿌리' 교실에서 일어난 일들을 소개하고 아이들의 용기와 동정심이 드러나는 가슴 뭉클한 순간을 소개하면 감동의 눈물을 흘리는 청중들이 많다. 그런데 다들 갑자기 흘러나오는 눈물에 당황하면서 몰래 눈가를 훔치고 휴지를 감춘다. 왜 부끄러워해야 할까? 이 눈물은 우리가 인간이고, 또 인간이기에 감정이 있다는 증거가 아닐까?

스스로를 자각하는 방식에서나 서로를 대하는 방식에서 건강한 감정의 공간을 마련해야 한다. 이는 성별이나 나이와 상관없이 필요한 노력이다.

공감, 감성 능력

'공감의 뿌리' 시간에 우리는 아이들에게 감정을 표현하는 단어를 제시한다. 핵심 감정에 초점을 맞추면서 아이들에게 슬프거나 두렵거나 화나거나 기쁠 때가 언제인지 이야기를 나누게 한다. 아이들은 다른 사람의 이야기를 듣고 자기 이야기를 털어놓으면서 새로운 용어를 배우고 감성 지능을 개발한다. 이를테면 "네가 어떤 기분인지 들어보니까 나도 그런 기분이었던 적이 있었어" 하는 식의 반응을 보인다. 모든 사람이 하나로 연결되어 있다는 점을 이해하는 순간, 어느 한 집단을 분리시켜 그 집단의 인간성을 묵살하기란 불가능하다.

연구에 따르면 여자아이들은 대개 문제가 생기면 남에게 털어놓는 반면에, 남자아이는 문제가 생기면 주로 행동으로 반응을 보인다고 한다. 남자는 감정 표현을 자제하는 것이 좋다고 생각하는 사회 분위기에서 자라면서 감정을 표현하는 용어를 제대로 습득하지 못하는 경우가 많다. 따라서 남자아이에게 감정을 읽고 표현하는 능력을 길러 주는 것은 특히 중요하다. 아직도 부모들은 아들보다 딸에게 말을 많이 시킨다. 그래서 여자아이들이 남자아이들보다 감정을 훨씬 풍부하게 구사하는 편이다. 그러나 '공감의 뿌리'를 거쳐간 남학생들은 감정을 표현하는 어휘를 여학생만큼이나 많이 습득하고, 다른 남학생들보다 감정을 잘 털어놓는다. 이런 결과는 '공감의 뿌리' 교실을 믿고 털어놓을 수 있는 공간으로 만들려는 커다란 노력이 있었기에 가능한 일이었다.

감정과 관련된 어휘만 배운다고 해서 저절로 감정을 털어놓을 수 있는 것은 아니다. 주변 어른들이 감정을 잘 받아들이고 존중해 줄 거라는 믿음이 있어야 한다. 아이의 감정을 존중해 주면 아이는 타인의 감정을 존중하는 법을 배운다. 가령 갓난아이가 무서워할 때 꼭 안아주고 달래주면 아이는 자기도 무서워하면 누군가 알아채서 반응해 줄 거라는 메시지를 받는다. 그런데 아이가 조금 자라고 난 뒤에는 아이가 무서워해도 우리는 그 마음을 인정해 주지 않거나, 때로는 수치심을 심어주거나 은연중에 나약하다는 의미를 전달하기도 한다. 특히 남자아이에게 그런 경우가 많다. 아기일 때는 따뜻한 관심을 보여주다가 조금 자라면 전혀 다른 메시지를 보내는 것이다. 두려워하는 마음은 인정할 수 없으니 마음에 꾹 담아두라는 메시지를 보내는 것이다. 아이의 감정 표현을 보지도 듣지도 않고 반응해 주지도 않음으로써 감정이 호흡할 산소를 제거하는 셈이다. 그 결과 사람들은 어른이 되면 자기 자신에게조차 두려움을 감추려 한다. 나약하다고 여기는 감정을 인정하는 대신 그냥 몸으로 아파버린다.

 심지어 긍정적 감정까지 숨기는 경우도 있다. 아이들이 천진난만하게 굴 때는 진실하고 꾸밈없는 감정 표현이라고 높이 평가하면서도 어른들은 함부로 감정을 드러내면 안 된다고 생각하는 이유는 무엇일까? 어른들 중에는 갑자기 화를 터뜨리거나 우울증으로 주저앉는 사람이 많다. 간혹 아이들에게도 이런 현상이 나타난다. 요즘 들어 소아우울증이 급증하고 있다. 아이들에게 안전하고 건강하게 감정을 표현하는 방법을 알려주고, 어른들이 아이의 감정을 듣고 이해해 줄 거라는 믿음을 심어주는 것이 그 어느 때보다 중요해졌다. 마찬가지로 받은 만큼 남에게 똑같이 베풀도록 가르치는 것도 중요하다. 7학년 교실에서 '과도기용 물건'에 관해 토론하다가 감정을 건강하게 표현하는 좋은 사례가 나왔다. 과도기용 물건이란 아기가 잠들 때나 울적할 때 위안을 주는 담요나 장난감 같은 물건이다. 강사는 7학년 남학생들이 지금도 아기 때 가지고 놀던 장난감을 가지고 있다는 말에 크게 놀랐다. 강사는 남학생들이 자기 이야기를 스스럼없이 털어놓는 모습에 감탄하면서 내게 이렇게 말했다. "그 아이들이 감추고 싶은 내용이 있을 텐데 자기 얘기를 편하게 털어놓는 것이 놀라웠어요."

지식은 의사 결정에 영향을 주기도 하지만 실제로 행동을 변화시키는 동력은 감정이다. 식생활을 개선하고 운동을 해야 한다는 사실을 '아는' 사람은 많다. 의사도 경고하고 텔레비전에서도 홍보하지만, 사람들은 정크 푸드를 끊지도 못하고 장시간 소파에 앉아 지내는 습성도 버리지 못한다. 머리로는 알아도 마음이 움직이지 않기 때문이다. 어떤 사람이 식습관이나 행동을 바꿀 때는 주로 감정을 건드리는 사건 때문이다. 가령 심장 발작이 일어난 뒤부터 두려움이 생겼거나, 이혼한 뒤에 이성에게 매력적으로 보이고 싶은 욕구가 생겼기 때문이다. 아이들은 사회 변화를 이끄는 데 심리적으로 강력한 견인차 역할을 한다. 다른 이유라면 움직이지 않을 사람들도 자녀들 생각에 안전벨트를 매거나 헬멧을 착용하거나 담배를 끊거나 음주 운전을 삼간다. 시리얼 광고든 자동차 광고든 온갖 광고에 아이들이 자주 등장하는 것도 우연이 아니다. 정보만 주는 것이 아니라 감정에 호소하기 위해서이다. 하지만 우리는 흔히 삶에서 감정의 역할을 과소평가하고 감정을 드러내는 것은 잘못이라고 생각한다.

공감은 상호 의존 관계를 맺는 데도 중요한 역할을 한다. 상호 의존은 직장, 가정, 지역 사회 등 삶의 모든 영역에서 관계를 형성하는 데 중요한 요인이다. 독립심이 강인함을 나타내고 상호 의존이 나약함을 뜻한다는 생각은 크게 잘못된 생각이다. 독립심을 중시하는 문화를 연구해 보면 서로 힘을 합쳐서 성과를 내기보다 혼자 성취하는 것을 높이 평가한다. 그 반면 공동체 안에서 책임과 역할을 분담하며 가족이 유지되는 데 아이들이 중요한 역할을 하는 문화권에서는 이타적인

행동과 공공의 선을 추구하는 행동을 높이 평가한다.[5]

얼마 전 토론토에서 비극적인 사건이 발생했다. 다섯 살 소년이 고층 건물 베란다에서 떨어져 죽은 것이다. 아이 엄마는 밤 열시에 아홉 살과 열한 살 형들에게 아이를 맡긴 채 일터로 나가고 없었다. 엄마라는 사람이 베이비 시터도 구하지 않고 아이들끼리만 두고 나갔다는 비난도 있었지만, 간간히 엄마의 처지를 딱하게 여기는 목소리도 들렸다. "이 엄마를 도와줄 제도가 어디 있냐? 먹고살기 위해 애들만 두고 나가야 하는 엄마 심정이 오죽했겠냐?"는 말들이 터져 나왔다. 아이 엄마는 캐나다에 이민 온 지 얼마 안 돼서 남편과 어머니를 모두 잃고 홀로 생계를 유지해야 했다.[6]

공감을 중시하는 따뜻한 사회에서라면 이 엄마도 해결책을 찾았을 것이다. 지역 사회의 일원으로서 이런 아이들을 보살피거나 도와주어야 한다고 생각하는 인정 많은 사람들이 있었을 것이다. 상호 의존으로 맺어진 친밀한 관계는 막강한 위력을 발휘하고, 이 힘이 지역 사회를 이끌어간다. 철저하게 독립적인 개인들이 모여 사는 지역 사회는 공동체로서 지역 사회가 아니다.

아이도 한 사람이다

어른들이 아이들을 대하는 방식은 효과적이지 않고, 그 결과로 모두에게 미치는 여파는 실로 어마어마하다. 아이가 무엇을 필요로 하는지 제대로 파악하지 못한 부적절한 정보들 때문에 우리의 노력이 빛을 발하지 못하는 것이다. 쉽게 말해서 아이의 인지 발달과 감성 발달에 관한 새로운 지식들이 있음에도 불구하고 아이는 여러 가지 면에서 성인보다 부족한 존재라는 믿음이 만연해 있다. 그래서 아이의 감정마저 중요하지 않은 것으로 치부한다. 아기가 울 때 부모는 다른 사람들로부터 "애가 버릇이 없어서 그래. 울게 내버려둬"라는 훈계를 듣는다. 일곱 살 소년이 으르렁거리는 개를 보고 무서워하자 누군가 이렇게 말한다. "다 큰 아이는 울지 않아. 무서워할 거 없어." 아이의 마음에 둔감한 세상이다. 장애인의 요구를 반영하는 법안은 제정되기 시작했지만, 아이의 요구를 들어주는 법안은 여전히 마련되지 않고 있다. 아이들은 성가신 존재라는 인식 때문에 공공건물과 공공장소는 물론 일부 아파트에서도 아이들을 환영하지 않는다.

 사람들은 현실에 존재하는 개개의 아이는 이해하지 못하고, 진부한 표현만 남발한다. 모든 아이가 걱정거리 하나 없고 책임질 일도 없이 마냥 행복하고 순진하게 살아간다는 진부한 표현은 비극적 결과를 초래할 수 있다. 아이가 느끼는 감정의 폭과 깊이가 어른 못지않게 복잡하다는 걸 모르면 고통 속에 있는 아이가 보내는 스트레스나 우울의 신호를 알아채지 못한다.

 우리는 '공감의 뿌리' 교실에서 지적 능력이 온전치 않은 아이라도 감정 표현이 풍부하고 감성 능력을 얼마든지 발달시킬 수 있다는 증거를 목격했다. 아이가 울 때 진짜 슬퍼서 우는 게 아니라 별다른 이유 없이 운다고 생각하고, 부모에게 보고 배운 대로 친구들에게 폭력을 행사하는 아이가 있으면 그저 품행이 나쁜 아이니까 벌을 주어야 한다고 생각한다. 그러나 아이의 감정을 무턱대고 덮어버리면 결국엔 엄청난 대가를 치르게 된다.

 아이는 원래 잔인하고 자기 중심적이라고 믿는 사람도 아직 많다. 이런 믿음 때문에 어른 못지않게 사려 깊고 친절한 아이들이 많은데도 이를 무시한다. 언젠가 '공감의 뿌리' 교실에 휠체어를 타고 침을 줄줄 흘리며 다니는 아홉 살 소년이 있었다. 그때 우리는 반 친구들이 이 소년의 인권을 얼마나 훌륭하게 지켜내는지 보았다. 아이들은 다른 반 친구들에게 장애인 친구가 놀림을 받을 때 어떤 기분이 되는지를 설명해 주었다. 그러자 이 소년을 놀리는 아이들이 사라졌다. 또래를 괴롭히는 사건이 발생하면 어른들이 적극 개입해야 한다. 피해 아동을 보호하기 위해서이기도 하지만 주동자나 구경꾼을 바르게 이끌어야 할 의무가 어른들에게 있기 때문이다. 많은 연구들이 이 점을 입증하고 있는데, 이에 따르면 어른이 나서서 피해자를 보호하고 가해 행동을 바로잡아 주지 않으면 학교 전반에 약자를 따돌리는 분위기가 심화된다.[7]

아이들은 답을 안다. 어느 5학년과 6학년 교실에서 강사가 또래 괴롭힘 사례를 소개하고 그 해결책을 물었다. 그러자 한 학생이 주동자에게 똑같이 되갚아줘서 "버릇을 고쳐줘야 한다"고 했고, 다른 학생이 "그러면 우리도 똑같은 가해자가 되잖아?"라고 반박했다. 여러 학생이 의견을 내면서 괴롭힘 문제를 해결할 방법을 의논했다. 학생들이 합의한 결론은 이랬다. "친구를 괴롭히는 일은 어떤 식으로든 정당화되지 않는다. 자기를 믿고 친구들을 믿어야 한다. 어른들에게 도움을 요청해야 한다." 또래 괴롭힘 문제를 해결하려면 모두가 힘을 보태야 한다는 사실을 잘 알고 있는 것이다.

어른들이 조금만 도와주면 아이들은 놀랄 정도로 깊은 이해력과 뛰어난 사회 능력을 발휘한다.

공감은 말로 가르쳐지는 것이 아니라, 보고 터득하는 것이다

'공감의 뿌리'에서는 서로 소통하고 존중하는 관계에서 힘을 얻는 분위기, 친구들과 관계를 맺으면서 서로 얼마나 비슷한지 배우는 분위기를 만들려고 한다. 아이들은 이런 분위기에서 공감대를 형성하고 서로의 의견을 조율하며 자기에 대해 인식할 수 있다. 그리고 아이들은 아기의 첫 해를 지켜보면서, 일방적인 강의를 통해서가 아니라 꾸준한 만남에서 얻는 학습 경험을 통해서 관계를 형성하는 사회 분위기를 호흡한다. 즉 대화를 통해 서로의 가치를 이해하며 좋은 태도를 내면화하는 것이다. 아이들의 학습에서 가장 미묘한 부분은, 아이들이 오랜 시간에 걸쳐 보고 들은 것이나 사람들이 자신에게 보이는 반응을 통해 배울 것을 취한다는 점이다. 일상에서 자주 공감을 경험하면 공감 능력이 뛰어난 사람으로 성장할 수 있다. '공감의 뿌리'는 이런 세계로 들어가는 문을 열어젖힌다. 물론 젖먹이 때부터 공감을 접한 아이에게는 익숙한 세계이다. 하지만 불우한 가정환경에서 자란 아이들도 환영받으면서 이 세계를 경험할 수 있다.

'공감의 뿌리' 시간에는 학생 하나하나의 감정과 성향, 의견을 중시한다. 누구 하나 다른 사람보다 덜 중요하지 않다. 모두가 동등하다고 느낄 수 있는 방법을 찾는 데 이 수업의 목적이 있다. 학생을 누르고 강사를 높이거나 다른 아이들을 누르고 특정 아이를 높이는 것이 아니라, 각자에게 맞는 방식으로 아이들을 대해야 한다.

어느 교사는 '공감의 뿌리'에 참여한 아이들을 이렇게 묘사한다. "우리 반 아이들이 한 학년 동안 '공감의 뿌리' 프로그램을 함께하면서 모두 비판적 사고를 요하는 학습 활동에 열심히 참여하는 모습을 보고 놀랐습니다. 아이들은 크고 작은 집단을 만들어서 열심히 문제를 풀려고 합니다. 이제는 혼자서도 중요한 결정을 내릴 수 있습니다. 겨우 여섯 살인 아이들로서는 결코 작은 성과가 아닙니다. 우리 반에는 친구를 괴롭히는 아이가 없습니다. 다 '공감의 뿌리' 덕으로 돌리고 싶네요. 아이들은 운동장에서도 '중재자' 노릇을 하면서 가끔씩 다른 학년이나 다른 반 친구들을 우리 반으로 데려와 대화로 갈등을 해결하도록 이끌어줍니다."

아이들에게 스스로 문제를 해결하도록 해주면 아이들은 내적 동기를 발전시켜서 사회에 공헌하는 당당한 어른으로 성장하는 길을 찾아나간다. 아이들은 자긍심과 자만심은 다르다는 것, 그리고 자긍심은 오로지 자기 확신에서 나온다는 사실을 이해한다. 남이 좋아해 주기를 바라거나 인정 혹은 보상을 바라고 행동하지 않는다. 남에게 나눠줘도 될 만큼 충분히 가지고 있기 때문에 나눠줄 뿐이다. 나는 공감 능력 없이는 결코 이타심이 생겨날 수 없다고 믿는다.

공감과 세 가지 기본 교과

'좋은' 교육의 구성 요소를 논의할 때 흔히 '세 가지 기본 교과(읽기, 쓰기, 셈하기)'를 옹호하는 입장과 학교에서 가치관을 주입시켜야 한다는 입장이 대립한다. 다행히 두 가지 상반된 입장을 연결할 뿐 아니라 학업에도 꼭 필요한 요인으로 공감 능력을 꼽는 사람들이 늘고 있다. 공감 능력이 뛰어난 사람은 타인의 감정과 행동과 의도를 이해할 뿐 아니라 남을 보살필 줄도 안다. 이해하는 마음을 전하려면 감성 능력이 필요하다. 인지과학자 B.F. 존스~Jones~는 말한다. "유능한 학생은 남과 소통할 줄 알아야 학교 생활을 잘할 수 있다고 생각한다. 또 타인의 눈으로 스스로를 돌아보고 세계를 바라볼 줄도 안다. 이를테면…… 타인의 생각과 상황을 정확히 파악하고, 이를 이해하고 존중하는 마음을 지닌다.…… 학교 생활을 잘하는 학생은 자기와 다른 환경을 지닌 사람들과 경험을 나누고 이로써 자기 삶을 더욱 풍요롭게 만드는 데 높은 가치를 부여한다."[8]

공감 발달에 초점을 두는 프로그램에서는 아이들에게 사회 학습과 감성 학습의 문을 열어준다. 감정 인식 능력을 길러줘 뚜렷한 자기 감각을 형성하고 아동기와 청소년기를 지나면서 다른 사람들과 관계를 맺고 효율적으로 협력하는 방법을 가르쳐준다. 반 친구들과 감정을 나누고, 아기에게 자기를 맞추고, 아이들과 정서적으로 교감할 수 있는 어른들과 소통하면서 이루어진다.

'공감의 뿌리' 강사이기도 한 어느 교감 선생님은 내게 이런 경험담을 들려주었다.

제나라는 아기가 우리 반에 두 번째로 방문한 시기는 태어난 지 4개월 정도 되어 한창 몸을 뒤집으려고 애쓰던 때였어요. 1주일 후 학생들은 지난 주 방문 수업 때 일어난 일들을 토론하면서 어떻게 그렇게 작은 아기가 단호한 의지로 한 가지 일에 몰두할 수 있냐면서 감탄을 금치 못했죠. 특히 아기가 체조 선수처럼 발을 잡아서 위로 당기는 모습에 아이들이 놀라워했어요. "아기가 정말로 뒤집고 싶어해요. 얼굴 표정이랑 몸짓에 다 보이잖아요!"

예닐곱 살짜리 어린아이들이지만 좌절이라는 개념을 정확히 알고 있었어요. "꼭 하고 싶은데 할 수 없을 때는 정말 괴로워요." 다들 이 말에 고개를 끄덕였죠. 그때 대니얼이 무심코 "자기 몸을 자기 맘대로 조절할 수 없으면 정말 괴로울 거예요"라고 말했어요. 아이들이 자주 보여주지만 매번 어른들을 놀라게 하는 대단한 통찰력이죠. 대니얼은 새로운 일을 접할 때의 복잡한 심정을 한마디로 표현한 겁니다. 새로운 것을 발견했을 때의 흥분과 그 일을 해내고 싶은 열망, 거기에 혹시라도 통제력을 잃지는 않을까 하는 두려움이 얽혀 있는 상태를 표현한 것이죠.

아이들은 기대에 부풀어 제나의 세 번째 방문을 기다렸습니다. 제나가 지금쯤 무엇을 할 수 있을 것 같으냐고 물어보자 많은 아이들이 "뒤집기"라고 대답하더군요. 드디어 수업이 시작되고 엄마가 아기 제나를 초록색 담요 위에 눕혔습니다. 아기는 바닥에 눕자마자 몸을 비틀고 팔다리를 옆으로 뻗었어요. 그러더니 몸을 뒤집어 배를 깔고 엎드리더군요. 교실은 순식간에 흥분의 도가니로 변했죠. 아이들이 손뼉을 치며 환호성을 질렀어요. 새로운 발달 과업을 달성한 제나를 보면서 온 교실이 기쁨에 들뜬 겁니다.

대니얼이 친구 샤킬을 돌아보면서 그러더군요. "봐, 샤킬. 꼭 너같아. 아기도 이제 할 수 있어." 다들 흥분에 들떠 있어서 대니얼에게 무슨 뜻이냐고 묻지 않았어요. 얼마 후 그림을 그리는 시간인데 샤킬이 자전거 타는 법을 배우는 모습을 그렸죠. 그러더니 "제나와 같아요"라고 했어요. 그러면서 두 발 자전거를 배우는 것이 얼마나 어려운지 이야기하더군요. 샤킬은 여러 번 좌절을 경험한 뒤였죠. 대니얼이 방과 후에 샤킬이 자전거 타는 걸 도와주었는데, 그러면서 샤킬에게 오랫동안 열심히 연습했으니까 꼭 잘 탈 수 있을 거라고 말했다더군요.

제나와 샤킬의 상황이 꼭 들어맞은 거죠. 제나가 새로운 발달 과업을 이룬 것처럼 샤킬도 새로운 지점에 도달한 겁니다. 아이들은 교실에서 얻은 통찰을 교실 바깥의 세계에 적용합니다. 이 두 세계를 연결해 주는 통로는 바로 공감입니다.

이는 관련된 모든 사람에게 좋은 경험이 되었다. 아기의 성취를 바라는 간절한 마음을 공유함으로써 이들은 다른 사람이 잘되기를 빌어주는 마음을 키웠다. 이러한 마음은 모든 이를 하나로 묶어 건강한 시민 사회를 만들어내는 연결 관계를 형성하는 것이다.

'공감의 뿌리' 시간이 아이들에게 주는 혜택은 한두 가지가 아니다. 우선 아이들은 이해받고 이해하는 능력을 배우고, 감정과 인지와 기억을 비판적으로 결합해서 학과 공부를 잘하기 위한 중요한 방법도 배운다. 언젠가 부모가 될 아이들이 자식을 낳아 기르고 가르치는 데 활용할 수 있는 바람직한 양육 방식을 생생하게 체험한다. 그리고 무엇보다 중요한 혜택이 있다. '공감의 뿌리'에서 제공하는 모든 혜택이 연결되어 일상의 관계를 풍요롭게 해주고, 협력과 상호 의존을 높이 평가하며, 모든 사람의 목소리를 존중하는 사회의 기반을 다진다는 사실이다.

3

'공감의 뿌리' 교실 풍경: 아기가 교사다

레아가 아이들을 가르치다

'공감의 뿌리' 강사인 샤론은 텅 빈 교실에 앉아 학생들이 쉬는 시간을 마치고 들어오길 기다리면서 아기를 맞이할 준비를 하고 있다. 샤론은 커다란 가방에서 밝은 녹색 담요를 꺼낸다. "이 담요는 아기의 공간이야. 모두가 아기를 볼 수 있도록 담요 주위에 둘러앉거라" 하고 말해줄 것이다. 샤론은 아이들이 둘러앉을 수 있도록 교실 한가운데 담요를 펼친다.

'공감의 뿌리'에서 바닥에 담요를 까는 데는 몇 가지 이유가 있다. 우선 학생들과 아기 사이에 물리적 거리를 확보해 세균이 옮지 않도록 예방 조치를 해 첫 아기를 낳아 예민한 부모를 안심시켜 주려는 이유가 있다. 다음으로 모든 학생이 성장의 드라마와 애착 관계의 기적이 일어나는 광경을 볼 수 있도록 무대를 마련해 주기 위함이다. 또 아직 철없는 아이들이 슬금슬금 아기에게 다가가서 아기를 만지거나 함부로 건드리지 못하도록 하려는 목적도 있다. '공감의 뿌리' 시간에 아이들이 지켜야 할 규칙을 정하고 이를 쉽게 따르도록 하는 데 담요는 중요한 역할을 한다.

샤론은 마지막으로 가방을 열어 수업 시간에 쓰려고 준비해 온 장난감을 들여다본다. 그때 담임교사가 들어오고 아이들이 뒤따라 들어온다. 장난감은 '공감의 뿌리' 시간에 아기의 발달 과정과 성취, 그리고 기질을 설명할 때 쓰려고 특별히 고른 것이다. 아기는 한 달에 한 번 교실에 올 때마다 장난감을 다른 방식으로 가지고 논다. 아이들은 못 본 사이에 아기가 어떤 새로운 방법으로 장난감을 가지고 놀게 되었는지 확인할 수 있다. 아이들은 여러 가지 영역에서 아기의 발달 과정을 시간 순으로 좇아가면서 아기의 고유한 기질을 확인하고, 아기가 좌절감을 느끼는지, 놀라는지, 관심을 보이는지, 굳은 결심을 했는지 알아챈다. 오늘 수업은 유치원 수업이다. 실컷 놀다 들어온 다섯 살 아이들에게서 에너지와 웃음을 이끌어내야 한다. 아이들은 담요 주위에 둘러앉아 정면을 향해 몸을 돌린다.

'공감의 뿌리'를 처음 시작하는 나이는 다섯 살이다. 이렇게 어린 나이에 시작하는 이유는, 감성 능력을 일찍부터 길러주면 아이들이 질풍노도의 아동기와 청소년기를 거치는 동안 방향을 잃지 않도록 도와줄 수 있기 때문이다. 스스로 감정을 알아채거나 조절하지 못해서 겪는 고통과 어려움은 정서적으로 풍요로운 삶을 살아나갈 수 있는 도구만 제공하면 미리 예방할 수 있다. 이 도구를 이용해서 친구도 사귀고,

평화롭고 서로 배려하는 교실 분위기도 만들 수 있다. 아이는 두 살이 되기 전에 자신의 자아와 감정을 인지하기 때문에[1] 가능하면 유치원부터 '공감의 뿌리'를 시작하는 것이 매우 중요하다.

6개월 된 아기 레아와 엄마가 문 앞에 나타나자 교실은 흥분으로 술렁거렸다. 강사가 "애들아, 환영 노래를 불러주자"라고 하자 아이들이 노래를 부르기 시작했다.

레아의 엄마가 레아를 아기 의자에서 들어 올리는 사이 아이들이 자리에서 일어난다. 그리고 잔뜩 기대하면서 레아와 엄마가 담요 주위를 한 바퀴 돌기를 기다린다. 아이들은 활짝 웃으면서 "안녕, 레아" 하고 말하거나 아기의 발을 살짝 잡고 인사를 건넨다. 엄마가 초록색 담요의 지정된 자리에 아기를 내려놓자 아이들이 깜짝 놀라면서 "아기가 앉았어. 아기가 앉았어"라고 웅성거린다. 아이들은 앞 다투어 레아의 이름을 부르고 손을 흔든다. 말릭이 정확히 지적한다. "전에는 엄마가 일으켜 앉혔는데, 지금은 레아 혼자서 앉아 있잖아." 그러자 강사가 아이들에게 말한다. "이게 바로 중요한 사건이란다. 레아는 이제 전에 못하던 걸 할 수 있어."

다음으로 강사가 묻는다. "레아는 이제 혼자서 앉을 수 있어. 앞으로 레아의 생활이 어떻게 달라질까?" 갖가지 대답이 나온다.

"우릴 더 잘 볼 수 있어요." "손가락으로 가리킬 수 있어요." "레아가 이제 우리한테 공을 던질 수 있어요." "아이스크림을 잡을 수도 있어요."

레아는 활짝 웃는 얼굴들을 돌아보며 환한 미소로 화답한다. 한 아이가 묻는다. "레아가 기어 다닐 수 있나요?" 레아의 엄마가 대답한다. "좀 있으면 기어 다닐 거야."

그러자 강사는 레아의 엄마에게 아기를 엎드려 놓아달라고 부탁한다. 아이들 눈으로 직접 확인하게 해주고 싶어서이다. 레아는 엎드려서 팔을 버둥거리고 발을 차는 것 말고는 다른 동작을 취하지 못한다. "배가 바닥에 붙었나 봐요." 타마라가 말한다.

레아가 몸을 뒤집자 아이들이 흥분해서 떠든다. 잭이 큰소리로 묻는다. "저건 지난 시간에도 했어요. 저것도 중요한 사건이죠?"

레아가 지친 듯 찡그리자 강사가 아이들에게 묻는다. "레아가 우리한테 무슨 말을 하려는 걸까?"

몇 가지 대답이 나온다. "엄마한테 가고 싶어해요." "화가 났어요." "피곤해요." "실망했어요."

강사가 다시 묻는다. "우리가 어떻게 해줘야 하지?"

아이들이 한 목소리로 대답한다. "엄마한테 보내줘야 해요."

강사는 기기, 앉기, 걷기와 같은 '아기의 중요한 사건'이 적힌 플립 차트(뒤로 한 장씩 넘길 수 있는 차트─옮긴이)를 준비해 왔다. 레아가 엄마 품에 안겨 있는 동안 강사는 플립 차트에 적힌 항목을 하나하나 읽어 내려가면서 레아가 할 수 있는 것이 무엇인지 묻는다. 뒤집기와 앉기냐고 묻자 아이들이 큰소리로 "네"라고 대답한다. 기기와 걷기는 어떠냐고 묻자 모두가 "아직"이라고 대답한다. '아직'이라는 말은 언젠가 해낼 수 있다는 뜻이다. 가령 아이들이 아직 책 한 권을 다 이해하지는 못하지만 수많은 단어를 읽을 수는 있다. 마찬가지로 레아도 언젠가 걷는 법을 배울 것이다.

강사는 아이들에게 이제 스스로 뒤집고 앉을 수 있게 된 아기를 안전하게 보살펴주는 방법이 무엇이냐고 묻는다. 어떤 아이가 자기 이야기를 들려준다. 그 아이의 엄마가 아기였을 때 외할머니가 기저귀가는 탁자 위에 잠시 올려놓았는데 엄마가 그 새를 못 참고 바닥으로 굴러 떨어졌다는 이야기다. 강사가 아기를 혼자 기저귀 탁자에 두면 안 된다고 말하자 아이들이 동의한다는 듯 고개를 끄덕인다. 누군가 이제 레아가 혼자 앉을 수 있으니 팔을 뻗어 식탁보 같은 것을 잡아당길 수도 있다고 말한다. 그리고 식탁보 위에 앉아서 일어날 수 있는 갖가지 위험한 일들을 덧붙인다.

레아의 엄마도 이런 이야기를 들려준다. "아기를 방에 혼자 두고 나갈 때는 놀이 울타리 안에 넣어둔단다. 그리고 계단에는 안전 문을 설치해 놓았지." 그리고 레아의 고무젖꼭지를 두세 달에 한 번씩 바꿔준다고 덧붙인다. 고무가 닳아서 떨어지면 아기의 목에 걸려 위험할 수 있기 때문이다.

레아가 옹알거리는 소리를 내자 아이들이 깔깔댄다. 강사가 딸랑이 양말을 들고 레아의 관심을 끌어보려고 하지만 레아는 몸을 굴려서 옆에 앉은 아이 쪽으로 가서 방긋이 웃는다. 그러자 강사가 말한다. "아기가 딸랑이 양말보다 루벤에게 관심이 많나보네!" 루벤 옆에 앉은 아이가 "아니에요. 저 보고 웃었어요!"라고 말한다. 그러자 루벤이 "아니야, 나보고 웃었어!"라고 우긴다. 레아는 가만히 앉아서 아이들이 서로 아기에게 호감을 사려고 다투는 모습을 바라본다. 루벤이 말한다. "좋아, 우리 둘 다 보았어." 강사는 레아가 자신들을 보고 웃어주면 기분이 어떠냐고 아이들에게 묻는다.

그러자 둘이 함께 대답한다. "아주 행복해요. 마음이 웃어요."

강사는 레아 엄마에게 레아와 함께 '아기 돼지' 놀이를 해도 되냐고 묻는다. 엄마가 좋다고 하자 강사는 〈아기 돼지가 시장에 갔네〉라는 노래를 부르기 시작한다. 그런데 채 두 마디도 부르기 전에 레아는 강사의 손에서 벗어나 옆으로 굴러 아이들 앞으로 간다. 이번에도 아이들을 향해 활짝 웃어준다. 강사가 묻는다. "레아가 나한테 무슨 말을 하려는 걸까?" 아이들이 대답한다. "선생님이 〈아기 돼지〉 노래를 부르는 게 싫대요." "우리랑 놀고 싶나 봐요." 아이들은 아기가 보내는 신호를 척척 읽어낸다.

강사는 살며시 레아를 뒤집어 제자리에 앉혀놓고 다시 〈아기 돼지〉 노래를 부른다. 이번에는 레아의 손가락을 살짝 잡는다. 강사가 노래를 마치자 레아는 손을 빼고 몸을 비틀어 싫다는 시늉을 한다. 엄마가 얼른 아기를 안아 올리자 강사가 말한다. "레아는 '아기 돼지' 놀이가 싫고 엄마랑 있고 싶나보네." 강사는 레아가 주어진 상황을 해결하기 위해 보내는 사회적·정서적 단서를 짚어준다. "레아가 엄마를 부르고 싶을 때 어떻게 했지?"

"소리를 내요. 아까 칭얼댔어요."

"칭얼대는 거 말고 또 뭐가 있었지? 손을 어떻게 했지?"

"선생님한테서 손을 뺐어요."

"레아의 얼굴은 어땠니? 어떤 표정이었니?"

"심통 난 얼굴로 엄마를 바라봤어요."

레아가 피곤한지 하품을 한다. 한 시간이 순식간에 흘러갔다. 레아와 엄마가 떠날 채비를 한다. 강사가 아이들에게 이제 뭘 해야 하냐고 묻자 말릭과 타마라가 큰소리로 함께 말한다. "작별 노래를 불러줘야 해요."

아이들이 작별 노래를 부르는 동안 엄마는 레아를 안고 담요 주위를 돌면서 아이들 하나하나 앞에 멈춰 서서 작별 인사를 건넨다. 레아의 발을 살짝 치거나 잡는 아이도 있고, 레아의 손을 잡는 아이도 있고, 그냥 웃기만 하는 아이도 있다. 어떤 아이는 자리에서 일어나 레아의 엄마를 안아준다.

엄마가 레아를 자동차 아기 좌석에 앉히고 담요로 덮어주는 동안에도 아이들은 호기심 어린 눈길을 거두지 못한다. 엄마는 "레아는 담요 소녀란다"라고 말하면서 레아는 담요를 덮어줘야 좋아한다고 설명한다.

왜 아기를 초대할까?

아기를 타고난 공감 능력을 갖춘 교사로 만드는 것은 어떤 점 때문일까? 사람은 누구나 아기로 태어난다. 아기는 사랑스러운데다 위협적이지도 않아서 아무리 말이 없거나 공격적이거나 외떨어져 있거나 혹은 화가 난 아이들일지라도 아기는 이들을 소통의 공간으로 끌어들인다. 아이들은 아기와 부모가 만들어가는 끈끈한 관계를 보면서, 어떤 것보다도 영향력이 크고, 결코 지울 수 없으며, 평생 지속되는 관계의 드라마에 참여하게 된다.

'공감의 뿌리' 교실에서 아기와 엄마가 함께 앉는 초록색 담요는 일종의 사회 과학 실험실이다. 아기만 따로 관찰할 수 있고, 아기가 발달해 가는 과정을 지켜볼 수 있으며, 아기의 기질이 어떻게 드러나고 아기가 환경에 어떻게 반응하는지 확인할 수 있다. 그리고 엄마와 아기의 공생 관계, 이를테면 엄마가 아기의 기운, 감정, 또 주변에 대한 반응에 어떻게 대응하는지 지켜보면서 그들이 빚어내는 조화로운 인간 관계를 목격할 수도 있다. 우리는 아기가 퍼뜨리는 마법과 주문에 걸리는 데 그치지 않고, 우리가 사랑받을 때 얼마나 세심하게 반응하는 사람이 될 수 있는지도 배우게 된다. 인간으로 성장하는 능력, 먼저 다가가서 관계를 맺는 능력은 절대적으로 믿고 무조건적으로 사랑하는 최초의 관계에서 발달한다.

아이들은 아기가 시시때때로 엄마의 표정을 살피면서 자신이 처한 상황이 안전한지 위험한지 알아보는 광경을 지켜본다. 엄마는 아기가 담요 위에서 낯선 물건도 만져보고 일어서보기도 하면서 마음껏 탐험하도록 격려하고 정서적으로 지지한다. 아이들에게는 엄마와 아기의 관계가 서로 존중하고 도와주는 관계의 모델이 된다. 아이들은 아기가 어떤 행동을 하고 어떤 기분인지 이야기를 나누기도 한다. 강사와 엄마는 감정을 표현하는 어휘를 가르치며 아이들이 다양한 이야기를 나누도록 도와준다. 이때 강사와 엄마는 아이들의 감정을 정의해 주지 않고 아이들 스스로 감정을 표현할 말을 찾도록 도와준다. 실제로 아이들 앞에는 아기와 엄마라는 사회적 증거가 놓여 있으며, 이것이야말로 부모와 자식 관계의 흐름을 이해하는 데 도움이 되는 생생한 자료이다.

'공감의 뿌리'는 아동의 발달 측면 가운데서도 감성 측면, 곧 보살피는 측면에 치중한다. 아이들에게 부모와 자식 관계를 생생하게 체험할 수 있는 기회를 주고, 부모가 되는 것이 어떤 것을 의미하는지를 보여준다. '공감의 뿌리'에서는 아기가 곧 교사이다. 아이들은 아기의 활동, 반응, 감정, 발달 단계를 보면서 감성 능력을 기르며, 아기의 모든 움직임으로부터 감정에 관한 어휘를 배운다. 아기는 한 학년 동안 매달 교실을 방문해서 우리가 아이들이 학교생활에서 많이 경험하기를 바라는 흥분과 호기심, 이해하려는 노력을 자극한다. 교사들은 '공감의 뿌리' 기간 동안 아이들이 하나같이 행복해한다고 전한다.

한편 아이들은 아기가 거는 마법 같은 이야기를 들려준다. 나는 엄마이면서 오랫동안 아기와 유치원 아이들을 돌보는 일을 해온 사람인데도 아기가 발휘하는 힘을 전해 듣고 놀랄 때가 한두 번이 아니다. 아기는 따뜻한 미소를 보내줘야 할 아이는 누구이고, 특별한 관심이 필요한 아이는 누구인지 단박에 알아채는 것 같다. 카를라는 언어 능력이 떨어지고 교실에서도 이런저런 문제를 보이던 아이였다. 아기가 결심이라도 한 듯 처음 카를라에게 기어가던 날, 카를라는 담요 끝자락에 앉아 잠자코 아기가 다가오기를 기다렸다. 아기는 곧장 카를라에게 향했다. 그때 카를라의 얼굴이 환하게 밝아졌다. 몇 달 후 '공감의 뿌리' 강사가 교실에 들어서면 카를라는 이렇게 말할 것이다. "선생님, 아기가 저한테 오던 날 기억하세요?"

프레이저는 교실에서 한 마디도 하지 않던 아이였다. 그런데 아기 아만다가 오는 날에는 기분이 좋아서 자꾸 아기에게 다가가려 했다. 여전히 말은 하지 않았다. 마침내 네 번째 방문 시간에 아기 엄마가 아만다의 노란 눈옷의 지퍼를 채우는 사이 아만다가 프레이저를 똑바로 쳐다보면서 방긋 웃어주었다. 프레이저는 팔을 뻗어 아만다의 배를 토닥이면서 이렇게 말했다. "착한 아가야." 한 학년의 중반이 지난 시점에 프레이저의 입에서 나온 첫마디였다. 아기의 꾸밈없는 관심이 프레이저를 고립에서 끌어낸 것이다.

우리는 모든 아이에게 '공감의 뿌리'를 평가하는 시간을 준다. 고학년 학생은 글로 적고, 유치원생은 그림을 그려서 마음에 들었던 순간을 표현한다. 그럴 때면 담요 위에서 처음 아기를 만난 순간을 마음에 드는 순간으로 꼽는 아이가 많다. 또 아기가 한 단계 중요한 과정을 성취한 것을 꼽는 아이도 많다. 가령 '아기가 앉은 순간', '아기가 나를 보고 웃어준 순간', '아기가 내게 공을 던져준 순간'을 꼽는 식이다. 그밖에도 아기와 엄마가 교감하는 모습에 감동해 '엄마가 아기를 안아준 순간'을 꼽기도 한다.

미래를 만들다

'공감의 뿌리'는 폭력적이고 바람직하지 못한 양육 방식이 부모로부터 자식 세대에게 전해지지 못하게 막는 실용적인 전략이다. 아동기에는 대부분의 시간을 학교에서 보낸다. 아이들은 한 학년 동안 '공감의 뿌리' 수업에 참여하면서 건강하고 따뜻한 부모-아기 관계를 접하고 말이나 이론으로는 설명할 수 없는 깊이 있는 경험을 얻는다. 예를 들어 '공감의 뿌리'에서 아기를 흔들면 안 된다고 가르친다. 그러면 아이들은 새로운 정보를 마음 깊이 새기고, 이제 막 가까워지고 마음을 쓰게 된 아기와 감정적으로 연결된다. 흔들면 다치는 아기가 상상 속의 아기가 아니라 교실에 찾아온 진짜 아기이기 때문이다. 그리고 수업 시간에 배운 지식을 교실 밖에서도 적용한다. 언젠가 여섯 살짜리 아이가 슈퍼마켓 계산대 앞에 줄을 서 있던 임산부에게 '아기를 안전하게 보살피는 법'을 알려주었다는 이야기를 들은 적이 있다. '공감의 뿌리'에서 배운 공부를 현실에 적용한 것이다.

'공감의 뿌리' 프로그램을 종결하는 시간에 아이들은 한 해 동안 만난 아기에게 바라는 소망을 종이 나뭇잎에 적는다. 그러고는 그것을 '공감의 뿌리' 소망 나무에 매단다. 긍정적인 마음과 동정심, 희망이 가득한 소망들이다. 아기가 자기처럼 고통스런 일을 겪지 않게 해달라는 소망을 적는 아이들이 많다. 자기처럼 따돌림을 당하지 않게 해달라거나, 어려운 시험을 치르지 않게 해달라고 소망하기도 한다. 고학년 학생들은 아기의 앞날에 건강한 환경과 평화로운 세계가 펼쳐지기를 바란다. 부모들이 간절히 바라는 내용과 다를 바가 없다. 아이들은 소망을 적으면서 아기도 커서 어린이가 되고 결국 어른이 된다는 사실을 깨닫는다. 아기는 말 그대로 우리의 미래이다. 오늘 우리가 아기와 아이들을 어떻게 대하느냐에 따라 사회와 국가와 세계의 미래가 결정된다.

소망 나무에 매달린 나뭇잎 글들

"조단은 친절하고 남을 도울 줄 아는 사람이 되면 좋겠다. 아픈 사람이 낫도록 도와줄 수 있는 사람이 되면 좋겠다."
(유치원생)

"트리스턴, 너희 가족이 늘 오순도순 잘 지내길 바랄게. 아빠를 잃지 않았으면 좋겠다. 우리 아빠는 돌아가셨거든."
(1학년 학생)

"사일러스에게 평화, 생명, 음식, 장난감, 자유, 집, 휴식, 좋은 옷, 깨끗한 물, 맑은 공기가 함께하길 바란다."
(2학년 학생)

"제이드가 사랑을 듬뿍 받으면서 안전하게 살아가길 바란다."
(3학년 학생)

"엘라가 학력 평가 시험에 떨어지지 않으면 좋겠다."(3학년 학생)

"코트니, 네게 바라는 소망이 있어. 네가 뭘 잘못해도 자신을 용서해 줘."(4학년 학생)

"콜, 친구를 괴롭히는 아이들에게 어떻게 말해줄지 잘 알기 바란다."(5학년 학생)

"매들린에게는 언제나 웃는 날만 있고, 웃음이 멈추는 날이 오지 않기를 바란다. 네 미소는 온 세상을 기분 좋게 만든단다."
(6학년 학생)

"사슈카가 뭐든 포기하지 않기를 바란다."(7학년 학생)

"엘리, 늘 사랑하길 빌게. 새로운 경험을 하고 행복한 시간을 보내고 사람들 마음을 이해하면서 아름답게 살았으면 좋겠다. 친구는 많이 사귀고 적은 적게 만들기를 바란다. 네가 남에게 대우받기를 원하는 대로 사람들을 대우해 줘야 하는 걸 잊지 않았으면 좋겠다."
(8학년 학생)

2부
인간 관계의 여섯 가지 요소

4

공감의 뿌리:
인간 관계의 여섯 가지 요소

   '공감의 뿌리'에서는 아이들이 아기의 생후 1년 동안 신체, 인지, 사회, 감성 면에서 성장하는 과정을 함께하면서 자기를 이해하고 타인을 이해하고 사회를 이해하는 데 꼭 필요한 인간 관계의 여섯 가지 요소를 연결한다. 하지만 '공감의 뿌리'에서 이해는 시작에 불과하다. 우리는 먼저 아이들과 함께 이해의 과정을 거친 뒤, 이해한 내용을 더 발전시키고, 이를 바탕으로 더 나은 미래를 상상하고 만들어가도록 한다.

   다음의 여섯 가지 요소를 통해서 각각의 인간 관계의 요소가 공감과 인간 관계 발달에 어떤 역할을 하는지 알아보자.

첫 번째 요소: 신경 과학

인체의 중요한 기관인 뇌가 가장 크게 발전하는 시기는 생후 몇 년 동안이다. 감정을 조절하고 학습하고 스트레스에 대처하는 등의 능력을 결정하는 경로들이 이 시기에 만들어지고, 이는 이후의 건강이나 인간 관계 형성에 중요한 영향을 미친다. 1학년 아동에게 뇌의 발달 과정을 가르치는 것이 어려운 일처럼 보이지만, 현재 '공감의 뿌리' 교실에서는 1학년 학생에게도 뇌의 발달 과정을 가르치고 있다. 부모가 아기에게 공감하면서 세심하게 보살펴주면 아기가 자신 있게 세상을 탐색한다는 사실을 눈앞에서 직접 목격하는 것이다.

두 번째 요소: 기질

공감 능력이 발달하는 데는 타인의 입장에서 상황을 파악하는 능력, 더불어 특정 상황에서 타고난 기질temperament에 따라 어떻게 반응하는지를 아는 능력이 중요하다. '공감의 뿌리' 교실에서 아기에 대해 알아가는 방법 가운데 아기의 기질을 탐색하는 방법이 있다. 사람은 누구나 고유한 기질을 타고난다. 기질은 다른 어떤 요소보다도 활동 수준, 변화에 대처하는 자세, 그리고 좌절하지 않고 견디는 힘에 영향을 미친다. 학생들은 아기의 기질을 관찰하고 자신의 기질에 대해 이야기한다. 함께 이야기를 나누면서 기질을 이해하고, 기질에 따라 상황에 다르게 대처하고 정서적으로 다른 반응을 보인다는 점을 이해하면서 공감 능력을 기른다.

세 번째 요소: 애착

'공감의 뿌리'에서 학생들은 아기와 부모의 애착attachment이나 신뢰가 발전하는 모습을 지켜본다. 아기는 부모가 자기 요구에 예측 가능한 방식으로 반응해 줄 거라고 믿는 법을 배운다. 감성 발달은 근본적으로 부모와의 관계가 얼마나 탄탄한지에 달려 있다. 그 관계에 따라 감정을 통제하고 조절하는 법을 배우는 것이 달라진다. 아이들은 '공감의 뿌리' 교실에서 부모와 아기의 공감적 관계를 지켜보면서 감정이라는 복잡한 세계를 이해하는 동시에 아이를 잘 기르는 방법에 대하여 배운다.

네 번째 요소: 감성 능력

아이들에게 읽고 쓰는 능력을 가르치는 일은 학교의 주된 관심사다. 글을 읽고 쓰는 능력 못지않게 감성 능력emotional literacy 도 중요하다. 솔직히 나는 감성 능력이 더 중요하다고 믿는다. '공감의 뿌리' 시간에는 감정을 알아채고 감정에 이름을 붙이는 방법을 알려주거나, 설명이나 그림, 이야기로 감정을 전달하는 방법을 가르치면서 아이들에게 통제력과 자신감을 심어준다.

'공감의 뿌리' 교실에서 아이들은 아기가 어떻게 감정을 드러내며 그 감정들이 무엇인지 관찰한다. 나아가 스스로 감정을 들여다보고 다른 사람의 감정을 파악하는 방법을 찾아본다. 감정에 관한 어휘들로 감정적인 경험을 표현하고 주위에서 일어나는 문제와 사건을 어떻게 느끼는지 전달한다. 아이들은 감정을 이야기하면서 감정을 말로 소통하는 능력이 건강한 관계를 맺고 자신감을 굳히는 데 꼭 필요하다는 사실을 배운다.

다섯 번째 요소: 진정한 소통

우리는 그 어느 때보다 활발한 소통의 시대에 살고 있다. 기자는 아프가니스탄 카불에서 폭격의 참상을 위성 중계로 생생하게 보도하고, 비즈니스 관계자들은 인터넷 화상 회의로 몇 개의 시간대가 다른 지역의 사람과 만날 수 있다. 그러나 역설적으로 우리는 그 어느 시대보다 혼자라고 느끼는 시대에 살고 있다. 전통적인 가족과 공동체 사회가 사라질 위험에 처해 있고, 사람들은 서로를 이해하지 못한 채 '소통의 길을 잃어버린' 세상에 살고 있다. 인간이 인간다워지려면 생각과 감정의 미묘한 의미를 말로 전달하여 서로의 머리와 가슴을 연결하는 능력이 필요하다. '공감의 뿌리'는 진실한 소통을 중심에 둔다. 이는 어른인 우리가 이미 답을 아는 질문은 던지지 않는다는 뜻이다. 어른들은 성찰을 자극할 수 있는 질문, 아이의 비판적 사고와 상상력을 길러주는 질문만 던진다. 어른들도 성인이나 전문가라는 공적 자아 위에 숨지 말고 필요하다면 감정을 솔직하게 드러내야 한다. 그래야 아이들을 무시하지 않을 수 있다. 어른들도 자신이 두려워하던 시절이 있었다고 솔직하게 인정하면, 아이들은 혼란에서 벗어나 사람은 누구나 두려워할 수도 있고 두려움을 극복할 수도 있다는 것을 알고 자신감을 얻는다. 그러면 학습 경험이 풍부해지고 아이의 정서적 반응이 정당성을 얻는다.

여섯 번째 요소: 사회적 포용

사람은 누구나 자기 말을 들어주고 자기를 지켜봐 주고 소속감을 느낄 대상을 절실히 필요로 한다. '공감의 뿌리'에서는 사회적 포용 social inclusion을 중요한 가치로 삼는다. '공감의 뿌리' 시간에는 각자가 제 목소리를 내고 모든 참여가 다 의미 있다는 분위기를 조성한다. 아이들과 함께 장벽을 허물도록 노력하고, 말을 하면 받아들여지는 분위기를 조성해 주면서, 교실 안에 민주주의와 협동의 소우주를 창조한다. 각자의 기질을 존중하고, 타인의 감정에 반응하며, 타인의 눈으로 세계를 바라보는 능력을 길러줘 교실 안에 공동체를 형성한다.

오늘날 지역 사회와 국제 사회에서 일어나는 수많은 갈등의 원인이 다른 사람이나 다른 집단, 다른 종교나 다른 민족을 포용하지 못하는 태도에 있다고 말하면 진부한 구호처럼 들릴지도 모르겠다. 안타깝게도 누구나 알고 있으면서도 속 시원한 해결책을 찾아낼 수 있는 날은 아직 멀어 보인다. 공감에 초점을 맞추는 것은, 서로를 가르기보다 한데 엮어주는 공통의 경험에 초점을 맞추는 것이다. 공통의 경험을 통해 서로를 만나고 서로의 차이를 뛰어넘을 뿐 아니라 차이를 새로운 눈으로 볼 수 있다. 또한 차이를 받아들이면 삶이 다채로워지고 인간관계와 세계를 새롭게 탐구할 수 있다.

5

사랑이 뇌를 키운다: 아이들에게 신경 과학 가르치기

'공감의 뿌리' 교실에서 강사가 아이들과 만나는 첫 시간, 아기를 만나기 전에 강사는 아이들에게 아기가 무엇을 할 수 있을 것 같냐고 묻는다. 유치원 아이들은 아기가 걸을 수 있다거나 말할 수 있다거나 스파게티를 먹을 수 있다고 대답한다. 유치원 아이들 중에서도 저학년인 어느 여자아이는 이렇게 대답했다. "아기는 엄마 냄새를 맡을 수 있어요."

이 작은 여자아이의 대답은 우리를 미소 짓게 한다. 이 말은 새로운 통찰을 제시하기도 한다. 갓난아이는 기본적인 신체 감각, 즉 촉각, 미각, 청각, 시각, 후각으로 세상을 경험하고, 이 경험은 생후 몇 년 동안 빠르고 복잡하게 일어나는 뇌 발달의 기초가 된다.

강아지는 태어난 지 6주 만에 까불까불 재간을 부리고 혼자서도 생존이 가능하다. 걷고 달리고, 계단을 만나면 뛰어오를 수도 있다. 기본적으로 먹이를 사냥하거나 채집하는 데 필요한 기술은 갖추고 태어난다. 반면에 태어난 지 6주 된 아기는 한없이 무력하다. 다른 사람이 음식을 먹여주고, 안전하게 보호해 주고, 심지어 불편해 보이면 자세까지 바꿔줘야 한다.

뇌는 아주 작은 수정란일 때부터 조금씩 자라지만, 세상 밖으로 나올 때도 찾기 반사, 파악 반사, 울기, 자기, 빨기처럼 뇌간과 척수에서 관장하는 생존에 중요한 반사 반응과 기쁨, 두려움, 사랑, 혐오, 분노처럼 변연계(대뇌반구의 안쪽과 밑면에 해당하는 부분으로 행동의 동기와 감정 상태에 관련된 기능을 한다 — 옮긴이) 발달 초기에 나타나는 기본 감정만 발달해 있다. 6주가 지난 뒤에도 사고, 감정, 기억을 관장하는 영역인 대뇌피질은 아직 발달 초기 단계에 머물러 있다. 최근에 뇌 발달 연구에서 밝혀진 사실 덕분에 과거의 '유전 대 양육' 논쟁이 현재는 유전적으로 물려받은 부분도 유년기 경험에 따라 다르게 발현되는가 하는 논쟁으로 진화했다.

아기의 뇌에는 수천억 개의 뉴런이 들어 있다. 생후 몇 년 동안 뉴런이 왕성하게 시냅스를 형성하면서 복잡한 신경망을 구성한다. 생후 1년 만에 대뇌피질의 두께가 세 배로 늘어나고, 18개월이 되면 뇌 무게가 성인 뇌 무게의 3분의 2까지 된다.[1] 뇌는 경험에 의존하는 기관이다. 뇌는 다른 어느 시기보다 생후 1년 동안 양육과 풍부한 경험을 통해 새로운 지식을 많이 흡수한다. 역으로 말하면 매우 취약한 시기라서 양육과 자극을 제대로 제공하지 않으면 아기의 잠재력에 큰 손상을 줄 수도 있다.

사랑이 뇌를 키운다

갓난아이의 뇌는 감각, 운동, 정서, 인지 경로로 가득 차 있다. 생후 몇 년 동안의 경험에 따라 뇌 경로의 형태와 내용이 달라질 수 있다. 물장난 치기부터 노래를 듣거나 장난감을 조작하는 것까지 다양한 경험이 일부 시냅스만 반복적으로 선택해서 자극하고 연결을 강화한다. 이 시기에 자극을 거의 혹은 전혀 받지 않는 시냅스는 결국 '퇴화'한다. 이것은 자극을 통해 연결의 효율성이 증가하고 강화된다는 측면에서 긍정적이다. 아기는 모든 언어의 소리를 식별하는 능력을 타고난다는 연구 결과가 있는데,[2] 영어를 쓰는 가정에서 자란 아기의 경우 쿵!Kung 부족(아프리카 칼라하리 사막 북부에 거주하는 부족—옮긴이)의 언어에서만 나는 소리를 인식하는 뇌 경로는 서서히 퇴화한다. 반면에 경로를 연결하는 경험이 반복적으로 일어나는 부분은 초고속으로 뚫린다. 예를 들어 아기의 이름은 뇌에 깊이 각인되기 때문에 나중에는 사람이 많고 시끄러운 곳에서도 자기 이름을 곧바로 알아들을 수 있다. 또 '공감의 뿌리' 수업에 참여했던 아기는 한 학년이 끝날 무렵에는 교실에 들어설 때마다 들리던 "안녕, 아가야, 어떻게 지내니?"라는 환영 노래를 알아듣고, 마치 국가라도 듣듯이 고개를 빳빳이 세우고 반가운 미소를 짓는다.

아기는 무력하고 미숙한 상태로 태어나기 때문에 긴 시간에 걸쳐 서서히 뛰어난 능력을 습득할 수 있다. 인간의 뇌는 오랜 시간 동안 서서히 발달하기 때문에 다른 동물보다 훨씬 많은 내용을 배우고 적응할 수 있다. 다른 동물은 생존에 필요한 기능을 수행하는 뇌 경로가 고정된 채로 태어난다. 그래서 태어날 때부터 먹이를 찾아 사냥하고 은신처를 구하고 짝짓기 상대를 찾고 천적을 피할 수 있다. 반면에 아기는 모든 능력을 처음부터 새로 배워야 한다. 다만 주어진 환경에 맞게 배우기 때문에 극지방 아기는 추위에서 살아남는 법을 배우고, 열대 지방 아기는 더위에 적응하는 법을 배운다. 영아기 뇌의 놀라운 적응력 덕분에 가능한 일이다. 나아가 영아기 이후에도 뇌의 적응력이 지속되기 때문에 어른이 되고 나서 갑자기 환경이 바뀌어도 금세 적응할 수 있다.

지난 수십 년 동안 뇌 기능에 관한 연구가 쏟아져 나왔다. '양전자 단층 촬영Positron Emission Tomography, PET'이라는 새로운 기술 덕분에 살아서 활동하는 뇌를 영상으로 볼 수 있게 되었다. PET 영상으로 아기의 뇌가 생후 몇 년 동안 급격히 커지는 모습을 확인할 수 있다. 아기의 경험은 인지, 감각, 정서, 신체를 비롯한 인간 발달의 모든 측면과 밀접히 연결된다. 사랑으로 보살펴주는 어른이 중간에서 경험과 발달의 관계를 중재한다. 아이가 어른으로 성장하는 동안 생후 몇 년의 경험이 얼마나 중요한지 이해하는 것은 단순히 흥미로운 과학 지식을 추가하는 것과는 다르다. 그것은 경제와 건강, 교육, 정책 입안, 그리고 우리 사회의 미래에 관한 것이다. 영아기와 유년기의 경험은 이후 여러 세대에 걸쳐 영향을 미치고 인류의 미래에도 영향을 미친다. '공감의 뿌리' 프로그램은 지금 책상 앞에 앉은 아이들이 내일의 부모이자 정책 입안자라는 사실을 염두에 둔다.

대부분의 부모들이 학자 수준으로 신경 과학을 이해하지는 못할지라도 생애 초기의 경험이 발달에 중요한 영향을 미친다는 정도는 알고 있다. 그렇다고 해서 뇌 발달에 중요한 이 시기에 새로운 지식을 주입해야겠다고 판단해서는 안 된다. 플래시 카드나 컴퓨터 프로그램으로 아기에게 철자를 가르치거나 1부터 10까지 숫자를 가르칠 수도 있다. 하지만 뇌는 경로를 연결하고 네트워크를 형성하면서 발달한다. 아기에게 맥락도 없이 툭툭 떨어진 정보 덩어리를 주입하면 뇌에는 빠져나갈 곳 없는 막다른 골목만 만들어진다. 학습이 일어나려면 연결이 필요하다. 아기의 뇌는 일상의 다채로운 경험을 통해 탄탄한 연결망을 형성하고, 새로 들어오는 정보를 받아들일 준비를 한다. 학습 경험은 관계 안에서 주어져야 한다. 아기는 부모를 모방하면서 학습한다. 아기가 자기를 돌봐주는 사람을 사랑하도록 되어 있다는 사실은 인간 본성의 놀라운 측면 중 하나다. 부모가 본능에 따라 아기의 요구를 들어주고 보살피고 말을 걸어주며 아기와 함께 놀아주듯이 아기도 부모에게 강한 애착을 느낀다.

아기가 받아들이는 모든 정보에는 감정이 복잡하게 얽혀 있다. 아기는 가족의 문화적 태도와 가치관을 학습하고 적응한다. 물론 언어로 학습하는 것이 아니라 일상의 상호작용을 통한 감각으로 흡수한다. 아기는 말을 할 수 없지만 감정을 온전히 읽을 수는 있다. '공감의 뿌리'에서는 부모의 역할을 다루면서 부모는 아기에게 일어나는 일을 컨트롤하고 아기는 전적으로 부모에게 의존한다고 가르친다. 강사는 방문 수업 시간 전에 학생들에게 아기가 교실에 오면 엄마와 아기의 관계를 유심히 관찰하라고 일러둔다. 아기는 엄마에게 원하는 것이 무엇인지 신호를 보내고, 엄마는 아기의 신호에 반응하면서 아기가 세상을 배우는 장을 마련해 준다.

부모와 아기의 관계는 뇌 발달을 자극하고 아기의 학습 잠재력을 최대로 끌어올리는 환경을 만들어준다. 아빠가 아기를 안아줄 때 아기의 뇌가 자라고, 엄마가 노래를 불러줄 때도 아기의 뇌는 자란다.

뇌는 감각 기관에서 보내는 정보에 반응하여 시냅스를 형성한다. 이른바 '함께 발화하는 뉴런들이 함께 연결' 되는 것이다. 아기가 안전하고 사랑받는다고 느끼면 모든 감각이 깨어나 정보를 흡수할 준비를 마친다. 이러한 부모와 아기의 관계는 뇌 발달을 자극하고 아이의 학습 잠재력을 최대화하는 환경을 조성한다. 어느 유치원 원장은, '공감의 뿌리'는 유치원 아이들에게 신경 과학을 가르치는 유일한 프로그램이라고 말하기도 했다. 그러면서 자기네 선생들도 '공감의 뿌리'에 참여한 아이들만큼만 인간의 발달 과정을 이해하면 좋겠다고 덧붙였다.

긍정적 양육의 부재

'공감의 뿌리'에서는 아기나 유아를 따뜻하게 보살펴야 한다고 강조한다. 어린 시절에 언어 학대나 신체 학대를 자주 받으면 뇌 조직이 서서히 줄어든다. 오직 고통을 피하는 데만 신경을 집중하기 때문이다. 부모의 말투가 갑자기 바뀐다든가, 계단을 올라 방으로 다가오는 발소리가 크다든가 하는 위험 신호를 지나치게 예민하게 감지하거나 경계한다. 언제 학대당할지 예측할 수 없다면—학대라는 것이 원래 그렇듯이—아이는 더욱 예민하게 외부 자극에서 규칙을 알아내서 자기를 보호하려고 한다. 지나치게 예민해지면 많은 것을 잃는다. 다양한 학습을 위해 연결해야 할 중요한 경로를 상실하게 할 수도 있다. 이런 현상을 텔레비전 시청 효과에 비유할 수 있다. 텔레비전이 해롭든 아니든 텔레비전을 시청하는 동안에는 긍정적인 사회 관계를 맺거나 신체 활동을 하거나 상상력을 발휘하는 데 필요한 시간을 허비하는 것이 사실이다. 학대받는 아이는 건강한 인간으로 발달할 수 있는 소중한 기회를 잃어버린다. 이런 기회는 한번 놓치면 두 번 다시 찾아오지 않는다.

위스콘신 대학의 세스 폴락~Seth Pollak~의 연구에 따르면 미취학 아동 대다수가 성인의 얼굴 사진을 보고 행복, 슬픔, 분노를 비롯한 다양한 감정을 쉽게 알아볼 수 있었다.[3] 하지만 학대받은 아동은 중립적이거나 평온한 표정까지 위협적인 표정으로 받아들이는 듯했다. 세스 폴락은 이렇게 설명했다. "신체적으로 학대당한 아이는 어른이 언제 화를 내는지 알아내는 쪽으로 적응하기 때문에 분노와 관련된 영역이 넓어진다." 이 말은 아이에게 어떤 의미일까? 그리고 아이가 커서 성인이 된 이후에는 어떤 의미를 지닐까? 학대가 사라지고 오랜 시간이 흐른 뒤에도 다른 사람의 감정을 잘못 해석하고, 있지도 않은 위협이나 위험을 지각하고, 자기를 보호하려고 안간힘을 쓴다. '공감의 뿌리' 시간에 '의도'를 설명하는 데 많은 노력을 기울이는 것도 이런 이유에서다.

다른 사람의 의도를 읽어내는 능력은 중요하다. 행동 장애를 보이는 학생은 대개 충동적이고 다른 사람의 기분을 파악하지 못한다. 상대방의 기분을 정확히 파악하고 그 사람의 사회적 행동을 이해하는 능력은 갓난아이 때부터 배우기 시작하고, 성장 환경에서 주어지는 긍정적 경험에 의해 강화된다. 상대방의 말이나 행동이 의도하는 바가 무엇인지 알아채는 데 꼭 필요한 능력이다. 공격적인 아이는 의도를 파악하는 능력이 부족하기 때문에 학교 복도에서 우연히 지나가는 학생과 부딪히면 공격 행동으로 받아들이고 공격적으로 대응한다. "네가 나한테 달려들었으니 나도 널 떠밀 테다"라고 해석하는 것이다. '공감의 뿌리' 시간에도 이런 상황을 토론하면서 자기와 부딪힌 상대방의 의도를 생각해 볼 수 있다. 토론을 통해 상대의 의도를 파악하려고 노력하다 보면 새로운 이해의 가능성이 열린다. 복도에서 부딪힌 것은 우연한 사고이며 상대방이 미안해하거나 당황스러워할 거라는 결론에 도달할 수 있다.

자녀를 학대하는 엄마들은 대개 공감 능력이 부족해서 남의 감정을 이해하지도 못하고 적절히 반응하지도 못하며, 상대방의 표정에 드러난 감정을 정확히 읽어낼 줄도 모른다. 이를테면 두려움과 분노를 혼동한다. 그래서 '공감의 뿌리' 시간에는 아이들에게 아기의 신호를 읽는 법을 가르친다. 아기의 표정을 읽고 아기가 무슨 말을 하려는지 이해하는 데 많은 시간을 할애하는 이유가 여기에 있다. 강사는 아이들에게 자주 이렇게 묻는다. "아기가 말할 수 있다면 지금 무슨 말을 할까?" 방문 수업 다음 주에는 얼굴 표정을 읽는 연습을 한 단계 강화한다. 아이들을 소집단으로 묶어서 표정과 자세가 제각각인 또래 아이들을 그린 그림을 나눠주고 토론하게 한다. 그림 속에는 생김새와 머리 모양과 옷차림은 다르지만 감정은 비슷한 두 명의 아이가 쌍을 이룬다. 학생들은 그림 속 아이들의 표정에 드러난 감정에 이름을 붙이고, 두 아이가 같은 감정인지 아닌지를 알아내야 한다. 그런 다음 각자의 의견을 나누면서 감정의 미묘한 차이를 탐구한다. 가령 분노는 두려움이나 슬픔과 어떻게 다른지 이야기를 나눈다.

만성 스트레스 역시 아기의 뇌 조직 발달을 방해한다. 아기가 스트레스를 받으면 부신에서 코르티솔이라는 스트레스 호르몬을 분비한다. 코르티솔 수치가 높으면 뇌 발달에 나쁜 영향을 미쳐서 뉴런을 연결하는 전기 활동을 약화시킨다는 연구 결과가 있다.[4] 높은 코르티솔 수치는 우울증과도 관련이 있다. 아기가 신체적으로 상해를 입거나 학대를 당해야만 스트레스를 받는 것은 아니다. 아기는 스스로 무력한 존재이고 남에게 의존해야 한다는 걸 잘 알기 때문에 부모나 보호자에게서 떼어놓기만 해도 엄청난 스트레스를 받을 수 있다. 형편상 엄마가 아기에게 애착을 형성하지 못할 때도 아기의 마음은 엄마에게 향한다. 이처럼 아기의 욕구와 엄마의 반응이 서로 맞아떨어지지 않으면 만성 스트레스의 위험이 높아진다.

아기는 반응을 보이면서 주의 깊게 보살피는 것이 필요하다. 아기는 어른에게 의존해서 쉴 곳과 음식, 자극과 보호를 받기 때문에, 아기가 울어도 아무도 돌봐주지 않으면 아기는 스트레스를 받는다. '울기'는 아기의 첫 언어이자 욕구를 해결하는 가장 효율적인 방법이다. 아무리 울어도 돌아봐 주는 사람이 없으면 아기는 버려졌다거나 무력하다고 느낀다. 반응을 보이지 않는 양육 방식이나 학대로 인해 아기가 반복해서 스트레스에 노출되면 뇌 경로가 생물학적 경로에 영향을 미치고 결국에는 신체 건강과 정신 건강이 악화된다. 아기 때 스트레스를 받으면 훗날 어른이 돼서 관상동맥 질환이나 우울증, 기억 상실, 비만, 2형 당뇨병 같은 각종 만성 질환에 걸리기가 쉽다.

'공감의 뿌리'에서는 아기의 울음을 다루면서 아기가 울 때 어떻게 반응해 줘야 할지도 설명한다. 아기가 우는 이유는 뭔가 문제가 있어서이다. 강사는 학생들에게 아기가 우는 이유를 생각해 보게 한다. 학생들은 아기의 뇌 발달에 대해 배우고, 아기가 울음으로 욕구를 표현한다고 배웠기 때문에, 울기와 같은 '소음'에도 의미를 부여할 수 있고, 또 사람들에게 이해받으려는 아기의 노력을 존중한다. 그러면서 아기뿐 아니라 다른 친구들도 존중하게 된다.

유치원 아이들도 뛰어난 통찰력을 발휘하여 아기가 우는 이유를 알아낼 수 있다. 또 아기가 울 때 어떻게 대해줘야 할지 깜짝 놀랄 만한 의견을 내놓는다. 노래를 불러주거나, 기저귀를 갈아주거나, 엄마를 불러준다고 답한다. 5학년을 맡은 어떤 강사는 아기가 방문하지 않는 주에 역할 놀이를 시도했다. 강사는 '공감의 뿌리'를 위해 특별히 제작한 인형을 안고 아기 엄마 역할을 맡으며 아기가 한참 동안 울고 있다고 말해주었다. 강사는 학생들에게 자기는 힘들어서 좀 쉬어야겠다면서 어느 남학생에게 대신 아기를 돌봐달라고 부탁하고 일어섰다. 그리고 수업 시간에 상영할 비디오를 조작하러 갔다. 비디오를 만지다 잠깐 돌아보니 남학생은 강사가 가르쳐준 대로 요람에서 인형을 꺼내 품에 안고 등을 살살 토닥여주었다. 그러고는 함박웃음을 지으며 강사를 바라보았다. 비디오가 시작되자 아이들은 조심스럽게 인형을 건네면서 비디오에서 가르쳐준 대로 다양한 방법으로 인형을 안았다. 예상과 달리 쓸데없이 허세부리는 아이는 없었다. 아이들은 오직 아기가 우는 이유를 찾아서 해결하는 데만 관심을 기울였다. 삼촌 되기 연습중이라고 말하는 아이도 있었다. 또 나중에 자식을 넷이나 낳겠다고 말하는 아이도 있었다.

자극을 주는 학습 환경

'공감의 뿌리'에서는 아이들에게 아기의 일상에 널려 있는 학습 기회를 관찰하도록 유도하면서 일상이 곧 아기의 실험실이라고 설명한다. 아이들의 학습 환경은 어떤 모습일까? 최신형 컴퓨터와 교육용 소프트웨어, 수학 문제집, 현미경, 해부 도구가 어지러이 널려 있는 방일까? 푹신한 큰 침대에 그림책이 쌓여 있고, 엄마와 아빠, 할머니와 할아버지가 책을 읽어주는 방일까? 아니면 개미들이 행군하면서 뒷문으로 빠져나가는 부엌 바닥일까? 이 부엌 바닥이야말로 아장아장 걷는 아이에게는 더할 나위 없이 좋은 학습 환경이다. 우리 집 부엌도 개미 군단의 침입을 받는다. 아이는 개미를 보면 마음을 빼앗긴다. 바닥에 주저앉아 개미들이 어디로 향하는지 지켜보고, 무엇을 짊어지고 가는지 관찰하며, 개미 행렬 앞에 작은 장애물을 떨어뜨려 놓고 개미가 타고 넘는지 관찰하기도 한다. 개미 군단의 침입을 잘 활용하면 족히 한 시간은 아이의 관심을 붙들어둘 수 있다.

바람직한 학습 환경을 만드는 데는 어른의 반응이 꼭 필요하다. 어른은 중간에서 아이의 학습 경험을 이끌어준다. 아이가 한창 개미 군단에 정신이 팔려 있을 때, "우웩, 징그러운 개미잖아!"라고 소리 지르면서 발로 짓밟아버리는 엄마도 있다. 반대로 "개미다! 재미있지? 쟤들이 뭐하는 걸까? 다들 어디로 가는 걸까?" 하면서 아이와 함께 구경하는 엄마도 있다. 그리고 다음날 아이를 도서관에 데려가서 개미에 관한 책이나 비디오를 찾아 보여주기도 한다. 그러면 아이는 개미라는 흥미로운 곤충에 대해 다양한 지식을 습득할 뿐 아니라 개미에 관심을 갖고 열심히 탐구하라는 격려까지 받는다. 호기심을 북돋워주면 아이는 삶이 재미있다고 생각한다. 여기에서 더욱 다채로운 학습이 시작된다. 사람들과의 소통이 만족스럽고 격려하는 말까지 들으면 아이에게 자신감이 샘솟는다. 호기심과 상상력은 아동 초기에 최적의 발달을 이루는 데 꼭 필요하다. 아이에게서 자발적인 관심을 끌어내어 뉴런의 시냅스를 연결해 주면 아이는 자기가 재미있는 사람이고, '탐구'는 재미있다고 생각한다.

위의 두 가지 반응에서 아이의 언어 경험을 비교할 수도 있다. 아이는 "우웩, 징그러운 개미잖아!"처럼 반응하기보다는 개미의 생활을 긍정적으로 설명해 줄 때 훨씬 많은 어휘를 사용한다. 그러면 아이는 말이라는 긍정적인 방식으로 어른을 자신의 일상으로 끌어들일 수 있다는 걸 깨닫는다. 개미를 보면서 일상적이고 평범한 대화를 나누면 많은 효과가 나타난다. 자존감을 높이고 문제 해결 방식을 배울 수 있다. 이를테면 학습하는 방법을 배우는 것이다.

나는 가족 교육을 목표로 삼는 자녀 양육 프로그램을 진행하면서 자녀에게 책을 읽어주기만 하지 말고, 어른들이 직접 독서를 얼마나 즐기는지 보여주라고 강조한다. 플래시 카드나 바흐 몰입 훈련$_{Bach\ immersion}$과 같은 도구는 오랫동안 깊이 있는 자극을 제공하지 않지만 언어는 영유아의 뇌를 강하게 자극한다. 뇌가 빠르게 발달하는 시기에는 부모가 인지 발달을 자극하는 방법 가운데 독서만큼 효율적인 방법이 없다. 부모가 책을 읽어주고 말을 걸어주고 노래를 불러주면 다른 아이보다 언어 능력이 발달한다. 하루에 20분만 책을 읽어줘도 어휘력과 학업 능력이 확연히 달라진다. 마찬가지로 오감을 자극하는 경험은 전반적인 학습 능력에 영향을 미친다. 부모가 아기에게 노래를 불러주면서 손가락 놀이를 하거나 율동을 하면 노랫말의 의미가 분명히 전달되기 때문에 아기의 뇌가 활발하게 반응하면서 발달한다.

미취학 아동은 블록 쌓기를 하면서 블록을 다른 블록 위에 얹으면 블록 두 개짜리 탑이 된다는 걸 배운다. 더하기를 학습하는 것이다. 얼마 후에는 높이가 같은 탑을 하나 더 만들고 그 위에 직사각형 블록을 얹어서 다리를 만들 수 있다. 두 개의 탑을 같은 높이로 쌓아야 한다. 블록 두 개를 쌓아 만든 탑이 세 개를 쌓아 만든 탑과 같을까? 아니다. 높이가 다른 탑 위에 직사각형 블록을 얹으면 무너진다. 간단한 놀이를 통해 등식과 부등식을 배우는 것이다. 탑을 같은 높이로 만들려면 어떻게 해야 할까? 낮은 탑에 블록 하나를 얹을까? 높은 탑에서 블록 하나를 뺄까? 덧셈과 뺄셈을 배운다. 아이는 직접 경험하고 시행착오를 거치면서 기본 원리를 익히기 때문에 나중에 학교에서 수학을 배울 때 탄탄한 기초 위에서 시작할 수 있다.

이렇게 아이들은 놀면서 문제를 해결하는 방식을 익힌다. 놀이방에서 문제를 해결할 수 있으면 나중에 회의실에서도 문제를 해결할 수 있다. 이러한 유년기의 경험을 통해서 아이들은 자신감을 개발하게 되는데, 유년기 놀이가 중요하지 않다고 무시하는 사람들이 많다. "아이들이 놀면서 시간을 허비한다"며 일부 유치원을 곱지 않은 시각으로 바라보는 부모들도 있다. 잘못된 오해이다. 어릴 때는 놀이가 곧 공부이다. 놀이는 아동기를 가장 잘 보내는 수단이자 학습으로 통하는 문이다. 아이들은 놀이를 통해 문제를 해결하면서 세계를 탐색하고 스스로 능력을 발견한다.

신경 과학의 이해: 정치적 조치

앞에서 설명했듯이 아이들은 하루하루 즐겁게 놀면서 과학과 수학을 배운다. 머스터드와 맥케인은 〈아동 연구〉라는 논문에서 아이가 주변 세계를 접하고 발견하고 탐구하는 과정인 놀이야말로 아동기 학습의 기초라고 설명한다.[5] 이 연구를 근거로 내세워 정부에 효과적인 자녀 양육과 유아의 뇌 발달 사이의 연관성에 관심을 갖도록 촉구하고, 0세에서 3세까지 영유아에 대한 투자를 늘려달라고 요구할 수 있다.

아이들이 학습하는 방법은 체계적으로 배우는 것이 아니라 단박에 알아채는 것이다. 이를테면 호기심과 상상력을 강화하는 경험을 반복적으로 접하면서 본능적으로 배우게 된다. 나는 자녀 양육 프로그램을 하면서 부모들에게 아이의 눈높이로, 아이가 이끄는 대로 따라가보라고 권한다. 그리고 아이의 타고난 호기심을 북돋워주고, 아이의 질문과 의견을 진지하게 받아들이라고 조언한다. 부모는 아이에게 본보기가 되어주고, 아이는 부모를 보면서 삶이 재미있는지 지루한지 판단한다. 부모가 텔레비전에 빠져서 자녀와 대화를 많이 나누지 않으면 아이의 학습에 부정적인 영향을 미친다.

  부모가 자녀에게서 공부에 대한 열정을 끌어내는 능력은 본질적으로 사회경제적 지위와 상관이 없다. 그렇다고 해도 오랜 가난에 짓눌려 아이를 키우는 기쁨을 누리지 못한다든지, 삶의 기본 요소가 결핍되어 생활이 피폐해지고 좌절과 절망이 매일 되풀이된다면, 부모의 교육 수준이나 인생 경험과 상관없이 정치적 문제가 될 수 있다. 요컨대 영유아기의 뇌 발달은 근본적으로 정치적 문제인 동시에 경제·문화·윤리적 측면에서도 크게 영향을 받는다. 내가 어린 시절을 보낸 뉴펀들랜드에서는 "옥수수를 심어놓고 배추가 나기를 바랄 수는 없다"는 말을 자주 하는데, 인간의 잠재력도 마찬가지이다. 씨를 뿌리지 않고 곡식을 수확하길 기대할 수는 없다.

  신경 과학자나 깨어 있는 부모들은 영유아기가 인생에서 오랫동안 긴 그림자를 드리운다고 생각한다. 유전이냐 양육이냐는 해묵은 논쟁은 더 이상 중요하지 않다. 뇌 발달과 관련해서 유전으로 물려받은 잠재력을 양육으로 발현시킬 수 있는 가능성이 아주 많고 그만큼 책임감도 크다는 점을 이제 사람들은 알고 있다. 영아기와 걸음마기, 유아기를 거치는 사이 아이가 받는 양육의 질은 아동기 내내 드리울 그림자의 모양과 질기를 결정한다. 단단하고 안전하며 따뜻한 세계관을 정립할 수 있느냐 아니냐의 여부는 영유아기의 양육 방식에 달려 있다.

초등학교에서 신경 과학을 가르친다고 하면 어려운 일처럼 생각될 수 있다. 하지만 '공감의 뿌리'에서는 뇌가 발달하는 동안 인지 발달과 정서 발달이 연결된다고 보기 때문에 아이들에게도 신경 과학을 가르칠 수 있다고 믿는다. '공감의 뿌리'를 통해 아이들이 받는 혜택은 복합적이고 즉각적일 뿐 아니라 효과도 오래 지속된다. 아이들은 아기가 학습하는 과정을 지켜보면서 자기를 새롭게 인식하고 자기만의 학습 방식을 깨우친다. 더불어 지극히 단순한 일상의 경험을 통해 뇌가 복잡한 시냅스를 형성하는 모습을 직접 목격하고 놀라움과 감탄을 금치 못한다. 그러면서 아이들은 사랑이 뇌를 키운다는 개념을 이해한다. 부모와 아기의 공생 관계가 바람직한 뇌 발달에 미치는 영향을 배우면서, 아이들은 자기들보다 더 어린 아이나 아기가 얼마나 약한 존재인지 깨닫는다. 동시에 아기를 낳아 책임지고 키울 생각이라면 아기를 잘 살피고 주의 깊게 반응해 주는 부모가 되어야 한다는 것도 배우게 된다.

6

기질: 자기를 이해하기

아기가 배고파서 울어요.

2학년 아이들과 함께 하는 '공감의 뿌리' 시간이었다. 브랜든이라는 남학생은 수업종이 울렸는데도 친구들하고 장난을 치며 큰소리로 떠들기만 할 뿐 도통 수업에 집중하지 않았다. 담임교사는 강사에게 공손한 태도를 보이지 않았다고 브랜든을 야단쳤다.

그러자 브랜든이 강사를 보고 씩 웃으면서 말했다. "강사 선생님은 알아요. 제가 원래 기질이 그렇다는 걸요." 브랜든은 수업이 시작되면 자리에 앉아야 한다는 규칙은 잘 알고 있었다. 하지만 '기질'을 배운 다음부터는, 강사도 자기가 충동적인 아이일 뿐 못되게 굴려는 게 아니라는 걸 이해하고 공감해 줄 것이라고 믿었다.

기질이란 무엇인가?

사람은 자식을 사랑하고 보살피는 성향을 타고나지만, 그래도 처음 몇 년 동안은 아기만이 아니라 부모도 배워야 한다. 부모 자격을 갖추려면 아기라는 연약한 인간 존재의 중요한 특징을 알아야 한다. 브랜든의 예에서도 알 수 있듯이 단단한 인간 관계를 맺으려면 기질에 대한 이해가 꼭 필요하다.

'공감의 뿌리' 시간에는 아기마다 타고난 기질이 다르며 부모가 원하는 아기만 태어나는 건 아니라고 가르친다. 자녀를 둘 이상 둔 부모는 아이마다 기질이 다르다는 걸 말해줄 수 있다. 예컨대 당신은 봄에 첫아들을 출산하고 이름을 데이비드라고 짓는다. 회사에는 1년 동안 휴직을 신청한다. 아들에게 모유를 먹이고 함께 놀아주고 책을 읽어주고 노래를 불러주며 공원에도 데리고 나간다. 데이비드는 엄마 젖도 잘 먹고, 엄마 무릎이건 집에 놀러 온 아줌마들 무릎이건 가리지 않고 잘 놀며, 잠도 잘 자고 잠에서 깰 때도 기분 좋게 일어난다. 그러다 3년 후 봄에 둘째를 낳는다. 이번에도 아들이다. 둘째는 이름을 맥스라고 짓는다. 역시 1년 동안 휴직을 한다. 모유를 먹이고 함께 놀아주고 책을 읽어주고 노래를 불러주며 공원에도 데리고 나간다. 하지만 두 아들의 공통점은 여기서 끝난다. 맥스는 엄마 젖을 반기지도 않고 작은 소리만 들려도 얼른 고개를 돌려버린다. 엄마 무릎에서도 얌전히 앉아 있지 않고 몸부림을 친다. 옆집 아줌마가 안아보고 싶어해서 건네주려 하면 악을 쓰면서 버티고, 재울 때도 늘 칭얼대고 잠에서 깰 때는 울기부터 한다.

왜 이렇게 다를까? 3년 사이에 다른 집으로 이사한 것도 아니라서 데이비드와 맥스는 거의 같은 환경에서 나고 자랐다. 데이비드는 가족이 둘일 때 태어났고, 맥스는 가족이 셋일 때 태어났다는 차이만 있을 뿐이다. 부모는 아기가 세상에 나오기를 기다리는 동안 똑같이 사랑으로 키우리라 마음먹었다. 그런데 순한 아기도 나오고 까다로운 아기도 나왔다. 데이비드는 특히 적응을 잘하고 변화에 잘 대처하며 주변 환경을 묵묵히 즐기는 기질을 타고났다. 반면, 맥스는 산만하고 변화를 싫어하며 다른 아이들보다 발달하는 속도도 느린 편이다. 쉽게 말해서 유전적으로 두 아이가 다른 것이다. 환경과 상관없이 각자 독특한 기질을 타고났다. 따라서 데이비드를 키울 때는 효과가 있던 양육 방식이라도 맥스를 키울 때는 맥스의 기질에 맞게 조정하지 않으면 안 된다.

'공감의 뿌리' 교실에서 기질에 대해 다룰 때, 우리는 아기마다 기질이 다르듯 아이들도 기질이 다 다르고 좋은 부모가 되는 길도 제각기 다르다고 가르친다. 좋은 부모가 되려면 예민한 아기든, 불규칙적으로 자고 먹는 아기든, 유난히 활동적이고 기운 넘치는 아기든 아기의 기질에 맞게 보살펴야 한다고 가르친다.

'까다로운' 아기를 키우는 부모는 자신들이 아기한테 잘못한 것이 있지나 않은지 걱정한다. 다른 집 아기들은 키우는 데 어려움이 없어 보이는데 자기네는 잘못하고 있는 것처럼 생각된다. 또 악의는 아니겠지만 가족이나 친구들도 아기가 유난스럽고 제멋대로인 데는 부모 탓이 크다는 암시를 주기도 한다. 첫아기를 낳은 부모의 불안하고 초조한 심리 상태가 아기에게 고스란히 전달되어 아기가 규칙적인 습관을 익히지 못한 게 문제라고 말하는 사람도 있다. 하지만 부모가 기질에 대해 배우고 나면, 자기네가 나쁜 부모라서 아기가 유별난 것이 아니라 아기의 타고난 기질이 남다르고 부모의 기대와도 다를 수 있다는 걸 이해하게 된다. 오랫동안 많은 부모를 만나본 결과 부모의 자신감을 끌어올리는 데는 기질을 설명해 주는 것만큼 좋은 방법이 없었다. 그럴 때 부모들은 자기 아기의 독특한 기질을 살펴보고 이야기를 하면서, 아기가 부모가 이끌어주는 대로 세상을 경험하기보다는 타고난 기질에 따라 세상을 경험한다는 사실을 깨닫게 된다. 부모는 자신감이 생기면 아이가 세상에 잘 적응하도록 아이의 행동을 이끌어줄 수 있다. 아이가 자기 자신과 자신의 사회적 맥락을 이해하도록 부모가 도움을 준다면 아이는 인생을 한결 수월하게 살면서 기질에 따른 문제도 다스리고 다른 사람들과도 편안하게 관계를 맺을 수 있다. 예를 들어 지나치게 적극적인 아이는 생각나는 대로 거침없이 말하다가 남의 말을 종종 끊어먹기도 하는데, 이런 아이는 옆에서 바로잡아 주지 않으면 사회 생활에서 어려움을 겪기 쉽다. 부모는 아이의 행동을 조절해 주고, 아이가 주변 상황을 이해하도록 도와주며, 사회 생활에 필요한 기술과 자기 인식 능력을 길러주어, 궁극적으로 사회적 환경 안에서 성공하도록 이끌어주어야 한다.

 우리는 자녀 양육 방법을 구체적으로 제시하지는 않는다. 가족마다 독특한 관계가 형성되어 있기 때문에 어느 가족에나 잘 맞는 '최선의' 양육 방법은 없다. 부모들은 복잡한 기질의 세계를 이해하면서 안도의 한숨을 내쉰다. 기질은 부모에게 아이라는 경이로운 기적을 관찰할 새로운 창을 열어주고, 아이의 행동을 이해하는 새로운 관점을 제시한다. 기질은 아기를 이해하고 아기와 즐거운 관계를 나누기 위한 또 하나의 도구인 셈이다.

 '공감의 뿌리' 교실에서는 함께 기질을 탐구하면서 아이들이 자기를 돌아보고 다른 친구들을 이해하고 존중하는 방법을 제시한다. 담임교사 역시 이를 통해 학생의 행동에서 새로운 통찰을 얻을 수 있다. 교사가 되기 위해 준비하는 과정에서 다양한 학습 양식—예컨대 운동 감각을 중심으로 한 학습과 청각이나 시각을 중심으로 한 학습 같은— 을 배우긴 하지만 현장에 나가 학생들을 가르치기에는 부족할 수 있다. 예를 들어 적응력이 떨어지는 아이가 있다. 수업 시간에 이런 아이에게 갑자기 새로운 활동을 시키면 다른 아이들보다 한참 뒤쳐질 수 있다. 그러나 교사가 기질을 이해한다면 이 아이에게 먼저 변화에 적응할 시간을 주고 새로운 활동을 시작하도록 도와줄 것이다. 기질은 단순한 학습 방식이 아니라 본능적인 반응으로, 세포 수준에서 세상에 반응하는 방식이다.

언젠가 한 학년이 끝날 무렵에 유치원 아이들과 둥그렇게 둘러앉아서 아이들에게 학교에 들어가면 어떤 점이 달라질 것 같으냐고 물은 적이 있다. 학교에는 쉬는 시간이 있다, 하루 종일 학교에 있어야 한다, 점심 도시락을 싸가야 한다, 숙제를 해야 한다 등 여러 가지 대답이 나왔다. 나는 거기에 한 가지 덧붙였다. "학교에 들어가면 이제 선생님하고는 헤어지고, 새로운 선생님을 만나게 될 거야." 도슨이라는 아이는 내 말을 듣고 많이 실망한 눈치였다. 나는 도슨에게 물었다. "새 선생님하고 공부하면 어려울 것 같니?" 도슨은 고개를 세차게 끄덕이면서 말했다. "네, 학교에 가고 싶지 않아요." 다음으로 우리는 새로운 일을 준비하는 과정에 관해 이야기를 나누었다. 새로운 일을 하는 것이 어떤 사람에게는 쉽고 어떤 사람에게는 어려운 이유는 무엇일까? 새로운 일을 시작하기 전에 먼저 생각할 시간을 주면 훨씬 쉬워지는 이유는 무엇일까? 이러한 이야기가 지속되자 도슨의 실망스런 표정이 서서히 누그러졌다. 다섯 살 어린아이지만 다른 친구들도 자기처럼 변화에 적응하기 어려워한다는 걸 알고, 또 사람들 앞에서 자기 마음을 털어놓으면 어려움을 극복하기가 훨씬 쉬워진다는 걸 배우고 나면 위안을 얻고 통제력을 얻을 수 있다.

기질을 배우면서 사람마다 타고난 개인차가 있다는 것을 이해하게 되면 서로를 존중하고 포용하기가 수월해진다. '공감의 뿌리' 교실에서는 아기를 있는 그대로 존중한다. 아기의 기질을 함부로 폄하하거나 부정적으로 묘사하지 않도록 조심한다. 좋든 나쁘든 기질은 기질일 뿐이다. '공감의 뿌리'는 기질적 특성을 하나의 연속체 위에 있는 것으로 이해한다. 주의가 산만한 사람이 있는가 하면, 산만하지 않은 사람도 있고, 그 중간인 사람도 있다. 또 같은 기질이라도 주어진 상황에 따라 문제가 되기도 하도 도움이 되기도 한다. 예를 들어 지나치게 적극적인 사람은 심신이 지치기도 하지만, 압박감이 심한 상황에서는 힘을 내서 일이 되도록 만들기도 한다. 교실은 다양한 사람과 다양한 기질이 모인 공간이므로 모두의 기여를 중시하고 각자의 차이를 존중해야 한다. 비록 서로의 차이를 이해하고 존중하기 위해 기질이라는 말로 설명하긴 하지만, 사실 모든 사람은 하나의 연속체 위에 존재한다. 공통의 경험이 서로의 차이를 압도하고 모두를 하나로 연결해 주는 것이다.

'공감의 뿌리'에 참여하는 한 학년 동안 아이들은 아기와 끈끈한 관계를 맺으면서 아기의 기질이 어떻게 행동으로 드러나는지 관찰한다. 아이들은 기질을 이야기하는 시간에 특히 열의를 보인다. 방식은 탐구적이되, 판단하지 않는 것이다. 아기의 기질을 관찰하면서 자연스럽게 자기 기질에 대해 생각하고, 자기가 아기였을 때나 아장아장 걷던 때의 기억을 떠올리면서 자기 기질을 설명하기도 한다. 자신을 들여다보면서 자신에 대해 더 자세히 알게 되고, 친구들도 긍정적으로 바라보게 된다. 아이들 사이에 의사소통도 원활해지면서 역동적인 관계가 형성되고, 나아가 바람직한 인간관을 형성하는 밑거름이 된다.

물론 인간의 복잡다단한 모습을 기질 하나로 온전히 이해할 수는 없다. 개인을 구성하는 요소에는 그것 외에 능력, 관심사, 문화적 배경, 집안 환경, 가족 관계도 있다. 다시 말해서 인종, 종교, 언어, 가치관, 사회경제적 지위는 물론이고, 가족이 스스로를 보는 시각과 아이들이 자신을 보는 시각을 결정하는 모든 요인이 한데 어우러져서 한 개인을 구성한다. 타고난 기질이라도 부모와의 관계나 가정이라는 울타리 밖의 사회와의 관계를 통해 더욱 강화되거나 변형될 수 있다. 그런데 나이를 먹어도 좀처럼 바뀌지 않는 기질들이 있다. 그 중 하나가 활동성이다. 아이들은 상황에 맞게 활동 욕구를 조절하는 법을 배운다. 어떤 아이들은 분명히 행동을 적절히 조절하는 능력이 다른 아이들보다 월등히 뛰어나다.

기질: 어떻게 행동하는가?

기질은 아이들이 주어진 상황에 어떤 식으로 반응하는지 이해하는 데 중요한 열쇠다. 부모가 아이를 잘 키워서 건강한 어른으로 성장하도록 도와주려면 먼저 아이의 기질을 알아야 한다.

예를 들어 활동성이 낮은 아이는 독서처럼 가만히 앉아서 하는 일을 선택한다. 저녁상을 차리느라 분주한 엄마에게는 고마운 일이다. 하지만 이런 아이는 집을 나설 때 행동이 굼떠서 신발 끈을 묶는 동안

기다리는 사람을 지치게 만들 수 있다. 부모가 아이의 기질을 정확히 알면 언제 집을 나설지 미리 알려주어 여유 있게 준비하도록 해줄 수 있다. 그러면 아이는 다른 가족들로부터 "빨리 빨리" 하라는 채근을 받지 않는다. 그리고 자기는 남보다 준비할 시간이 더 필요하므로 미리 계획을 세워야 한다고 생각한다. 아이의 기질을 '단점'으로 낙인 찍어 비난받게 해서는 안 된다.

기질 특질

소아정신과 의사 스텔라 체스Stella Chess와 알렉산더 토머스Alexander Thomas는 기질을 아홉 가지로 분류한다.[1] 사람마다 유전자가 구성될 때 특정 기질이 포함되는 정도가 다르다. '적응력'이 높고 '주의 산만도'가 낮은 사람도 있고, 정반대인 사람도 있다. '공감의 뿌리'에서는 이런 연구를 바탕으로 학생들에게 아기의 행동과 반응을 이해하고 자기의 고유한 기질을 알아내게 한다. 아홉 가지 기질은 일반적으로 활동성, 반응 강도, 민감성, 접근성, 적응성, 기분, 좌절 반응, 주의 산만성, 규칙성으로 분류된다. '공감의 뿌리'에서는 강사를 교육할 때 기질 이론을 바탕으로 학생들에게 감성 능력과 공감 능력을 길러주는 방법을 가르친다.

활동성

활동성activity level이 높은 아기는 활발하고 호기심이 많고 안을 때 몸을 가만히 두지 않는다. 높은 의자에 기어오르려고 하거나 목욕할 때는 방 안에 있는 모든 사람에게 물을 튀긴다. 뒤집기를 성공한 다음부터는 떼굴떼굴 굴러다니며 장난감을 찾거나 온 방을 헤집고 다닌다. 기어 다닐 수 있을 때까지 잠자코 기다리지 않는다. 아동기에 접어들면 활동적인 놀이나 운동을 좋아하고, 장시간 교실에 가만히 앉아 있기 힘들어한다. 교사가 앞에서 수업을 진행하는 동안에도 의자에 앉아 몸을 이리저리 흔들고 손가락이나 발가락을 두드리고 수업이 끝나면 제일 먼저 교실 문을 박차고 나간다.

활동성이 낮은 아기는 움직임이 느리고 움직이는 횟수도 적으며 높은 의자나 부모 무릎에 앉혀놓아도 얌전히 앉아 있기만 한다. 뒤집을 수 있어도 자주 뒤집지 않고, 눕혀놓은 대로 누워 있는 편이다. 아동기에는 오랫동안 가만히 앉아서 책을 보거나 퍼즐을 맞춘다.

반응 강도

반응 강도intensity of response란 긍정적이든 부정적이든 주어진 상황에 반응하는 강도를 말한다. 반응 강도가 높은 아기는 화가 나면 요란하게 울고 격렬하게 분노하며, 기분이 좋으면 깔깔대면서 좋아한다. 이런 아기는 자라면서 아주 좋다거나 아주 끔찍하다는 식으로 상황을 극단적으로 해석한다. 중간이 없다.

반응 강도가 낮은 아기는 침착하고 주어진 상황에 차분하게 반응한다. 어떤 상황에서도 강렬한 반응을 보이지 않는다. 배가 고파도 큰소리로 울지 않고 조금 칭얼대기만 하며, 기분이 좋으면 까르르 웃는 대신 빙긋이 미소만 지을 뿐이다. 북적대는 집안 분위기에서는 반응 강도가 높은 아이보다 관심을 덜 받을 수 있다. 또 아동기에는 의욕이 없는 아이로 보일 수도 있다.

민감성

민감성sensitivity이 높은 아기는 주변 상황을 예민하게 알아채서 소음, 냉기, 열기, 질감, 더러운 기저귀, 사람들이 어떻게 대접하는지와 같은 외부의 감각을 민감하게 지각하고 그에 반응한다. 티셔츠 뒷목에 붙어 있는 라벨이 살에 닿는 것도 참지 못하고 양말 솔기가 발가락에 닿는 것도 불편해한다. 이런 아이는 청바지 대신 체육복 바지를 입어도 되냐고 자주 묻는다. 조명이나 실내 온도에도 예민하게 반응한다.

무던한 아기는 시끄러운 소리가 들려도 잘 자고 기저귀를 적시고도 짜증내지 않는다. 자라면서 침대 시트가 어떤 천인지 알아채지 못하고, 청바지를 입든 체육복을 입든 상관하지 않는다. 추위에도 덜 민감한 편이라 엄마가 왜 자꾸 스웨터를 입으라고 잔소리하는지 이해하지 못한다.

접근성(접근 또는 회피)

새로운 사람이나 새로운 상황을 접할 때 기분 좋게 반응하는 아기가 있다. 모르는 사람에게 웃으면서 손을 내밀고, 처음 보는 장난감도 거리낌 없이 집어 들며, 새로운 음식도 잘 받아먹는다. 아동기에는 새로 만난 친구에게 스스럼없이 말을 건네고 금세 친해진다. 그러나 항상 새로운 활동을 하고 싶어하고 '새롭고 다른 것'에 쉽게 매료되기 때문에 충동성에 휘둘려 위험을 자초할 때가 있다.

신중한 아기는 낯선 사람이나 새로운 상황을 거부한다. 배를 먹어본 적이 없는 아기에게 배를 먹이면 얼른 뱉어버리거나 숟가락을 밀친다. 시골에서 올라온 할머니를 만나면 고개를 돌리고 엄마 품에 얼굴을 묻는다. 학교에 입학할 때나 새 학년이 되어 담임선생님과 반 친구들이 바뀔 때에도 경계심을 풀지 않는다. 친구를 사귀는 시간도 오래 걸리고 친구네 집에 가는 것도 싫어하며 친구네 집에서 자고 오는 것은 더더욱 싫어한다.

적응성

적응성adaptability이란 주어진 상황에 잘 적응하는 정도를 가리킨다. 적응성이 뛰어난 아기는 낯선 상황에 잘 대처하고 변화를 두려워하지 않는다. 할머니 집 세탁 바구니에서도 자기 방 침대에서만큼 잘 잔다. 적응성이 뛰어난 아기는 자라면서 '물 흐르는 대로 잘 지내고' 계획이 바뀌어도 곧잘 적응한다. 저녁 먹으라고 부르면 한창 재미있게 놀던 와중에도 부리나케 나와서 밥상 앞에 앉는다.

적응성이 떨어지는 아기는 상황이 바뀌면 불안해한다. 잠에서 깨자마자 울음부터 터뜨리고 재울 때도 이래저래 손이 많이 간다. 아동기에는 텔레비전을 볼 때 저녁 먹으라고 부르면 화를 내기도 한다. 계획이 바뀌어도 화를 내고, 상황이 기대한 대로 돌아가지 않으면 크게 실망한다. 주말이 끝나고 월요일에 학교에 갈 때도 많이 힘들어하고, 크리스마스 연휴나 봄방학이나 여름방학이 끝나고 학교로 돌아갈 때도 매번 진통을 치른다.

기분

기분mood은 아기의 전반적인 성향을 가리킨다. 기분이 대체로 긍정적인 아기를 '밝은' 아기라고 한다. 밝은 아기는 항상 행복하고 잘 웃고 친근하다. 명랑한 아기는 아동기가 되면 외향적이고 낙천적이며 친구도 잘 사귀고 만사가 잘 풀릴 것이라고 믿는다.

부정적인 아기는 시도 때도 없이 잘 울고, 무표정하거나 부루퉁한 표정을 곧잘 짓는다. 아동기에는 낯선 사람을 만나면 수줍어하고 사소한 문제만 생겨도 불평을 터뜨린다. 자주 공상에 잠기고 혼자만의 세계에 빠져 있는 듯 보인다. 하지만 굳은 표정에 잘 웃지 않는다고 해서 행복하지 않다는 뜻은 아니다. 표정이 진지한 것뿐이다.

좌절 반응/지구력

좌절 반응frustration reaction이란 일이 잘 풀리지 않거나 지구력persistence을 시험하는 상황에서 어떻게 반응하는지 말해주는 기질이다. 지구력이 좋은 아기는 일어나서 걷는 연습을 하면서 끝까지 포기하지 않는다. 바닥이 미끄럽거나 다리가 짧아서 균형을 유지하기 어려워도 단념하지 않는다. 아동기에는 높은 주의력과 집중력을 발휘하면서 공부에 열중한다. 예를 들어 악기를 배울 때는 처음에 실수를 해도 포기하지 않고 끝까지 연습해서 연주에 성공한다. 이런 기질로 인해 곤란해질 수도 있다. 가령 아기가 전기 콘센트처럼 위험한 물건에 관심을 가질 때 주의를 돌리기가 어렵다. 아동기에는 일상적인 학교생활 때문에 꼭 하고 싶은 일에 방해를 받으면 크게 실망하기도 한다.

지구력이 떨어지는 아기는 주어진 과제를 잘하지 못하면 금세 실망한다. 장난감 인형을 트럭에 담지 못하면 당장 그만두거나 울거나 화를 내면서 집어던진다. 아동기에는 운동을 시작했다가도 성공하지 못하면 곧바로 그만두고, 수학 문제를 풀 때도 답을 알아낼 때까지 진득하게 풀지 못한다. 이런 아이들이 어려운 활동을 할 때는 끝까지 흥미를 잃지 않도록 옆에서 계속 격려해 줘야 한다.

주의 산만성

주의 산만성distractibility이란 외부 자극 때문에 현재 하는 일에 집중하지 못하고 산만해지는 정도를 가리킨다. 산만한 아기는 자꾸 방향을 바꾼다. 이런 아기가 깨지기 쉬운 장식품 쪽으로 기어가면 옆에서 장난감을 보여주어 쉽게 주의를 돌릴 수 있다. 주의가 쉽게 흐트러지는 아기는 아동기가 되면 숙제를 하지도 않고 학교에서도 집중하지 못한다. 주위에 관심을 사로잡는 물건이 많아 오래 집중하지 못한다. 그러나 주의 산만성이 높은 아기는 타인의 반응을 곧바로 눈치 채고 함께 놀이를 할 때는 상대방의 감정을 잘 알아챈다는 장점이 있다.

주의 산만성이 낮은 아기는 하려는 일에서 관심을 끊지 못한다. '공감의 뿌리'에 참가한 어느 엄마는 아기가 전등 코드를 빼려고 할 때의 일화를 들려주었다. 엄마는 장난감을 들고 아기의 관심을 다른 쪽으로 돌리려 했다. 그러나 아기는 장난감은 쳐다보지도 않고 다시 전등 쪽으로 기어갔다. 엄마는 아기를 안고 다른 쪽으로 데려가 〈거미가 줄을 타고 올라갑니다〉를 불러주면서 주의를 돌리려 했다. 그러나 아기는 엄마 손을 밀치고 단호한 얼굴로 다시 전등 쪽으로 기어가 금방이라도 코드를 뽑을 것처럼 덤볐다. 엄마가 방문을 닫자 아기는 문 앞에 주저앉아 울음을 터뜨렸다.

이런 아기는 한번 화가 나면 풀어주기 어렵다. 주의 산만도가 높은 아기와 달리 아무리 달래고 노래를 불러주어도 위험하거나 불편한 상황에서 주의를 돌리게 만들기 어렵다. 아동기가 되면 옆에서 난리가 나도 하는 일에 집중할 수 있다. 텔레비전 소리가 시끄럽고 동생들이 방 안에서 뛰어다녀도 숙제를 끝까지 해낼 수 있다. 집중력이 뛰어나 장점이 많기는 하지만, 남에게 관심을 갖지 않기 때문에 이 아이의 관심을 끌려고 하는 사람들의 분통을 터트리게 할 수 있다.

규칙성

규칙성rhythmicity/regularity이란 아기의 생리적 주기가 규칙적이고 예측 가능한 정도를 가리킨다. 규칙적인 아기는 몸속에 알람시계가 장착된 것처럼 행동한다. 매일 같은 시간에 눈을 뜨고 같은 시간에 먹으며 배변 훈련도 쉽게 받아들인다. 아동기에는 규칙적인 학교 생활에 잘 적응하고 계획에 따라 움직이는 등 예측 가능한 행동을 보인다.

하지만 규칙적이지 못한 아기는 오늘은 낮잠을 두 시간이나 자고 내일은 20분 만에 깰 수도 있다. 부모도 아기가 언제 배가 고프고 언제 잠을 잘지 모른다. 오늘은 한 시간에 한 번 먹고 내일은 세 시간에 한 번 먹기도 하고, 오전에는 45분마다 엄마 젖을 찾지만 오후에는 네 시간 동안 낮잠만 자기도 한다. 아동기에는 장난감으로 방 안을 어지럽혀놓고, 학교 숙제도 마무리하지 못하며, 약속 시간을 잘 지키지도 않는다. 규칙적인 환경이 갖춰져도 기질적으로 규칙적인 아이보다는 잘 적응하지 못한다.

기질, 큰 그림으로 보라

기질의 좋은 특징 가운데 하나는 아기 때는 '부정적'인 기질처럼 보여도 아동이나 성인에게는 긍정적으로 작용할 수 있다는 점이다. 예를 들어 주의 산만성이 낮은 아기는 보호자가 돌보기는 어려워도 나중에 자라면 시끄러운 교실이나 정신없는 사무실에서도 공부나 업무에 집중할 수 있다. 적응성이 낮고 환경이 바뀌면 어쩔 줄 몰라 하는 아기는 나중에 신념이 뚜렷하고 주변의 유혹에 좀처럼 흔들리지 않는 심지 굳은 사람으로 자랄 수 있다. 까다로운 아기의 부모는 아기의 까다로운 기질이 나중에 어떻게 작용할지 생각해 보면 도움이 될 것이다. '공감의 뿌리' 시간에도 이렇게 말해주면 안도하는 표정을 짓는 아이들이 간혹 눈에 띈다. 한때는 문제가 되는 행동이라도 언젠가는 긍정적으로 작용할 수도 있다고 생각하는 것이다.

어느 7학년 교실에서 강사가 활동성 기질에 관해 설명하고 있었다. 활동성이 높은 아이는 체육 시간에 두각을 나타내고 길거리 농구 경기에도 기꺼이 참여하는 반면에, 활동성이 낮은 아이는 책을 읽고 그림 그리기를 좋아하며 사색하고 조용히 창의성을 발휘하는 활동에서 뛰어난 능력을 발휘한다고 설명했다. 평소에 말이 없던 네이션은 "그럼 제가 게으른 게 아니라는 뜻이죠?"라고 물었다. 그리고 어깨에서 무거운 짐을 내려놓기라도 한 듯한 표정을 지었다.

지금까지 아홉 가지 기질을 소개했다. 아홉 가지 기질은 돌보기가 쉬운가, 어려운가, 중간인가에 따라 크게 세 유형으로 묶인다. 다행히 아기들 중 10퍼센트만 '까다로운' 아기로 분류된다. 까다로운 아기는 활동성이 높고, 반응 강도가 높고, 기분이 부정적이고, 규칙성이 낮고, 낯선 상황에 대한 첫 반응이 부정적이다. 규칙적으로 먹고 자는 일정에 적응하지 못하고, 잘 울며, 처음 보는 사람과 친해지지 않고, 새로운 상황에 잘 적응하지 못하며 쉽게 좌절한다. '순한' 아기의 비율은 40퍼센트로 가장 높다. 순한 아기는 반응 강도가 낮고, 기분이 긍정적이고, 규칙성과 예측 가능성이 높고, 낯선 상황에 대한 첫 반응이 긍정적이다. 늘 싱글벙글 웃고, 정해진 때 자고, 처음 먹는 음식도 잘 받아먹으며, 학교 생활이나 사회 집단에 잘 적응한다. 그리고 약

15퍼센트는 '늦되는' 아기로 분류된다. 적응이 느리지만 반응 강도가 낮다. '순한' 아기처럼 정확히 규칙을 지키지는 않지만, '까다로운' 아기처럼 요란하게 거부하지도 않는다. 세 부류 외에도 양극단으로 향하지 않는 특질을 적절히 조합한 아기들이 있다. 한편 '까다로운' 아기는 부모에게 좌절감을 안겨주기 때문에 학대받을 위험이 높다.

하지만 아기가 얼마나 까다롭고 순한지는 부모의 기대에 따라서도 크게 달라진다. 일상이 체계적으로 짜여 있는 문화에서는 아기가 규칙적으로 먹고 자지 않으면 문제가 된다. 반면에 정해진 일정을 엄격히 따르지 않는 문화에서는 아기가 규칙적이지 않아도 부모가 아기에게 잘 적응한다. 아기가 밤낮으로 엄마와 붙어 있는 문화에서는 새로운 상황과 낯선 사람을 꺼리는 아기라도 낯선 상황에 부딪힐 염려가 없기 때문에 문제가 되지 않는다.

세계 각지에서 기질 연구가 활발하게 이루어지고 있는데, 아시아, 아프리카, 유럽, 북미 지역의 연구를 보면 체스와 알렉산더가 분류한 아홉 가지 기질과 세 가지 유형이 보편적인 현상임을 알 수 있다.[2] 홀로 싸워야 할 것 같은 세상에서 사람들이 문화와 인종과 계층을 뛰어넘어 공통의 특질을 공유한다는 말을 들으면 왠지 위안이 된다.

부모가 아기에게 적응하는 방식

'공감의 뿌리' 시간에는 아이들과 함께 '적합도 goodness of fit'에 관해서도 이야기를 나눈다. 부모 역시도 기질을 지니고 있는데, 부모와 아이의 기질은 다르기가 십상이다. 아기는 규칙성이 낮아 정해진 일상에 적응하지 못하는 반면 엄마나 아빠는 규칙성이 높아 꼼꼼히 일정을 짜고 계획을 세워야 마음이 놓이는 사람이라면, 이때 엄마나 아빠는 아기 때문에 많은 스트레스를 받을 것이다. 또 아빠가 활동성이 낮다면 적극적인 아기를 돌보면서 몹시 피곤해할 것이다. 지구력이 높은 부모라면 걸음마 아이가 새로운 과제를 왜 쉽게 포기하는지 이해하지 못할 것이다. 아이를 붙들어 앉히고 끝까지 과제를 해내라고 강요해 봤자 아이는 짜증만 낼 것이다.

어느 엄마는 '공감의 뿌리' 시간에 아기의 기질을 이야기하면서 아이들에게 이렇게 말했다. "아줌마가 회사에서 일할 때는 정확한 일정을 미리 확인할 수 있었어. 회의도 정해진 시간에 시작해서 두 시간 동안 진행했지. 목요일까지 주간 보고서를 제출해야 하니까 수요일 오후에는 보고서를 정리할 시간을 비워두었어. 나한테는 그런 일이 꼭 맞았단다. 우리 아기가 태어나기 전에는 회사에서처럼 하루를 규칙적으로 보낼 수 있을 거라고 생각했어. 그리고 케이티가 태어난 거야! 케이티가 태어난 지 일곱 달이나 지났지만 아직도 계획적으로 생활하지 못한단다. 케이티는 어느 날은 밤새 쿨쿨 자다가도 또 어느 날엔 새벽 3시까지 깨서 같이 놀아달라고 보채. 내가 정신이 말짱해지면 그때서야 아기가 곤히 잠들지. 어쨌든 우린 아직 서로에게 적응하는 중이야. 나도 가능하면 자연스럽게 생활하는 법을 배우고 있지." 아이들은 이 엄마의 이야기를 듣고 기질만 중요한 것이 아니라 사랑의 힘으로 기질의 차이를 극복할 수 있다는 점도 배운다.

기질의 차이가 부정적인 영향을 미칠 수도 있다. 부모가 아기의 불규칙한 식사 습관이나 지구력 부족을 단점으로 보고 꼭 고쳐주겠다고 생각할 수 있다. 아기의 기질에 만족한다 해도 문제가 전혀 없는 것은 아니다. 이를테면 아이가 과제를 끝까지 해결하는 모습을 보고 지구력을 높이 평가하다가도, 다른 상황에서 아이가 고집을 부리며 자기 식대로 밀고 나가려 하면 아이의 그런 끈기 있는 태도를 반갑게 여기지 않을 것이다. 부모는 아기의 생활 양식을 자기가 원하는 대로 정하고 싶어한다. 하지만 기질을 타고난다고 이해하면 생각이 달라질 수 있다.

'적합도'는 부모와 아기 사이의 변치 않는 관계를 말하는 것은 아니다. 부모와 아기의 관계가 발전하면 적합도도 달라진다. 부모는 사회 생활에 방해가 되는 자녀의 기질을 조절해 줄 수 있다. 예를 들어 반응 강도가 높은 아이는 항상 반응이 격렬하지만 부모가 옆에서 적절한 수준으로 조절해 줄 수 있다. 사실 반응 강도는 사회에 꼭 필요한 변화를 이끌어내는 도화선 같은 것이 될 수 있다. 마틴 루터 킹 목사는 연설을 통해 인종 차별주의에 단호하게 반응하면서 남들은 체념하고 수용하는 문제에 굳게 맞섰으며, 사람들의 강렬한 감정을 자극해 인권의 시대로 그들을 이끌어갔다. 또 간디는 비폭력을 고수하고 불의에 항거하면서 불굴의 끈기를 보여주었다.

나는 부모들에게 자신의 기질을 파악하고 이를 아기의 기질과 비교해 보게 한다. 그러면 부모들은 아기한테서 비슷한 점을 발견하고 새삼 놀라기도 하고, 서로 다른 기질 때문에 아기와 갈등을 일으킨 경험을 떠올리기도 한다. 때로는 아기가 세상에 나오기 전에 부모 나름대로 기대하던 아기가 따로 있다는 사실을 자각하고 나서야 아기를 있는 그대로 받아들이기도 한다. 부모라면 누구나 아기가 태어나기 전에 아기가 어떤 모습일지 상상한다. 드라마에 나오는 아기처럼 쌔근쌔근 잘 자고 잠에서 깨면 엄마 무릎에 얌전히 앉아 명랑하게 조잘대는 아기를 떠올린다. 그런데 막상 아기를 낳고 보니 잠도 안 자고 온종일 칭얼대기만 한다면 부모는 엉뚱한 아기가 나왔다고 생각하거나 부모가 잘못해서 벌을 받는 거라고 생각한다. 이런 아기를 기대한 게 아니기 때문이다. 애초에 왜 부모가 되었을까? 혹시 부모가 될 자격이 없는 걸까? 별별 의심이 다 든다. 아기는 부모가 꿈꾸던 그대로 맞춰주지 않는다.

교실 안에서 나타나는 기질

'공감의 뿌리' 교실에서 아기가 이리저리 기어 다니다가 어떤 아이의 이름표를 잡아당겼다. 옆에 있던 아이가 얼른 아기에게 장난감을 내밀어 이름표와 바꾸었다. 강사는 아이의 기지에 놀랐다. 아이는 아기가 주의 산만성이 높다는 걸 알고 꾀를 낸 것이다.

기질을 배우면 '공감의 뿌리' 교실을 찾은 아기의 독특한 성향을 긍정적으로 바라볼 수 있다. 아기의 기분이 부정적이라거나 좌절 반응이 낮다고 해서 문제로 여기거나 비난하지 않는다. 있는 그대로를 즐길 뿐이다. 아이들은 기질을 배우면서 스스로에게 만족하고 자신의 반응을 이해하며 타인의 기질을 존중한다. 공감의 핵심은 상대가 왜 그런 행동을 하는지 이해하는 데 있다. 함께 기질에 관해 이야기하면 이해가 더욱 깊어진다.

아이들은 기질을 배우면서 자연스럽게 다음과 같은 단계를 거친다.

- 아기의 기질을 이해한다.
- 자신의 기질을 이해한다.
- 다른 사람의 기질을 이해한다.

또 공감 발달과 유사한 과정을 거친다.

- 아기의 감정을 관찰하고 알아챈다.
- 자신의 감정을 알아채고 거기에 이름을 붙인다.
- 아기의 감정과 자기 감정에 관한 이해를 바탕으로 다른 사람의 입장에서 다른 사람이 어떻게 느끼는지 이해한다.

아이들은 기질에 관해 이야기하면서 자기를 표현하고 남을 이해하는 데 필요한 어휘를 습득한다. 아이들은 자기가 누구이고 장차 어떤 사람이 될 수 있는지 알아가기 시작한다. 어린이 이야기책을 교재로 활용하면 더 깊은 이해를 이끌어낼 수 있다. 예술로 표현된 경험은 보편적인 정서를 담고 있으며, 머리와 가슴을 연결해서 인지 발달을 촉진한다. 아이들은 이야기책을 통해 공통의 정서를 공유하고, 이야기의 주제를 찾아보면서 직접 겪은 일들을 털어놓는다. 예를 들어 '잠'을 주제로 다루는 시간에 《프랭클린, 집 밖에서 자고 오다》라는 이야기책을 읽어준다. 프랭클린이라는 작은 거북이가 난생 처음으로 집을 떠나 하룻밤 자고 돌아오는 이야기로, 아이들은 프랭클린의 경험에 쉽게 공감한다.[3] 아홉 가지 기질 가운데 적응성을 다루는 이 이야기에서 아이들은 강한 동질감을 느낀다. 아이들은 가족과 떨어질 때 느끼는 두려움과 낯선 상황에 대한 걱정을 온전히 이해한다. 문학이 원래 그렇듯이 이 이야기도 인간의 감정을 다룬다. 이런 이야기는 감정을 표현하는 어휘라든지, 공통의 정서 경험을 통해 서로에게 따뜻한 유대감을 형성하는 데 필요한 어휘에 어떤 것들이 있는지 아이들에게 알려준다. 작고 연약한 거북이는 수줍음을 많이 타는 아이가 감정을 드러내도록 용기를 준다. 어느 교실에서는 프랭클린 이야기를 함께 읽고 밤에 오줌을 싸는 문제를 토론했다. 자기 경험을 털어놓다 보면 친구들 사이에 안전하고 믿을 만하다는 분위기가 형성된다. 약한 모습을 드러내도 부끄럽지 않고 오히려 서로를 연결해 주는 사회를 만들 수 있다.

 교사들도 배운다. 수업중에 '공감의 뿌리' 프로그램을 기꺼이 도입한 교사들은 학생들의 기질을 알면 그들의 요구 하나하나에 어떻게 대응할지 훨씬 잘 이해할 수 있다. 학생마다 책상 앞에 앉아 있을 수 있는 시간이 다르다는 점도 인정하게 된다. 부산스런 기질은 단점도 아니고 성차性差도 아니며 단지 유전적 차이일 뿐임을 이해하게 된다. 활동성이 높은 아이는 돌아다니지 말아야 할 장소에서도 제멋대로 돌아다니다가 의자에 부딪히거나 엉뚱한 곳에 가서 말썽을 피운다. 지구력이 떨어지고 쉽게 좌절하는 아이에게는 과제를 여러 개로 나누어서 풀기 쉽게 제시하면 끝까지 해낼 수 있다. 이런 아이는 한 단계씩 성공을 맛보아야 도중에 포기하지 않고 끝까지 마무리할 수 있다. 꾸준히 훈련하면 나중에는 복잡한 과제도 무리 없이 소화할 수 있다.

 규칙성이 낮은 아이는 근사한 아침상을 앞에 두고도 식욕을 느끼지 않을 수 있다. 그러다가 9시 30분쯤이 되면 극심한 허기를 느낀다. 혈당이 갑자기 떨어져서 공부에 집중하지 못하고 친구들과 다툴 수 있다. 이런 아이는 옆에 늘 간식거리가 있어야 한다. 교실에서도 당근, 사과, 치즈, 주스 같은 간식을 먹게 해주면 큰 효과를 볼 수 있다. 학습 능률을 높이기 위해 교실 안에 간식을 준비해 두면 가정 형편상 제때에 식사를 못하거나 기질적으로 보통의 식사 시간을 맞추지 못하는 아이들에게 도움이 된다. 실제의 아이들은 인생이나 학습에 접근하는 방식이 다를 수 있고 공교육의 기대 수준에 미치지 못할 수도 있는데, 학교가 이러한 방법을 실천한다면 이처럼 다양한 학생들을 품에 안으며 훨씬 넉넉한 포용의 공간으로 거듭날 수 있다.

기질: 모두를 위한 학습

기질은 '공감의 뿌리' 프로그램에서 일관되게 다루는 주제이다. 기질만 따로 가르치는 것이 아니라, 어떻게 우리가 독특하고 복잡한 개인으로 성장하는지에 대한 이해와 결부시켜 기질을 가르친다. 이런 과정을 통해 아기와 학생뿐만 아니라 부모와 교사도 학습의 시간을 갖는다. 아기는 자기 나름의 방식으로 주변 사람들에게 배운다. 부모는 아기마다 기질이 다르다는 걸 인정하고 아기가 그 기질을 잘 조절하도록 돕는 것이 얼마나 중요한지 배운다. 교사는 학생들이 각자 자기의 기질에 관해 이야기하는 것을 듣고 아이의 행동을 한층 깊이 이해하게 된다. 학생들은 자기 기질을 알아가면서 자신의 독특한 반응을 예상하고 조절하는 법을 배운다. 또 좌절 수준이 낮은 친구를 보고 화를 내는 것이 아니라 어떻게 하면 도와줄 수 있는지를 생각한다.

다양한 기질을 파악하고 이해하면 각자의 개성을 존중하고 타인의 관점을 고려할 수 있다. 학생들은 각자의 차이점과 유사성이 한데 어우러져서 교실이 모두를 위한 공간으로 거듭나는 과정을 지켜볼 수 있다. 교실이나 교실의 확대판이라 할 수 있는 사회는 오케스트라와 같다. 요란한 소리를 내는 악기도 있고 부드럽고 조용한 소리를 내는 악기도 있지만, 모든 악기가 어우러지지 않으면 교향곡은 완성되지 않는다.

7

애착: 생애 첫 관계 맺기

'공감의 뿌리' 강사 한 명이 라파엘이라는 아기를 안고 있었다. 아기 엄마에게 라파엘이 얼굴을 밖으로 돌리는 걸 좋아한다고 들은 터라 바깥을 바라볼 수 있도록 아기를 안았다. 하지만 라파엘은 계속 몸을 뒤틀면서 칭얼거렸다. 강사는 아기를 아래위로 살살 흔들면서 달래려 했지만 라파엘은 더 큰 소리로 칭얼댈 뿐이었다. 마침내 어떤 학생이 말했다. "라파엘을 엄마한테 돌려주세요." 아기는 엄마 품에 안기자마자 방긋 웃었다.

생애 첫 관계: 건강한 사회의 기반

다음 세대에서는 문맹이라고 하면 글을 읽지 못하는 사람이 아니라 관계를 맺지 못하는 사람을 뜻할 것이다. 사람들과 긍정적이고 건강한 관계를 맺는 능력은 생애 첫 관계에서 시작된다. '공감의 뿌리' 교실에서 아기는 엄마와 안정된 애착$_{attachment}$을 형성하면서 생애 첫 관계의 위력을 보여주는 '교과서' 역할을 한다. 안정된 애착을 형성한 아기는 사랑하는 사람과 떨어지면 투정을 부리고, 다시 만나면 금세 안심한다.

앞서 설명했듯이 아기마다 타고난 기본 능력과 기질이 다르다. 그러나 유전은 경험에 의해 조절된다. 다시 말해서 자연의 선물인 유전은 인간의 양육을 통한 복잡한 과정을 거쳐 세포 단위에서 연결 경로를 만들며 형태를 갖춘다. 어떻게 하면 생애 초기의 소중한 경험을 바탕으로 단단하고 긍정적인 기반을 다질 수 있을까? '공감의 뿌리'에서는 가장 숭고하고 영향력 있는 애착 관계를 지원하면서 긍정적인 기반을 다지려 한다. 첫 애착 관계의 질은 아기가 유전적 잠재력을 발현하는 데 영향을 미칠 수 있다.

우리가 간절히 바라는 공감의 뿌리, 곧 인간 잠재력의 실현이 바로 이 생애 첫 관계 안에 담겨 있다. 중요하고 믿을 만한 사람과 처음으로 맺는 애착 관계는 평생 만나는 모든 관계의 기초가 된다. 건강한 애착 관계는 양쪽 부모가 모두 있는 가정이든 한쪽 부모만 있는 가정이든 동성 가정이든 상관없이 관계의 질과 밀접히 연관된다. 가족의 구조가 어떻든 가족은 애착이 형성되는 가장 중요한 공간이다. 수돗물을 관리할 때는 좋은 상수도 시설로 깨끗한 물을 흘려보내고 수질을 철저히 관리한다. 건강한 사회 환경도 마찬가지다. 우리 사회는 과연 수돗물을 관리하듯 유해한 요소를 제거하고 건강한 사회 환경을 위한 적절한 지원 방안을 마련하고 있는가? 사회적 공평성을 유지하여 사회 구성원의 행복과 삶의 질을 보장하려고 노력하는가? 그렇게 하려면 갓난아이든 아동이든 모든 아이들에게 공평하게 관심을 기울이고 기회를 주고 희망을 심어주어야 한다. 총기 등록 제도처럼 사건이 발생한 다음에 수습하려 해서는 안 된다. 진정한 변화는 초기에 시작된다. 미리 예방하고 초반에 올바른 방향을 잡아야 진정한 변화를 이룰 수 있다. 바로 그래서 자녀 양육을 지원하는 일이 중요하다.

나는 일을 하면서 말보다 주먹이 앞서거나 일관되지 않은 양육 환경에서 자란 어린 부모들을 자주 만나왔다. 이들은 생애 초기에 안정적인 관계를 맺고 자존감을 형성하지 못하면 어떤 결과가 나타나는지 보여주는 좋은 예이다. 앞서 1장에서 에이미라는 어린 엄마를 소개했다. 내가 집 안에 들어섰을 때 에이미는 맞은 지 얼마 안 됐는지 얼굴이 심하게 멍들어 있었다. 에이미가 문을 열어줄 때 두세 살 정도 되어 보이는 아이가 에이미의 다리에 매달려 있었다. 에이미는 아이에게 전혀 관심을 보이지 않았다. 에이미는 오직 남자 친구가 일부러 때린 게 아니며 자기를 많이 사랑한다고 나를 설득하는 데만 열을 올렸다. 이제 막 십대를 벗어난 에이미는 다들 자기처럼 산다고 믿었다. 그리고 부정적인 관심이라도 무관심보다 낫다고 믿었다. 에이미가 이렇게 믿게 된 데에는 어머니의 양육 방식이 큰 영향을 미쳤다. 에이미의 엄마는 일관성 없는 양육 태도로 에이미를 키웠다. 에이미는 엄마에게 배운 대로 아기를 대했다. 잘못된 애착 관계는 한 사람의 인생을 나락으로 떨어뜨릴 수 있다. 따라서 '공감의 뿌리'에서는 부모와 아기의 애착이 아기의 삶에서 얼마나 중요한 안전망 구실을 하는지 보여주고자 한다.

애착이란 무엇인가?

아기는 생후 1년 동안 다른 사람에게 의존해서 음식과 온기와 사랑을 받아야 한다. 따라서 부모(혹은 중요한 보호자)가 그것들을 다 제공해 줄 거라고 믿는 수밖에 없다. 부모가 일관되고, 즉각 반응하는 태도로 아기의 욕구를 충족시켜 주면 아기는 부모와 안정된 애착을 형성할 뿐 아니라 주변 환경을 신뢰하는 법까지 배우게 된다. 부모가 내킬 때만 아기의 욕구를 충족시켜 주거나 아예 무시하거나 한참 지난 다음에 해결해 주면 아기는 사람과 환경, 심지어 자기 자신까지 믿지 못하게 된다.

아기가 제일 먼저 성취해야 하는 발달 과업은 애착을 형성하는 일이다. 애착의 질은 아기의 학습 능력과 이후에 맺는 모든 인간 관계의 기초가 된다.

애착은 아이와 부모 사이에 지속적으로 연결된 감정의 유대로서, 아기가 태어나서 1년 동안에 맺는 유대 관계가 매우 중요하다. 애착은 아기와 부모가 오랫동안 소통하고 서로 반응하면서 형성해 가는데, 생후 2년 동안 이러한 애착 관계가 강화되면서 아기는 안전하고 편안하게 보호받는다는 믿음을 갖게 된다.

최초로 애착의 중요성을 주장한 학자들은[1] 아기에게 중요한 시기인 생후 1년 동안 아기와 부모의 행동을 관찰하면서 둘이 어떻게 애착을 형성하고, 부모가 아기의 욕구를 해결해 준 경험이 애착 형성에 어떤 영향을 미치는지와 관련해 중요한 결론을 이끌어냈다.

먼저 자기가 울면 엄마가 항상 보살펴준다고 학습한 아기는 엄마를 믿을 만한 보호자로 받아들인다. 엄마가 아기의 안전한 버팀목이 되어주므로 아기는 엄마만 옆에 있으면 낯선 곳에서도 마음껏 주변을 탐색한다. 장난감을 찾아서 놀고 사람들과 빨리 친해진다. 시시때때로 엄마가 있는 곳을 돌아보고, 가끔씩 엄마에게 다가와서 엄마가 멀리 가지 못하게 한다. 화가 나면 곧장 엄마에게 가서 위로를 받으려 한다. 엄마가 방에서 나가면 떼를 쓰면서 자지러지게 울기도 하지만, 엄마가 돌아와서 안아주면 금세 울음을 그친다. 그리고 한창 재미있게 하던 놀이에 다시 열중할 수 있다. 물론 아기마다 조금씩 차이는 있다. 어떤 아기는 엄마를 다시 만나고 한참 지난 다음에야 다시 편안하게 탐색을 시작하고, 어떤 아기는 방 안을 돌아다니기보다 엄마 무릎에 앉아서 놀려고 한다. 모든 아기에게 일관되게 나타나는 특징은 엄마와의 관계에서 자신감을 얻는다는 것이다. 아기들은 물리적 세계나 사회적 세계를 탐색하면서 엄마가 옆에서 자기를 보호해 줄 거라고 믿는다.

톨스토이는 이렇게 썼다. "행복한 가정은 모두 같지만, 불행한 가정은 저마다 다른 방식으로 불행하다." 마찬가지로 아기와 부모는 안정된 애착을 형성하면서 갖가지 문제에 부딪힐 수 있다. 이는 아기가 아동기를 지나 성인으로 자라면서 세상과 어떤 식으로 관계를 맺을지를 암시해 준다.

한편 아기가 불편하다는 신호를 보내도 엄마가 적절히 반응해 주지 못하거나 반응해 줄 마음이 없다면, 아기는 욕구를 해결할 수 있다는 믿음을 형성하지 못하고 불편한 상태를 다른 방식으로 풀려고 한다. 아기는 불안을 억누르면서 장난감을 가지고 노는 데만 몰두하는 법을 배운다. 엄마가 방에서 나갈 때도 속으로는 고통스럽고 불안하지만 괴로운 표정을 비치지 않고, 엄마가 다시 방에 들어와도 별다른 반응을 보이지 않는다. 심지어 엄마가 다시 돌아올 때 일부러 외면하거나 엄마 곁에 다가가려 하지 않기까지 한다. 아무런 반응을 보이지 않는 것을 두고 남달리 독립적인 아이라고 보는 사람이 많다. 하지만 이 아이는 거부당한 현실을 애써 외면하고 혼자 안전 욕구를 충족시키는 데 많은 에너지를 쏟고 있는 것이다. 따라서 환경을 탐색하는 데 쓸 자원과 자신감이 부족하고 학습 능력까지 떨어질 수 있다.

엄마가 아기의 욕구에 언제 어떻게 반응할지 예측하기 어려운 관계가 있다. 이런 관계에서 아기는 보살핌이 필요할 때 일관된 반응을 경험하지 못한다. 엄마가 곧바로 반응하면서 보살펴줄 때도 있지만, 아기가 아무리 불편함을 호소해도 도와주지 않을 때도 있다. 아기는 엄마의 태도를 두 가지로 받아들여 화를 내면서 동시에 보살핌을 갈구할 수 있다. 가끔씩 엄마가 반응해 줄 때도 있기 때문에 아기는 엄마의 관심을 끌려고 심하게 운다든지 조바심을 친다든지 까다롭게 구는 아기로 바뀔 수 있다. 안정되고 예측 가능한 애착을 형성한 아기와 달리, 엄마가 방에서 나가면 속으로 몹시 괴로워하면서 엄마가 돌아올 때 편안히 있지 못하고 화를 내거나 혹은 엄마에게 꼭 달라붙어서 떨어지지 않으려 할 수 있다. 이런 아기는 자주 불안해지기 때문에 불안한 마음 상태에 에너지를 쓰느라 환경을 즐기지 못하고 새로운 물건을 탐색하려 하지도 못하게 된다. 이는 그의 학습에도 같은 영향을 준다.

애착의 유형은 아기가 정서 정보와 인지 정보에 어느 정도 의존하는지에 따라 결정되며, 따라서 아기의 학습과 발달에 영향을 미칠 수 있다. 안정된 애착은 아기를 든든하게 뒷받침해 주어 정서 학습과 인지 학습이 조화롭게 일어날 수 있도록 해준다. 그러나 정서 반응을 적게 받은 아기는 인지 정보에 치중해서 세계를 이해한다. 또 모순되거나 예측 불가능한 반응을 경험한 아기는 학습에서도 인지보다는 정서에 치중한다. 안정된 애착을 제외한 나머지 두 가지 애착 유형은 한계를 지닌다.

애착의 발달

애착은 어떻게 발달할까? 연구자들은 애착이 반복적인 상호 작용으로 형성된다고 말한다. 아기는 배고프고 불편하면 보호자에게 반사 반응을 보낸다. 우선 호흡이 가쁘고 거칠어진다. 몸을 비틀면서 칭얼대거나 손을 입에 집어넣는다. 그래도 아무런 반응도 보여주지 않으면 울기 시작한다. 신호의 강도가 세지는 사이에 보호자가 와서 음식을 주면 불편한 상태가 해소된다. 생후 며칠이나 몇 주 동안 이런 양상이 반복된다. 아기는 배가 고플 때뿐 아니라 춥거나 기저귀가 축축하거나 자세가 불편하거나 외롭거나 무서울 때도 같은 반응을 보인다.

얼마 후 부모는 우유를 먹여도 울음을 그치지 않던 아이가 안아주니까 울음을 멈춘다는 걸 알게 된다. 그리고 아기는 부모가 불편과 고통에서 구해주는 사람이라는 걸 알아채고, 부모가 오면 모든 게 좋아진다고 생각한다. 아기는 부모가 보이면 방긋 웃고, 부모는 아기의 웃음에 화답하면서 새로운 상호작용과 소통이 시작된다. 그러면서 아기는 자기가 부르면 부모가 당장 달려와 주고, 부모와 소통하려고 시도하면 반드시 그들이 알아들을 거라고 믿는다.

그리하여 아기는 신뢰감을 형성하고 보살핌을 받는다고 느낀다. 그때부터는 스스로 감정을 조절할 수 있다. 일관되고 즉각적인 반응을 경험한 아기는 배가 고프거나 불편할 때도 침착하게 기다릴 수 있다.

분명 누군가가 와줄 거라고 믿기 때문이다. 누군가에게 알아달라고 울음소리를 높일 필요도, 이번 기회에 먹을 것을 더 얻어내고 관심을 더 끌어내려고 애쓸 필요도 없다. 다음에도 배가 고프면 음식을 먹을 수 있고, 이후로도 항상 보살핌과 사랑을 받을 거라고 믿기 때문이다.

그러나 아기가 울어도 달래주지 않으면 아기의 대화 능력, 신뢰감, 자신감, 정서 등의 발달이 느려질 수 있다. 아기가 얼마나 오래, 얼마나 요란하게 울다가 포기하는지는 대개 아기의 기질에 달려 있다. 지구력이 높은 아기는 지구력이 낮은 아기보다 더 오래 울면서 관심을 끌려고 애쓴다.

처음에 아기는 아무나 보고 잘 웃는다. 그러다 자라면서 상대를 봐가며 웃고, 나중에는 가까운 사람한테만 사랑스러운 미소를 짓는다. 낯선 사람이 안아주면 고개를 돌리거나 울음을 터뜨린다. 그리고 생후 6개월 무렵부터는 특정 대상과 애착을 형성하기 시작한다.

애착과 신뢰감이 형성되기까지는 오랜 시간이 걸린다. 그것은 부모와 아기 사이에 매일 쌓이는 수많은 작은 교류들을 바탕으로 형성된다. 아기가 엄마 품에 안겨 있다가 몸을 뒤틀면 엄마는 아기의 자세를 바꿔준다. 아기가 젖을 찾으면 엄마가 젖을 물린다. 아기가 젖을 먹다 말고 몸을 뒤틀면 엄마는 아기를 어깨 높이로 들어 올려 트림을 시킨다. 아기가 신호를 보낼 때마다 반응이 나오는 작은 경험들이 모여 애착이 형성된다. 부모 역시 아기에게서 배운다. 아기가 이렇게 칭얼대면 배가 고프다는 뜻이고, 저렇게 몸을 비틀거나 울면 피곤하다는 뜻이다. 이런 것은 하룻밤이나 며칠, 혹은 몇 주 만에 쌓일 수 있는 것이 아니다. 애착이 형성되기까지는 인고의 시간이 필요하다.

세심하게 살피면서 그때그때 반응을 보여주는 부모는 아기에게 편안하고 안전하다는 믿음을 준다. 아기는 늘 중요한 질문의 답을 찾는다. 누군가 내 욕구를 충족해 줄까? 누군가 날 이해해 줄까? 날 사랑해 줄까? 나는 중요한 사람일까? 여기에서 자존감의 뿌리가 뻗어 나온다.

그렇다고 해서 부모가 늘 완벽해야 한다는 뜻은 아니다. 부모도 아기가 왜 우는지 모를 때가 있고, 아기가 배고파서 깨도 엄마가 당장 달려오지 못할 수도 있다. 중요한 것은 전반적인 태도이다. 아기가 불편을 느낄 때 관심을 가지고 반응을 해주려는 노력이 필요하다.

아기가 건강하게 발달하는 데 애착이 얼마나 중요한 역할을 하는지 이해하면 육아에 대한 잘못된 신화에서 벗어날 수 있다. 어떤 부모들은 낯선 사람이 안아주려 할 때 아기가 부모에게 울면서 매달리면 아기가 응석받이나 지나치게 의존적인 아이가 될 거라고 걱정한다. 십대 엄마들은 엄마가 방을 나설 때 아기가 울면 아기한테 '겁쟁이'라고 핀잔을 주기도 한다.

아기와 부모의 관계는 아기가 태어나기 전부터 시작되지만 아기가 스스로 움직이기 시작하는 시기는 대개 생후 6개월 무렵부터이다. 이 시기는 안정된 애착이 발달하는 과정에서 중요한 때이며, 이때부터 두 살까지 집중적으로 애착이 발달한다. 물론 그 후로 안정된 기반을 찾으려는 욕구가 사라지거나 줄어든다는 뜻은 아니다. 오히려 최초의 관계가 단단해지면서 다른 가족 구성원이나 외부의 다른 사람들과도 관계를 맺을 수 있다. 아이는 부모와의 첫 관계에서 안정적인 기반을 형성하면 나중에 학교에 들어가고 청소년기에 접어들어도 자신감을 갖고 세상과 관계를 맺을 수 있다. 부모가 자기를 사랑해 주고 보호해 주며, 불편할 때는 편안하게 만들어주고, 낯선 세계를 탐색할 용기를 주고, 정서를 풍요롭게 가꿔준다는 믿음이 있으면 낯선 경험에 능숙하게 대처할 수 있다.

아이에게 안정된 기반을 제공하면서 부모는, 중요한 사람들과 애착을 형성하려는 욕구를 중심으로 아이의 행동이 발달한다는 사실을 알게 된다. 아이의 욕구를 충족시켜 준다고 해서 '매달리는' 아이로 키우는 것이 아니다. 그것은 나약한 의존심을 키워주는 것과는 전혀 상관이 없다. 가까운 사람이 일관되게 반응해 주면 아이는 정서적으로 안정된 기반을 형성해, 새로운 경험을 통해서 배우고 자율적이고 자신감 넘치는 사람으로 성장한다. 생애 첫 두 해 동안 형성된 관계는 삶에서 중요한 지주이자, 의견을 정하고 판단을 내리는 데 중요한 도덕적 잣대가 된다. 부모는 아이의 삶에서 자신들이 어떤 역할을 하는지 인식해야 하며 그 가치를 평가절하해서는 안 된다. 다른 어른이나 또래 친구들도 아이의 삶에 영향을 미치지만 부모나 보호자만큼 중요한 역할을 하는 사람은 없다. 아이는 가족 안에서의 경험을 통해 인격을 형성한다.

안정된 애착을 형성하지 못하면 어떻게 될까?

상대의 감정이나 욕구, 갈망에 반응해 주는 태도는 서로 사랑하는 건강한 관계의 핵심이다. 이상적으로는 세상 모든 아이가 사랑과 관심을 받으며 자라야 한다. 그러나 안타깝게도 현실은 그렇지 못하다. 학대받거나 방치된 아이들이 존재한다. 가장 심각한 경우는 열악한 환경의 고아원에서 자라는 아이들이다. 이런 곳에서는 설사 애착이 형성된다 해도 무질서하고 혼란스러운 관계가 정서적·사회적·지적 발달을 방해한다. 일례로 어느 고아원에서는 다섯 살인데도 말은커녕 어떤 형태로도 의사소통이 안 되는 아이가 발견되기도 했다.[2]

안타까운 현실 속에서도 그나마 다행스러운 것은 이 아이들을 다시 일관된 사랑과 세심한 보호를 받는 환경에 데려다놓으면 다들 놀라운 탄력성을 발휘해 애착을 형성하며, 신체나 정서, 인지적인 면도 정상적으로 발달하기 시작한다는 것이다.[3] 1994년의 연구에서는 아기에게 자꾸 짜증을 부리는 저소득층 엄마들을 대상으로 반응성과 민감성을 길러주는 프로그램을 실시했다. 9개월 후 아기들은 훨씬 복잡하고 탐구적인 행동을 하는 한편 안정된 애착 형성을 암시하는 강력한 신호를 보이기 시작했다. 아이들이 세 살 반이 되었을 때 실시한 추후 연구에서도 같은 결과가 나왔다.[4] 아기의 뇌가 발달하면서 영아기에 받은 학대로 인한 상처가 치유되기 시작한 것이다. 물론 애초에 부모가 사랑과 관심을 듬뿍 주는 것이 가장 바람직하다. 뒤늦게 개입해서 바로잡으려면 시간과 경제적 비용이 많이 든다. 그러나 영아기에 열악한 환경에 노출되면 어떤 결과가 나오는지에 대한 장기적인 연구는 최근에 시작되어서 아직 이렇다 할 결과를 내지 못하고 있다.

우리가 만들어야 할 세상은 모든 부모와 아기가 안정된 애착을 형성하는 세상이다. 주파수가 맞아 잘 들리는 라디오처럼 조화로운 세상 말이다. 주파수가 맞지 않으면 평생 잡음에 시달리게 된다.

'공감의 뿌리' 교실에서의 애착 관계

존 보울비John Bowlby는 세계적인 정신과 의사이자 '부모와 자식 간의 애착 이론'에 관해 고전적인 저작을 남긴 학자이다. 보울비는 이렇게 적다. "아이들에게 부모가 섬세하고 따뜻하게 아기를 키우는 모습을 보여주면 이 아이들이 나중에 아기를 낳아 기를 때 보고 배운 대로 키울 가능성이 높다. 부모가 겪는 어려움과 꿀맛 같은 행복을 직접 지켜보고 부모와 함께 실수담과 성공담을 나누는 것이 백 마디 훈계를 하는 것보다 가치가 있다."[5]

'공감의 뿌리'에서는 부모와 자식 간의 애착 관계에 커다란 관심을 기울인다. 어떤 프로그램에서는 아이들에게 아기를 돌보는 방법을 가르치면서 가까운 유아원에서 아기를 데려오거나, 갑자기 울음을 터뜨리는 컴퓨터 칩이 장착된 인형을 나눠주고 아기처럼 보살피게 한다. 물론 이런 방법으로도 육아를 배울 수 있지만 아기가 부모와 어떤 관계를 맺는지는 제대로 배우지 못한다. 하지만 '공감의 뿌리' 교실에서처럼 아기와 부모가 함께 교실을 방문하면 아이들은 살아있는 관계를 직접 접할 수 있다. 부모와 아기가 한 달에 한 번씩 교실에 찾아오는 사이 아이들은 부모와 아기 사이에서 애착이 발전하는 모습을 직접 접할 수 있다. 아이들은 아기가 부모에게 자신의 욕구를 알리는 단서를 보내고 부모가 그 단서에 반응하는 모습을 관찰한다. 아기가 불편해할 때 부모가 어떻게 해결해 주는지 지켜보고, 아기가 다른 사람보다 부모를 좋아하는 과정도 지켜본다. 아기가 기어 다니기 시작할 때는 부모가 든든한 버팀목이 되어 아기가 마음껏 탐색하도록 도와주는 모습도 지켜본다. 더불어 아기가 부모와 끈끈한 애착을 형성하는 것이 아기의 생존과 행복에 얼마나 중요한지를 배운다. 아기가 담요 위를 기어 다니면서 자꾸 엄마를 돌아볼 때 강사는 "저거 보렴. 아기는 지금 엄마가 얼마나 중요한 사람인지 우리한테 보여주는 거야. 아기는 엄마가 저기 계시는 걸 확인해야 한단다." 아이들은 아기의 마음을 이해하고 존중하도록 배운다. 나아가 아이들 자신의 감정도 정당하고 소중하다고 생각하게 된다.

3월의 어느 청명한 날 오전 11시, 교실 창문으로 들어온 햇살이 초록색 담요 주위에 둘러앉은 2학년 아이들의 얼굴을 환하게 비춘다. 담요 위에는 8개월 된 아기 소피가 혼자서 일어나 앉으려고 안간힘을 쓰고 있다. 그러다 아기가 갑자기 울음을 터뜨리자 강사가 묻는다. "소피에게 지금 뭐가 필요하지?"

아이들 몇 명이 대답한다. "엄마가 필요해요." 강사가 왜 지금 이 순간 소피에게 엄마가 필요하냐고 묻자 아이들이 대답한다. "소피는 엄마가 자기를 돌봐줄 거라고 생각하니까요." 아이들은 아기를 버릇없이 길러서는 안 된다는 걸 안다. 하지만 '울기'는 아기가 자기한테 무엇이 필요한지 알리는 유일한 수단이다.

'공감의 뿌리' 시간에 우리는 아이들에게 아기가 울면 문제가 있는 것이니 어른들이 문제를 알아내서 아기를 도와주어야 한다고 가르친다. 또 문제를 찾아서 해결해 주는 게 늘 쉽지만은 않다는 점을 강조하면서 아이들과 함께 아기가 우는 이유를 찾아본다. 아기를 처음 낳으면 부모들도 아기가 왜 우는지 몰라 쩔쩔맨다. 배가 고픈지, 피곤한지, 기저귀를 적셨는지, 지루한지, 추운지, 더운지, 불편한지, 아픈지, 안아달라는 건지, 다른 데로 가자는 건지, 눕고 싶어하는 건지 알 수가 없다. 여러 가지 가능성이 있다. 하지만 부모가 아기를 이해하려고 노력하다 보면 결국에는 노력이 결실을 맺어 아기가 보내는 신호를 알아들을 수 있다. 아기도 신호가 정확히 전달되면 기뻐한다. 아기의 행동이 부모에게 영향을 미치고, 부모의 행동이 아기에게 영향을 미친다. '공감의 뿌리'에 참여한 아기의 부모는 아기를 알아가면서 겪은 온갖 시행착오를 아이들에게 여과 없이 털어놓는다. 소아과 의사이자 아기 울음 전문가인 론 바Ron Barr 박사는 아기가 울 때마다 이유를 다 알아내기란 불가능하며 아무리 달래도 울기만 할 때도 있다고 위로한다.

5학년 교실에서 아닐의 엄마가 아이들의 질문에 답하고 있었다. 아이들은 아닐이 울 때 아닐이 무엇을 필요로 하는지 어떻게 알아내느냐고 물었다. 아닐의 엄마는 지난주 목요일에 있었던 일을 들려주었다. 그날은 젖을 먹이고 기저귀를 갈아줘도 아닐이 울음을 그치지 않았다. 노래를 불러주고 꼭 껴안아주었지만 아기는 계속 울기만 했다. 그러다가 아닐이 자꾸 귀를 잡아당기는 걸 보고 귀에 무슨 문제가 있나보다고 생각했다. 엄마는 아닐을 병원에 데려가서 중이염 진단을 받았다. 아이들은 6개월밖에 안 된 아기가 자기 문제를 똑똑하게 전달한다면서 감탄했다. 강사에게도 '배움이 되는' 순간이었다. 아기와 부모 사이에 신호가 오가고 관계가 형성되는 과정을 잘 보여주는 사례였다. 아닐이 엄마에게 신호를 보내면 엄마는 신호를 정확히 읽고 아닐을 도와준다. 그러면 아닐은 편안하고 보호받는 느낌을 받는다. 이런 과정이 반복되면서 아닐과 엄마의 관계가 돈독해지고, 아닐로서는 소통하고 반응을 이끌어내는 방식에 대한 자신감이 커진다.

아기는 태어날 때부터 뛰어난 의사소통 능력을 발휘하며 자기에게 무엇이 필요한지 알린다. 부모는 아기가 보내는 메시지에 귀를 기울이기만 하면 된다. 아기의 신호에 주파수를 맞추면서 아기의 세계를 이해하려고 노력한다. 부모는 아기의 울음에 의미를 부여하고, 아기는 울음을 의미 있게 이용하는 법을 배운다. 부모가 반응해 줄 때마다 아기는 자신감을 키우고 스트레스를 조절하는 방법을 배운다. 이처럼 부모와 아기가 서로 조율하는 과정은 아기가 건강한 자아상을 확립하는 데 꼭 필요하다.

아이들은 '공감의 뿌리' 시간에 부모와 아기 사이에 안정된 애착을 형성하면서 서로 맞춰가려는 노력이 중요하다고 배우는 동시에, 아기의 욕구가 충족되지 않으면 어떤 결과가 나오는지도 배운다. 아기가 울어도 아무도 돌봐주지 않으면 아기가 어떤 영향을 받게 될지 함께 이야기한다. 언젠가는 울음을 멈추지만 문제가 해결된 것은 아니다. 아기 울음소리는 잠잠해질지 몰라도 아기의 고통은 사라지지 않는다. 아기는 속으로 침울하고 불안해한다. 아이들은 아기의 심리 상태를 이해하려고 노력하면서 공감 능력을 배운다. 많은 아이들이 대범하게 행동해야 한다는 압박감 때문에 상처를 덮어두고 두려움을 억눌러본 경험을 가지고 있다. 아이들은 아기의 경험을 지켜보면서 마음에 상처를 입었던 자신의 경험을 이야기하고 상처를 어떻게 치유할 수 있을지 의견을 나눈다. 함께 이야기를 나누면서 자기 자신과 다른 사람에 관해 더 알게 되고, 서로의 감정이 얼마나 비슷한지 확인한다.

애착을 이야기하다

나는 시 공무원들을 만날 때면 충치를 예방하기 위해 상수도에 불소 성분을 넣는 것처럼, 사회가 썩지 않도록 하기 위해서는 사회의 상수도에 공감이 퍼져 있도록 해야 한다고 설명한다. 건강한 사회를 건설하려면 학교가 그와 같은 상수도 역할을 해야 한다. 학교는 아이들이 가정에서 받는 긍정적 영향을 강화하거나 해로운 영향에 맞서도록 힘을 길러주는 곳이다. 전국의 모든 교실에서 초록색 담요를 깔고 그

위에 문명의 씨앗을 심을 수 있다.

'공감의 뿌리'에 참여한 학생들 중에서 특히 고학년 학생들은 애착을 이해하고 소중하게 생각한다. 아기 때부터 스스로 사랑받을 자격이 있다고 생각하고, 언제까지 보살핌을 받을 거라고 믿으며, 소중한 사람으로 대접받은 아기는 어른이 되어서도 역경을 극복하고 자신의 신념을 지킬 수 있다. 따라서 모든 학생에게 인간 발달 과정에 관해 가르치는 것이 좋다. 인간 발달 과정을 배우면서 최초의 안정된 관계가 얼마나 중요한지 이해하고, 아기를 한 개인으로 키우는 데 가장 중요한 원천이 가족이라는 공감대를 형성한다.

생애 초기에 건강하고 단단한 애착을 형성하게 만드는 방법이 가족이나 지역 사회, 나아가 세계가 할 수 있는 최선의 투자이다.

8

감성 능력:
마음의 언어

"처음 이빨이 빠졌을 때 무서웠다. 나는 빠진 이빨을 엄마한테 주었다.
엄마는 이빨을 화장대 위에 잘 보관해 주셨다."

2학년인 케야노는 '공감의 뿌리' 시간에 처음 젖니가 빠졌을 때 기분을 이야기한다. 케야노는 무서워서 엄마에게 달려갔고, 엄마는 아주 중요한 일이라면서 이빨이 빠질 때의 상실감을 이해해 주었다. 케야노는 지금 일생을 살아가는 데 중요한 원동력이 될 자신감을 기르는 중이다. 그리고 감성 능력을 습득하고 있다.

세상은 글을 읽고 컴퓨터를 다루는 능력을 중요하게 여긴다. 한쪽에서는 사교육이 성행하며, 케야노 또래의 아이들이 갈수록 어려워지는 학교 공부를 따라잡으려고 밤마다 몇 시간씩 공부를 한다. 아이들은 명문 고등학교나 명문 대학에 들어갈 정도로 성적을 올릴 수 있을지 걱정하면서 살아야 한다. 다른 한쪽의 아이들은 오랜 시간 컴퓨터 앞에 앉아 홀로 고립된 채로 지낸다. 비디오 게임에서 폭력을 배우거나, 텔레비전 리얼리티 쇼에서 정서적 둔감함을 배우거나, 아니면 광고의 홍수 속에서 소비문화를 배워나간다. 이 두 개의 세계는 철저히 단절되어 아이들의 영혼을 위협한다. 지금처럼 아이들이 스트레스와 소외에 노출된 적은 없었다.

어른들은 아이들이 공부를 잘하도록 도와줘야 하지만, 그보다는 아이의 마음에 귀를 기울이고, 감정을 표현하는 언어를 가르쳐주고, 이해한다는 믿음을 심어주는 것이 더 중요하다. 아이들에게 감성 능력을 가르쳐야 한다. 감성 능력을 길러주다 보면 자연히 어른들도 스스로 자기 감정을 돌아보고 아이의 감정도 꿰뚫어볼 수 있다. 글을 읽고 쓰는 능력이 발달하는 과정과 감성 능력이 발달하는 과정 사이에는 유사한 측면이 있다.

나는 부모들에게 자녀 양육 프로그램을 진행하면서 유아에게 읽고 쓰는 능력을 키워주는 과정에 부모가 얼마나 긍정적인 역할을 할 수 있는지를 설명한다. 그리고 읽고 쓰는 능력이 부모와의 의사소통이나 관계, 또 읽기를 좋아하는 부모의 태도에 대한 모방을 바탕으로 형성된다고 들려준다. 듣기, 말하기, 관련짓기는 읽기와 쓰기 이전에 배우는 표현 기술이다. 감성 능력을 배울 때도 글을 배울 때처럼 우선순위가 있다. 아이들에게 감정을 능숙하게 활용하는 능력을 길러주려면 어른이 먼저 듣고, 말하고, 모형화하고, 연결시키는 능력을 길러야 한다. 글을 가르치든 감정을 가르치든 교과서로만 접근하면서 관계를 무시하고 개개인의 발달 수준을 고려하지 않으면, 뇌에서 시냅스가 피상적인 수준으로만 연결된다. 그렇게 해서는 결국 일생 동안 발달해 갈, 읽고 쓰는 이 두 가지 능력의 기반이 단단히 다져지지 못한다.

감성 능력이란 무엇인가?

감성 능력이란 감정을 적절히 인식하고 이해하고, 관리하고 표현하는 능력을 말한다. 여기에 공감 능력까지 더하면 사회 생활에서 도덕적으로 책임 있는 행동을 할 수 있는 기반이 갖춰진다. 그럴 때 우리는 불의에 대항할 수 있고, 명백한 불법 행위에 저항하고 누군가 부당하게 행동할 때도 목소리를 낼 수 있다.

감정을 조절하는 능력과 감성 능력을 두루 갖추면 상대의 감정을 상하지 않게 하면서 화난 마음을 전달할 수 있다. 또한 상대를 존중하면서 갈등을 해결할 수 있다. 그리고 공감의 창이 열리면서 다른 사람의 입장에 서서 그 사람의 감정을 이해할 수 있다.

감성 능력의 발달

감정은 갓난아이의 첫 언어이자 인류 보편의 언어이다. 아동기에 발달하는 모든 읽고 쓰는 능력의 기초는 바로 감성 능력이다. 유명한 실험 하나를 예로 들어보자. 이 실험에서 연구자들은 한 살배기 아기들을 탁자 위에 올려놓았다. 그리고 가운데에 투명한 플라스틱판을 놓아서 다른 탁자와 연결했다. 아기 엄마들은 아기가 있는 반대쪽 탁자에 앉혔다. 탁자 위의 아기들은 탁자 끝까지 기어가서 플라스틱판을 바라보았다. 아기들의 눈에는 탁자와 탁자 사이에 아무것도 없는 것처럼 보이고 수십 센티미터 아래 바닥이 또렷이 보였다. 바닥은 딱딱했다. 아기들이 계속 기어갈까? 아니면 가다가 멈출까?

연구자들은 엄마의 반응이 아기에게 어떤 영향을 미치는지 주목했다. 모든 아기들은 엄마를 쳐다보았다. 그때 온화한 표정으로 격려해준 엄마들의 아기는 19명 중 14명이 플라스틱판을 건너 반대편 탁자로 기어갔다. 반면에 걱정스럽고 무서운 표정을 지은 엄마들의 아기는 첫 번째 탁자 끝에 멈춰 섰다.[1]

이 실험은 말이나 몸짓이 아닌 표정만으로도 강렬한 메시지를 전달할 수 있다는 것을 증명한 실험이었다. 언어 이전의 감성 능력은 감정을 전달하는 가장 순수한 형태이다. 따라서 아기는 복잡한 말로 속여서 잘못된 길로 인도할 수 없다. 아기는 부모를 완벽하게 신뢰하기 때문에 부모의 감정을 그대로 받아들이면서 부모와 단단한 유대감을 형성해 간다.

지금까지 애착을 다루면서 아기는 태어나면서부터 보호자와 감정을 나누는 능력을 갖고 있다고 설명했다. 아기는 울기, 표정, 발성, 몸짓 등의 행동으로 소통하고, 아기가 보내는 모든 신호는 보호자에게 반응을 이끌어낸다. 감성을 풍부하게 가꿔주면 아이는 말을 배우기 전에도 비언어적 신호를 능숙하게 주고받을 수 있다. 이것이 감성 능력의 첫 단계이다. 이를테면 아기는 기쁨이나 분노나 슬픔을 표현한 다음에 달래주고 위로하는 반응을 경험한다. 일관된 반응이 쌓이면 다음으로 아기는 감정의 강도를 조절하는 법을 배우기 시작한다.

비언어적 의사소통은 아이가 말을 배우고 나서도 사라지지 않고 의사소통 체계의 일부로 통합된다. 우리는 말로 의사를 전달하는 것 못지않게 표정과 몸짓으로도 대화한다. 아이들이 유치원이나 학교에 들어가 가족 이외의 친구나 어른들과 사회적 관계를 맺기 시작하면서 비언어적 신호를 읽고 쓰는 능력은 더욱 중요해진다. 집에서 충분히 연습한 아이는 사람들이 감정이나 의도를 말로 분명히 표현하지 않아도 그 사람의 행동을 보고 이해하고 적절히 반응해 줄 수 있다. 비언어적 신호를 읽고 반응하는 능력은 사회적 능력을 기르는 데 꼭 필요한 요소다. 합창할 때 가사를 모르면 노래를 따라 부를 수 없듯이 감정을 표현하는 어휘를 모르면 사회적 관계에서 잘 어울리지 못한다.

미취학 아동은 언어 능력이 발달하면서 행동 대신 말로, 또는 행동과 말을 함께 사용하면서 무엇을 원하는지, 어떤 기분인지 전달하는 법을 배운다. '공감의 뿌리' 교실에서 가끔 아기가 엄마 머리카락을 잡아당길 때가 있다. 그러면 엄마는 "아야, 아프단다!"라고 말하면서 조심스럽게 아기의 손가락을 머리카락에서 떼어낸다. 아기한테 화를 내지는 않는다. 아기가 엄마를 아프게 하려고 그러는 게 아닌 걸 알기 때문이다. 아이들은 이런 모습을 보고 모든 행동에는 의도가 있다는 사실을 깨닫는다. 아기는 엄마를 사랑한다. 엄마의 머리카락을 잡아당기는 의도는 엄마와 가까워지고 신체적으로 더 많이 접촉하기 위해서이다. 그리고 엄마가 머리카락을 잡아당긴 아기의 손가락을 살살 떼어내는 이유는 아기의 행동이 사랑에서 나온 것임을 알기 때문이다.

다음으로 아이들은 어떤 사람의 행동을 접하고 그 사람의 의도를 파악한 다음에는 그 행동에 어떻게 반응할지 의견을 나눈다. 아이들이 생각과 감정을 연결하기 시작하면서("나는 테디 인형을 집에 두고 와서 슬퍼") 감정 이해의 새로운 단계에 접어든다. 원인과 결과를 연결하는 작업은 논리적 사고의 기초이다. '공감의 뿌리' 시간에는 슬픈 표정의 여자아이 사진을 보여주고 아이가 왜 슬퍼하는지 생각해 보게 한다. "애들이 놀려서 슬퍼해요"부터 "아빠가 일자리를 잃어서 슬퍼해요"까지 다양한 대답이 나온다. 깊은 차원의 학습이 일어날 때는 항상 감정 요소가 있다. 감정은 새로운 지식을 기억해서 뇌에 저장된 다른 지식과 연결하도록 도와준다.

아이들이 학교나 일상의 삶에서 온전히 생활하는 데 필요한 사회 능력과 감성 능력을 갖추려면 다양한 기술을 익혀야 한다. 이를테면 비언어적 신호를 이해하고, 스스로 감정을 통찰하며, 감정을 표현할 줄 알아야 하고, 다른 사람의 감정과 의도를 파악할 줄 알아야 한다. '공감의 뿌리'에서는 학생들에게 구체적인 경험을 제공해 다양한 감성 능력을 기르게 한다. 예를 들어 아기에게 "나에게 중요한 점은……"으로 시작하는 편지를 쓰거나, 학교에 처음 들어왔을 때 느낀 다양한 감정을 여럿이 모여서 이야기할 수도 있다.("부끄럽다"거나 "떨린다"거나 "신난다"거나 친구를 만나서 "즐겁다"거나.) 유명한 소아과 의사 T. 베리 브래즐턴T. Berry Brazelton과 소아정신과 의사 스탠리 그린스펀Stanley Greenspan은 《덜어낼 수 없는 아이들의 욕구The Irreducible Needs of Children》라는 책에서 학령기 아동에게 감성 기술과 사회 기술을 길러줘야 하는 이유를 이렇게 설명했다. "집단 내 다양한 관계의 복잡다단한 측면을 조율하려면 아주 정교한 추론 능력이 필요하다.…… 학생들이 집단 역동성을 분석할 수 있으면 학교 안에서나 학교 울타리 밖에서도 중요한 인지 능력과 사회 능력을 개발할 수 있다. 삶에서 일어나는 대개의 사건은 전부 아니면 전무라는 극단적인 상황이 아니라 중간의 회색 지대에서 일어난다. 회색 지대의 미묘한 색감을 파악하려면 감정이 본래 상대적일 수 있음을 알아야 한다."[2]

'공감의 뿌리' 교실에서의 감성 능력

감성 능력은 아이가 안전하거나 지지받는다고 느끼는 환경에서만 길러진다. 아이는 비난받거나 조롱당하거나 무시당한다고 느끼면 감정을 드러내지 않고, 나중에는 자기 감정을 알아차릴 수도 없게 된다. '공감의 뿌리' 프로그램에서는 내면의 자각이 얼마나 중요한지 가르치는 방법이 있다. 아이들이 보는 앞에서 아기가 포만감을 느낄 때까지 음식을 먹게 한다. 그리고 아이들에게 아기가 배부른지 어떻게 알 수 있냐고 묻는다. 갖가지 대답이 나온다. "머리를 옆으로 돌렸어요." "숟가락을 밀어냈어요." "입을 꾹 다물었어요." "음식을 뱉었어요." 강사는 그 말이 맞다고 아이들을 격려하면서 배가 부른지 아닌지는 아기가 더 잘 안다고 강조한다. 따라서 아기의 반응에 관심을 두지 않거나 아기의 판단을 존중하지 않으면, 아기는 스스로 배가 부르다는 확신을 잃고 만다고 알려준다. 마찬가지로 아이에게 자기 감정에 대한 권리를 인정해 주지 않으면, 가령 슬픔을 인정하지 않고 자꾸 "슬퍼할 거 없어"라는 말만 되풀이하면, 아이는 더 이상 감정을 드러내지 않는다. 감정이 마음속에 숨어 들어가고, 의사소통이 원활하지 않게 되며, 문제가 생겨도 해결책을 찾지 못한다. 마치 타민족에게 핍박받으면 제 나라 말을 할 수 없거나 종교 의식을 치를 수 없게 되는 것과 유사하다.

유치원에서 '공감의 뿌리' 시간에 강사가 감정에 대해 가르치고 있었다. 항상 구석에 웅크리고 앉아 있던 라몬이 처음으로 눈빛을 반짝였다. 강사가 "잘못된 감정은 없단다. 너희들 감정이니까 슬프건 화나건 두렵건 행복하건 너희가 느끼는 그대로 좋은 거야"라고 말하는데,

라몬이 강사와 눈을 마주치며 아이들이 둘러앉은 곳으로 나왔다. 라몬이 처음으로 수업에 관심을 보이고 적극 참여한 순간이었다. 감정을 이해하는 데 유용한 활동 가운데 교실의 '감정 지표'를 읽는 활동이 있다. 아이들은 자기 기분을 표현해 주는 스티커를 고른다. 가령 빨간 스티커는 좋은 기분, 초록 스티커는 보통, 파란 스티커는 좋지 않은 기분 상태를 나타낸다. 고른 스티커를 커다란 도표에 붙이는데, 이렇게 해놓으면 반 전체가 어떤 기분인지 한눈에 알 수 있다. 아이들은 도표를 보고 자기 기분도 확인하고 다른 친구들의 기분도 파악하며, 사람의 기분에는 기복이 있을 수 있다는 사실도 배운다.

어느 '공감의 뿌리' 교실에는 특수 교육을 받는 커트니라는 아이가 있었다. 학교 공부를 거의 따라가지 못하던 커트니는 감정을 다루는 시간만큼은 적극적인 관심을 보였다. 읽기나 수학 과목은 잘 따라가지 못하지만 감정을 이해하고 자기와 타인의 감정을 알아채는 능력은 남보다 뒤떨어지지 않았다. 커트니는 처음으로 수업에 제대로 참여할 수 있었고, 덕분에 아이들은 누구에게나 보편적인 감정이 있다는 사실을 배웠다. '공감의 뿌리' 외에도 감정 관련 어휘와 감정 관리 방법을 다루는 다른 수업들에서도 같은 결과가 나왔다. 일반 학교와 특수 학교에 다니는 아이들을 대상으로 한 연구에서 "아이들은 자기가 느끼는 감정에 이름을 붙이고 설명하면서 서서히 언어 능력을 키워갔다. 감정을 조절하는 법을 다루는 수업은 일반 학급 아이들보다 특수 학급 아이들에게 더 큰 소득을 주었다"[3]는 결과가 나왔다. 또한 아이들은 감정 교육을 통해 감정의 흐름을 알아채고 또 그 흐름을 생각하는 능력을 키우면서, 사람들과의 관계에서 문제를 해결하고 행동을 조절하는 능력을 개발한다는 연구 결과도 있다.

'공감의 뿌리' 시간에는 아기가 태어나는 순간부터 강렬한 감정을 느끼고 울기와 같은 다양한 신호로 감정을 표현한다고 가르친다. 아기는 감정을 숨기려 하지 않기 때문에 감정을 읽고 쓰는 능력을 가르칠 때는 아기만큼 좋은 교사가 없다. 아기가 부모와 함께 교실에 들어오면 아이들은 감정이 생생하게 펼쳐지는 모습을 접할 수 있다. 아이들은 아기가 눈썹을 치뜨거나 숨을 가쁘게 몰아쉬는 모습, 눈을 깜박이지 않고 한 곳을 응시하는 모습에서 놀람, 관심, 지루함과 같은 감정을 찾는 법을 배운다.

어느 2학년 교실이다. 강사가 담요 위에 배를 깔고 엎드려 있는 아기 자말 앞에 공을 놓는다. 투명한 공 안에서는 각양각색의 원반이 돌아가고 있다. 자말이 손을 뻗어 공을 치자 공이 멀리 굴러간다. 자말은 공이 굴러간 쪽으로 기어가 다시 공을 쳐서 굴린다. 몇 번이나 잡으려 해도 잡히지 않자 자말은 얼굴을 찡그리고 다리를 뻗으며 울음을 터뜨린다. 강사가 아이들에게 묻는다. "자말은 지금 기분이 어떨까?" "공을 잡지 못해서 슬퍼요." 섀넌이 말한다. "진짜 화난 것 같은데요." 잭이 큰 소리로 말한다. 다른 아이도 신중하게 의견을 낸다. "어쩌면 좀 실망했는지도 몰라요." 엄마가 자말을 번쩍 들어 올리고 두 손에 공을 쥐어주는 동안에도 활기찬 토론이 이어진다. 아이들은 자말의 행동을 기질과 연결해서 생각해 본다. 자말은 한번 공에 관심을 가지면 다른 데는 눈길도 주지 않고 끈기 있게 공을 잡으려 한다. 자말이 울음을 터뜨린 건 '버릇없는' 아기라서가 아니다. 아이들은 자말을 관찰한 내용과 지금껏 탐구해 온 주제를 연결해 본다.

자말과 엄마가 방문하지 않는 다음주에는 이 장면을 다시 토론할 것이다. 아이들은 지난주 자말의 반응을 떠올리면서 자말과 엄마의 애착 관계에 관해 이야기를 나눈다. 강사는 이렇게 묻는다. "자말이 하려는 대로 안 됐을 때 엄마에게 도움을 구했니?" 반응 강도, 지구력, 주의 산만성과 같은 기질을 주제로 토론할 내용도 풍부하다. 아이들은 자기 경험을 예로 든다. 읽기나 줄넘기, 두발 자전거 타는 법을 배우거나 어려운 수학 문제를 풀었던 경험을 떠올린다. 시간이 지나서 어느 정도 심리적 거리가 생겼기 때문에 당시의 좌절감이 어느 정도였고 어떻게 극복했는지 이야기할 수 있다. 아이들은 감정을 유발한 원인이 무엇인지 찾아본다. 다른 사람에게 감정을 털어놓을 수 있었나? 어떻게 상황이 해결되었나? 아이들은 아기가 보여주는 행동을 자기 경험과 연결하면서 감정을 표현하는 언어를 배우고 새로운 표현을 사용할 기회를 얻는다. "친구들이 같이 놀자고 해주지 않으면 마음이 아프다"는 식으로 감정을 표현한다. '공감의 뿌리' 교실에는 서로 신뢰하는 분위기가 형성되어 있다. 아이들은 감정을 솔직하게 털어놓고 너그럽게 받아주면서 마음이 아프다고 말하는 친구에게는 "언제든지 우리하고 놀 수 있어"라고 위로해 준다. 같은 반 친구의 기분을 이해할 수 있으면 교실 밖의 다른 사람들도 그들에게 공감할 수 있다.

아이들은 누구나 쑥스러워하는 감정을 경험한다. '공감의 뿌리' 강사는 엄마가 교실에서 아기에게 가슴을 풀고 젖을 먹일 때 쑥스러워하지 않게 하고 아기가 기저귀를 적셔도 웃지 말라고 가르친다. 아이들은 아기의 가족과 따뜻한 관계를 맺어왔기 때문에 강사의 지시 사항을 진지하게 받아들인다. 그리고 소집단으로 모여 쑥스러움을 주제로 토론하면서 다양한 상황과 연관시켜 본다. '만약'의 상황이라고 전제하기 때문에 감정을 마음 놓고 드러내면서, "~라면 어떤 기분일까?"나 "그들을 돕기 위해 무엇을 할 수 있을까?"와 같은 질문을 고민

'공감의 뿌리'에 참여한 아이들은 따돌림을 당하면 어떤 기분이 드는지 이해한다. 정감을 가진 그림의 주인공은 사회적 포용을 실천하며 놀이터에서 혼자 노는 친구에게 손을 내민다. 정감이 없으면 갈등을 해결하지도 못하고 남을 돕지도 못한다.

에밀리

동생 사라가 태어났을 때 자랑스러웠다.

왼쪽: 에밀리는 '공감의 뿌리'에서 가르치는 내적 자신감이 무엇인지 이해했다. 에밀리에게 자신감이란 마음에서 우러나오는 것이지, 남이 주는 메달이나 트로피에서 나오는 것이 아니었다. 에밀리는 가족에 대한 자신감이 강해서 누가 뭐라고 비교해도 흔들리지 않았다. 덕분에 자기가 누구인지 알고 사람들의 평가에 좌우되지 않고 행복할 수 있었다.

아래: 여섯 살 미셸은 고통을 생생하게 표현했다. 아이들은 나쁜 이름으로 불리면서 놀림을 당하면 자존감이 떨어지고 영혼에 상처를 입는다. '공감의 뿌리'를 통해서 아이들은 다른 사람이 놀림을 당할 때 어떤 느낌을 가질지를 이해하고 서로에게 상처 주는 행동을 덜한다.

미셸.
친구가 내 마음을 아프게 해서 나는 지금 울고 있다.

여섯 살밖에 안 된 데이비드가 "사람들이 소리를 질러요"라고 직접 쓰지 않았을 수 있다. 하지만 데이비드는 가정 폭력을 목격했을 때 어떤 결과가 나오는지 잘 알고 있다. '공감의 뿌리'에 참여한 아이들은 아기의 옹호자를 자처한다. 데이비드는 기발하게도 그림에 작은 창을 넣어서 집안에서 벌어지는 일이라는 것을 표시했다.

리키는 맞춤법은 잘 몰라도 미묘한 감정은 제대로 이해했다. 리키는 친구가 어떤 기분인지 잘 알았다. 살면서 인간성을 구성하는 요소를 좀처럼 살펴보지 않는다는 건 안타까운 일이다. '공감의 뿌리'에서는 아이들에게 스스로 "변화를 이룰 수 있다"는 자신감을 심어준다. 불의에 맞서고 어려운 사람을 돕는 능력을 가진 사람으로 보도록 하는 것이다. 모든 교실과 놀이터, 동네와 지역 사회에 리키 같은 아이가 더 많아져야 한다.

'공감의 뿌리' 시간에는 모든 아이가 나약한 마음을 드러내고, 긴장했거나 무서웠던 경험을 털어놓으면서 연대감을 형성한다. 니르말라는 '이 달의 모범 학생'(honor role student of Month)이라는 말을 잘못 듣고 '이 달의 승자'(On-a-roll student of the Month)라고 쓴 것 같다.

매디는 아빠가 뒤에서 잡아준 덕분에 중요한 과업을 성취했다. '공감의 뿌리' 시간에 아이들은 아기가 중요한 과업을 성취할 때마다 함께 기뻐하면서 자신들의 중요했던 순간에 대해 이야기를 나눈다.

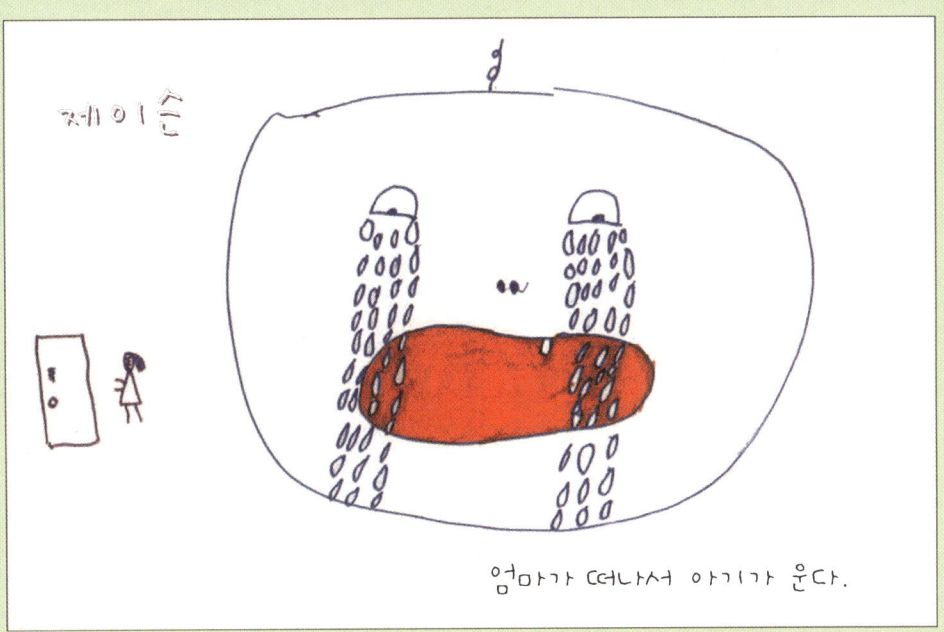

엄마가 떠나서 아기가 운다.

위: 아이들이 아기가 사회적 이유나 정서적 이유로 운다는 점을 이해하면 장차 아동 학대가 일어나지 않을 것이다. 제이슨은 공감의 인지적 측면을 그림으로 표현했다. 즉 아기도 외로움을 느낀다는 사실을 이해한 것이다.

왼쪽: 길게 이어지는 눈물과 슬픔을 잘 표현한 글을 보고 다른 아이들도 괴롭힘으로 인한 고통을 이해할 수 있다. 수치스러운 경험을 나누려면 용기를 내야 한다. '공감의 뿌리' 시간에는 항상 용기를 내도록 격려한다.

나는 6학년 형에게 괴롭힘을 당했다. 그 형이 밀쳐서 나는 눈밭에 넘어졌다. 슬퍼서 눈물이 났다.

아이들이 피부색이 다르다고 내 친구를 놀려서 내가 친구 편이 되어주었다. 무척 뿌듯하다.

그림 속 꼬마 영웅은 인종 차별주의의 폐해를 이해했다. 우르슬라 프랭클린은 평화란 전쟁이 없는 상태가 아니라 정의가 살아있고 두려움이 사라진 상태라고 말한다. '공감의 뿌리'에서는 아이들의 가슴에 평화의 씨앗을 뿌린다. 아이들은 다시 놀이터에 평화의 씨앗을 뿌린다. 이 작은 소녀가 세상을 바꾸고 있다.

아기에게 화내지 말아요. 아기가 자라서 성질이 고약해질 수 있으니까요.

'공감의 뿌리'에서는 폭력과 바람직하지 않은 양육 방식이 세대 간에 대물림되지 못하게 하려고 노력한다. 이 아이는 우리의 취지를 이해했다. 나약한 아기와 신체적으로 강한 부모를 잘 표현했다. 뿐만 아니라 아이의 성격 형성과 심술에 대한 성향을 결정하는 데에도 강력한 영향을 미친다는 사실을 그림에 잘 담았다.

학교는 사회의 축소판이다. '공감의 뿌리'에서는 그림으로 아이들 마음속의 시를 표현하게 한다. 아이들은 눈에 보이는 대로 그리지 않는다. 가슴에 느껴지는 대로 그린다. 그림을 그리면서 그림을 보는 사람이 아니라 스스로에게 말을 건넨다. 그림에는 그릴 때의 감정과 생각이 고스란히 드러난다. 아이들은 말하지 못한 생각을 그림으로 표현한다. 아이들에게 그림은 반성과 치유의 도구인 셈이다. 교사는 교실에 앉아 있는 아이들이 어떤 두려움을 속으로 삭이고 있는지 알 수 없다. 가정에서 학대를 당하거나 방치당하고 있으면서 홀로 전쟁을 치르는 아이들이 적지 않다. '공감의 뿌리'에서는 미술을 매개로 학생과 학생, 학생과 교사를 연결하여 서로 공감하고 대화하도록 이끌어준다.

아이들이 나를 쫓아왔다.
나는 아이들에게 그만하라고 말했다.

쉬는 시간을 두려워하는 아이들이 많다. 판스티나는 무서웠지만 아무도 도와주지 않았던 경험을 털어놓았다. 판스티나의 그림을 보면 화가 뭉크의 〈절규〉가 떠오른다. '공감의 뿌리'에서는 모든 아이들이 잔인한 행동에 맞서고 어려움에 처한 친구를 도와주는 능력을 길러주는 안전하고 따뜻한 학교를 만들고자 한다.

'공감의 뿌리' 수업에서 "나는 누구인가?"라는 주제를 다루는 시간에 아이들은 아기가 커서 살게 되기를 바라는 세상을 상상해 본다. 모두 평화로운 세상이면 좋겠다고 생각한다. 공통의 경험을 나누고 서로의 차이를 넘어서 이해할 줄 모르면 평화는 오지 않는다.

해 본다. 다른 사람의 의견을 듣고 자기 의견도 내놓는다. 그러면서 각자 다르게, 때로는 모순되게 감정을 느끼는 경험도 탐색한다. "친구가 실수하면 어떤 기분일까?"라는 질문에 3, 4학년 학생들이 "부끄러울 것이다" "우울할 것이다" "불안할 것이다" 같은 다양한 답변을 내놓는다. 학생들은 주어진 상황에서 느껴지는 감정에 몰입하려고 노력한다. 발달심리학자로서 아동의 감성 능력을 연구한 캐롤린 사르니Carolyn Saarni는 아동은 여덟 살만 돼도 하나의 상황에서 네 가지 감정을 느낄 수 있고, 각기 다른 강도로 감정을 표현할 수 있다는 연구 결과를 발표했다.[4]

'공감의 뿌리'에서는 아이들이 함께 감정을 탐색하기 때문에 아이들 사이에 끈끈한 유대감이 생긴다. 감정을 탐색하는 과정은 외국어를 공부하는 과정과 유사하다. 감정의 언어를 의미 있는 맥락에서 사용해 볼 기회를 주는 것이다. 이를테면 감정의 언어를 직접 써보게 하거나 남들은 그 언어를 어떻게 쓰는지 들려준다. 그러면 아이들은 감정을 능숙하게 표현하고 타인의 감정을 이해하는 법을 배우면서 공감 능력을 키울 수 있다.

'공감의 뿌리'의 모든 과정에서 아이들은 감성 능력을 습득하기 위해 중요한 단계를 밟는다.

- 아기의 경험과 아기가 불러일으키는 감정을 관찰한다.
- 감정에 이름을 붙인다.
- 토론, 성찰, 미술, 일기 쓰기를 통해 자기 안의 감정을 탐색한다.
- 다른 사람에게 감정을 털어놓는다.

아이들은 자기가 아기를 관찰한 것을 이야기하면서, 아기 엄마와 강사와 다른 학생들은 무엇을 보았는지, 또 그렇게 본 것을 아기의 감정에 어떻게 연결하는지에 대해 듣는다. 아기를 직접 관찰하며 경험한 것을 바탕으로 하기 때문에 아이들은 '공감의 뿌리' 교실에서 훨씬 효과적으로 감성 능력을 기를 수 있다.

결식 아동에게 아침이나 점심을 지원하는 지역이 많이 있다. 배고픈 아이를 가르쳐도 학습 효과가 없다는 인식이 널리 자리 잡은 덕분이다. 마찬가지로 슬픔이나 두려움, 걱정을 안고 있는 아이도 가르치기 어렵다. 교사들 중에는 '공감의 뿌리' 시간에 아이들이 아기나 강사와 소통하는 모습을 보고 아이들을 새롭게 보게 됐다고 말하는 사람이 많다. 아이들은 가정이나 놀이터에서 겪는 갈등으로 정서적 희생을 치른다. 이 점을 고려해서 교실에서의 아이들 행동을 파악할 수 있다. 가령 어느 3학년 담임교사는 "구급차가 와서 엄마를 병원으로 실어갔어요. 슬펐지만 아무한테도 말하지 못했어요"라는 말을 듣고 이 아이가 보이던 분노와 파괴적 행동을 새로운 눈으로 볼 수 있었다. 이 아이의 엄마는 심한 우울증을 앓다가 자살을 기도했고, 가족들은 아이에게 다른 데서 엄마 얘기를 하지 못하게 했던 것이다. 아이의 행동은 자신의 감정을 반영한다. 이를 알게 된 교사는 이제 아이의 진짜 감정에 반응해서 적절히 개입하고, 아이를 못마땅해 하거나 처벌하는 대신 아이가 왜 그런 행동을 했는지 이해할 수 있다.

행동 뒤에 숨은 감정과 동기를 보지 않고, 겉으로 드러난 행동만 보고 반응하는 태도는 도덕적 추론 수준에서 반응하는 것과 다름 없다. 세 살짜리한테 실수로 접시 스무 장을 깨뜨린 것이 나쁜지 아니면 고의로 접시 한 장을 깨뜨린 것이 나쁜지 물어보면, 아이는 아마도 "스무 장"이라고 대답할 것이다. 이 시기의 아동은 행위의 '의도'가 아니라 '결과'를 본다. 이것을 무관용zero tolerance 원칙의 세계라고 이해할 수 있다. 사실 많은 학교에서 무관용의 원칙을 적용하고 있다. 규칙 위반을 좁은 뜻으로 정의해서 벌칙을 적용하고, 행위의 결과만 보고 원인이나 의도는 참작하지 않는다. 가령 점심시간에 딱딱한 베이글을 자르려고 버터나이프를 가져오면 '위험한 무기 소지죄'로 정학 처분을 받는다. 세 명의 아이들에게 공격당해서 자기를 보호하려고 맞서 싸우면 '싸움에 가담했다'는 이유로 근신 처분을 받는다. 어떤 아이는 친구를 위협했다는 이유로 1주일 동안 근신 처분을 받았는데, 사실은 그 친구가 1학년에 다니는 남동생을 때리겠다고 협박해서 맞섰던 것이었다. 아이들은 무관용 원칙을 부당하다고 여긴다. 자기를 이해하고 보호해 줘야 할 어른들에게 배신감을 느끼며 어른들을 경멸하기도 한다. 아이들은 오히려 우리가 아이들에게 길러주고 싶어하는 도덕적 이해와 배치되는 것을 느끼게 된다.

보살피는 능력과 생각하는 능력

학교에서 감성 능력과 공감 능력을 기르는 데 힘쓰다보면 학과 수업과 인지 능력 개발에 소홀해질 수 있다고 주장하는 사람들이 많다. 그러나 이들의 주장을 뒷받침해 주는 연구는 없다. 오히려 감정 이해와 인지 능력 간의 상관성이 높다는 연구 결과가 나와 있다. 감정을 정확히 이해하려면 어느 정도 인지 능력이 발달해 있어야 한다. 신경계가 각성하려면 환경에서 어떤 변화가 일어났음을 인식하고, 변화가 자기에게 어떤 의미인지 이해하고 해석할 수 있어야 한다. 우리가 매일 거치는 과정이지만 어떤 사람은 다른 사람보다 훨씬 능숙할 수 있다.

연구에 따르면 공감 능력 향상 프로그램에 참여한 학생은 비교 집단보다 독해 능력에서 높은 점수를 받았다.[5] 공감 훈련을 받으면 비판 능력과 창의적 사고가 향상된다고 보고한 연구들도 있다. 도덕적 추론 능력뿐 아니라 전반적인 추론 능력이 향상되는 것이다. 공감 능력을 개발하는 과정은 통찰, 문제 해결, 인지, 융통성 등의 능력을 개발하는 것과 연관되어 있다.[6]

감성 능력 없이 지적 능력만 개발한다면 얼마나 가치가 있을지 의문이다. 특정 분야에서 엄청난 전문 지식을 쏟아내면서도, 청중을 나름의 질문과 의견을 가진 인격체로 인정해 주지 않는 이른바 전문가라는 사람들에 대한 씁쓸한 기억을 누구나 갖고 있을 것이다. 우리의 감정적 반응이 이해받지 못하는데 과연 무엇을 배울 수 있을까? 가슴이 머리만큼 적극적으로 움직일 때 비로소 깊이 있고, 오래 지속되는 학습이 일어난다.

감각적인 자극과 정보의 홍수 속에서 공감은 우리에게 도덕적 기준을 발견하도록 이끌어준다. 공감을 통해 인간됨이란 무엇이고, 타인의 기쁨이나 슬픔, 고통을 진심으로 이해하는 태도가 얼마나 중요한지 깨달을 수 있다. 감성 능력이 있으면 마음 깊은 곳의 감정과 신념을 자각하고 표현할 수 있다. '공감의 뿌리' 교실에서는 세상에서 가장 어린 교사가 순수한 감정을 있는 그대로 표출하면서 단순하면서도 깊이 있는 관계로 우리를 안내한다. 수많은 '공감의 뿌리' 교실에서 아기들은 아이들에게 다른 사람을 돌보는 일이 얼마나 멋진 일인지 가르쳐준다.

9

진실한 대화: 마음에서 우러나온 말

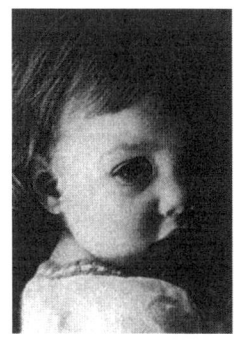

아이가 이끄는 대화

나는 자녀 양육 및 가족 교육 전문가나 아동 보호 전문가를 양성하는 시간에 위의 '응시하는 아기' 사진을 포함해 '사진이 들려주는 이야기' 시리즈에서 고른 사진들을 보여주면서 진실한 대화가 무엇인지 설명한다. 이 사진은 어른—부모나 보호자, 교사—과 미취학 아동 사이에 대화의 장을 열어준다. 여기서는 아이의 상상력이 대화를 주도한다. 정답도 없고 오답도 없다. 어른의 역할은 아이가 관찰한 내용을 확인하고 격려해 주는 일이다. 이때 어른이 답을 알면서도 모른 척하고 아이에게 대답을 유도해서는 안 된다. 어른은 다음과 같은 말로 대화에 활기를 불어넣을 수 있다.

- 이 사진에 관해 이야기해 볼래?
- 아기가 어떤 기분일까?
- 아기가 말할 수 있다면 무슨 말을 할까?
- 너는 아기에게 무슨 말을 해줄래?

어른이 위와 같이 물어봐 주면 아이는 대화를 자기가 원하는 방향으로 이끌어갈 수 있다. 아이에게 사진을 보고 무슨 생각이 드는지 이야기해 달라고 하면, 아이의 생각을 알아내서 공감하고 친밀한 대화를 나눌 수 있다. 이때 어른도 사진을 보고 떠오르는 생각과 감정과 기억을 털어놓으면서 솔직하게 대화에 참여해야 한다. 어른이 아이와 동등한 입장이 되어 아이를 존중하고, 솔직한 생각과 의견을 나누면 진실한 대화가 시작된다. 이렇게 어른과 아이가 대화를 나누다보면 서로에 대해서는 물론이고 사진을 보았을 때 떠오른 주제에 대해서도 많은 것을 배울 수 있다.

가족의 소통 방식은 아이가 어떻게 읽고 쓰는 능력을 길러나갈지를 결정할 뿐 아니라 아이에게 세계관을 심어주는 역할도 한다. 부모는 자녀를 위해 흩어져 있는 점과 점을 이어준다. 부모는 아이가 어떤 경험을 해왔는지 잘 알기 때문에 아이가 중요하게 쓰는 언어에 의미를 부여해 줄 수 있다. 이 방법은 효과적이어서 아이의 학습 경험을 풍성하게 만들어준다. 동떨어진 지식만 전달하는 방식으로는 얻을 수 없는 결과이다. 예를 들어 부모가 "버스에 탄 부인은 우리 할머니처럼 백발이네"라고 말하면 아이는 자기 할머니를 떠올리므로 두 가지가 실제로 연결된다. 관계를 통해 학습하는 것이다.

관계를 중심으로 가르치는 방법이 왜 중요할까? 아이들은 부모나 가까운 사람과 처음 맺은 관계를 토대로 사회 능력과 감성 능력을 길러나간다. 아이에게 가르치는 정보의 내용도 중요하지만, 어떻게 그것을 말하는지, 또 한 개인으로서 아이를 존중하는 마음을 어떻게 전달하는지가 더 중요하다. 브래즐턴과 그린스펀이 이 문제를 정확히 지적했다. "정감은 남에게 친절하라거나 남을 이해하려고 노력하라고 말해서 가르칠 수 있는 것이 아니다. 부모가 인내심을 발휘하여 아이의 말을 귀담아 듣고 아이의 감정을 이해해 줄 때 비로소 정감을 가르칠 수 있다. 아이들이 정감이 어떤 느낌인지를 이해할 수 있을 때 그들은 관계 안에서 스스로 공감을 형성할 수 있다."[1]

어른들은 아이들과 진실한 대화를 나누면서 아이가 의견을 내면 흥미롭고 좋은 생각이라고 말해줘서 아이의 자존감을 살려준다. 아이는 어른과의 대화를 통해 안정된 자존감을 기를 수 있다. 자존감이란 아이가 어른으로 성장하면서 만나게 될 갖가지 곤경에 맞서 싸울 수 있는 내면의 도덕 관념이다. 스스로 결정하고 판단하는 법을 배우고 자기가 진실이라고 믿는 대로 살아가기 위한 원칙을 마음 깊이 새긴 아이라면 부당하거나 옳지 않은 일에 "싫다"고 말할 수 있다. 어떻게 보면 수학 공식과 같다. 매번 처음부터 시작할 필요는 없다. 일정한 공식이 있고, 적재적소에 공식을 적용하기만 한다면 오답이 나올 리가 없다.

진실한 대화를 방해하는 요인

진실한 대화가 오가려면 시간과 집중력과 적극적인 자각이 필요하다. 오늘날처럼 정신없이 돌아가는 기술 문명의 시대에는 진실한 대화가 턱없이 부족하다. 한부모 가정이든 엄마 아빠가 다 있는 가정이든 직장에 다니는 부모의 비율이 그 어느 시대보다 높다. 이들의 하루는 어떤 모습일까? 아침에 분주하게 집을 나서 아이들을 학교나 유치원에 데려다주고, 교통 체증을 뚫고 직장으로 달려가서 고된 하루를 보내고, 다시 퇴근길 전쟁을 치르면서 아이들을 데려오고, 저녁 식사를 준비하고, 숙제(부모의 과제와 아이의 숙제)를 하고, 아이들을 씻기고, 잠자리에 눕히고, 동화를 읽어주고, 쓰러진다! 과연 진실한 대화가 오갈 틈이 있을까? 각종 '화면' 앞에서 흘려보내는 시간은 계산에 넣지도 않았다.

전 세계적으로 아이들이 텔레비전이나 컴퓨터, 게임기 앞에서 보내는 시간이 늘어나고 있는데, 하루 평균 3시간에서 6시간 정도이다. 1999년 미국 카이저 재단Kaiser Foundation에서 실시한 '아이들과 미디어 뉴밀레니엄'이라는 연구에 관한 보도 자료에는 이런 제목이 붙었다. "아이들의 대중 매체 이용 시간이 성인의 1주일 노동 시간과 맞먹는다." 이 자료에서는 여덟 살 아이들 방에 텔레비전이 있는 집의 비율이 65퍼센트에 달할 정도로 높고, 부모가 자녀와 함께 텔레비전을 보는 비율은 훨씬 낮다는(여덟 살 미만인 경우에는 19퍼센트, 여덟 살 이상인 경우에는 5퍼센트) 충격적인 자료를 제시했다.[2] 여기서 잃어버리는 것은 무엇일까? 아이들이 어른들의 노동 시간과 맞먹는 긴 시간 동안 집에서 각종 화면을 마주하는 사이 아이들이 놓치는 중요한 발달 과업은 어떤 것일까?

가족들 사이에 대화가 점점 줄어들고 있다. 온 가족이 함께 저녁을 먹는 시간은 그날 하루 동안 있었던 일들을 이야기하면서 '좋은 일'과 '나쁜 일'을 함께 나누는 시간이다. 그런데 이 시간이 아예 사라지거나 텔레비전에 빼앗기고 있다. 게임은 부모나 형제자매와 생생한 관계를 맺지 않고 혼자서 하는 전자 장치이다. 또 아이들은 게임 때문에 마음껏 공상의 나래를 펴거나 꿈꿀 시간마저 빼앗긴다.

부모와 자식이 대화를 나누는 시간이 하루 몇 분에 지나지 않을 정도로 줄었다. 안타깝게도 생활의 속도가 빨라지면서 부모와 자식 간의 대화가 스타카토 기호가 가리키는 시간 정도밖에 되지 않는다. 부모들은 "이리 와. 양치질해라. 손 씻어라"라고 말하고, 아이들은 "밖에 나가도 돼요? 물 마셔도 돼요? 그거 어딨어요?"라면서 꼭 필요한 말만 한다. 집 안에서 꼭 필요한 대화이긴 하지만 이런 말들을 대화라고 하긴 어렵다.

때로는 부모와 자식 사이에 오가는 말들이 대화가 아니라 심문처럼 들리기도 한다.

"누가 유리창을 깼지?"

"몰라요."

"여기 너하고 나 말고 누가 있냐. 그러니 네가 깬 거지."

"알면서 왜 물어요?"

새로운 길을 찾아야 한다. 가족이 함께하는 소중한 시간을 되찾아야 한다.

진실한 대화의 힘

진실한 대화는 감성 수준에서 오간다. 감정과 의견, 가치관, 확고한 신념을 나눌 때 인간 대 인간으로 소통할 수 있다. 진실한 대화는 사회 능력과 감성 능력을 길러주고, 공감 능력이 자라는 토양이 된다.

하지만 아이들과 동등한 입장에서 서로를 존중하면서 대화를 나누기란 쉽지 않다. 아이들은 부모의 삶과 경험을 듣고 싶어한다. 그러나 "산골에서 십리 길을 걸어 학교에 다녔다"는 식의 이야기는 아니다. 아이들은 부모의 인간적인 이야기를 듣고 싶어한다. 부모는 최대한 솔직하게 경험담을 들려주면서 아이의 마음속 깊은 곳의 숨은 감정을 밖으로 이끌어내야 한다. 아이들은 또 부모가 힘든 도전을 어떻게 이겨냈는지 알고 싶어한다. 부모님의 경험담을 들으면서 지금 자신에게 부딪힌 난관을 극복할 수 있는 용기를 얻고자 한다.

그런데 대개 부모들은 자녀에게 힘들어하는 모습, 특히 우는 모습을 들키지 않으려고 애쓴다. 아이가 부모의 눈물을 보거나 가족의 어려운 형편을 알게 되면 불안해하고 무서워할까봐 걱정되기 때문이다. 하지만 부모가 불행하면 그것은 바로 드러나게 되어 있다. 아무리 감추려 해도 감춰지지 않는다. 꼭 부모가 우는 걸 봐야 아이가 문제를 인식하는 것은 아니다. 부모가 안 좋은 일을 숨기면 아이들은 훨씬 더 무서워하고, 심지어는 극단적인 결과를 상상한다. 어쩌면 자기 탓이라고 생각할 수도 있다. 자기가 잘못해서 아빠가 슬퍼하는 거라고 생각하거나, 아주 끔찍한 일이라서 자기한테 말해주지 않는다고 생각할 수도 있다.

그뿐 아니라 어른이 울거나 슬퍼하는 모습을 보여주지 않으면 아이는 어른에게 터무니없이 높은 기대치를 갖는다. 부모가 슬퍼하는 모습은 보지 못하고 무슨 일이 생겨도 늘 쾌활한 모습만 보고 자랐다면, 청년이 되어 실연을 당하거나 직장에서 일이 안 풀릴 때 어떻게 비참한 기분을 다스릴 수 있겠는가? 어른들이 감정을 꼭꼭 숨기기만 하면, 그것은 그대로 우리 다음 세대에 전해져 자식들도 감정을 표현할 줄 모르는 사람이 된다.

　예를 하나 들어보자. 어떤 엄마가 9개월 된 아기를 안고 친구와 이야기를 나누고 있다. 아기는 창문 밖에서 뛰어노는 아이들을 보면서 엄마의 관심을 끌려고 한다. 아기는 "어, 어" 소리를 내면서 창문을 손으로 가리킨다. 아기의 신호를 알아듣지 못하는 엄마라면 아기 때문에 대화가 자꾸 끊긴다며 창문에서 떨어진 곳으로 옮겨갈 것이다. 결국 아기는 대화와 소통의 기회를 잃는다. 아기들은 자신의 의사 표현이 상대에게 의미 있게 다가간다는 느낌을 경험해 보아야 한다. 다시 말해서 삶에서 중요한 사람과 소통하면서 자기가 상황을 이끌어갈 수 있다는 것을 배울 필요가 있다.

　아기가 이끌고 관심을 보이는 대로 따라가는 태도는 아동의 발달 과정에서 중요하다. 그럴 때 아이들은 호기심이 더 커지고 소통 능력이 향상되며 흥미로운 이야깃거리를 가족이나 친구들과 나눌 수 있기 때문이다. 앞의 이야기에서, 엄마가 평소 아기의 신호를 세심하게 살피는 사람이라면 이 한 번의 경험으로 아기의 자아상이나 학습 욕구에 흠집을 내지는 않겠지만, 엄마가 늘 그런 식이라면 아기의 건강한 발달을 방해할 수 있다. 아기가 삶에 매력을 느끼고 두려움 없이 새로운 것을 배우는 데는 부모나 보호자의 반응, 곧 가족의 의사소통 체계가 중요한 역할을 한다. 앞의 엄마가 친구와 수다를 떨면서도 아기를 창문 쪽으로 가까이 데려가서 밖에 지나가는 아이들에게 관심을 가져주고 아기에게 적절한 반응을 해준다면 아기의 자아 감각을 키워줄 수 있다. 아기가 변덕을 부리는 대로 다 들어주면 '버릇없는' 아기로 키울 수 있다고 말하는 사람도 있다. 하지만 이런 상황에서 무슨 일이 벌어지고 있는지를 부모가 알아야 한다. 아기는 지금 사회 능력을 키우고 있는 것이다. 이를테면 소리와 몸짓만으로도 상황을 변화시키면서 다른 사람과 소통하고 반응을 이끌어내고 있다. 아기와 부모 사이에 복잡한 요구와 소통이 만족스럽게 이루어질 때 안정된 애착이 형성된다. 안정된 애착을 형성한 아이는 부모와 함께 발달 과업을 충실히 이룰 수 있다.

다른 예를 들어보자. 4학년 교사가 수학을 가르치고 있다. 평소 수업을 잘 따라오지 못하고 금세 산만해지는 학생이 갑자기 손을 들어 힘껏 흔든다. 교사가 왜 그러냐고 묻자, 아이는 "선생님, 눈이 와요!"라고 말한다. 이런 느닷없는 행동을 너그럽게 봐주지 않는 교사라면 이렇게 대답할 것이다. "제이미, 넌 왜 그렇게 집중을 못하니? 지금 수학 문제 풀고 있잖아."

반대로 제이미의 아이다운 흥분에 찬물을 끼얹지 않는 교사라면 아마 이렇게 말할 수 있을 것이다. "제이미, 알려줘서 고맙구나. 운동장에 눈이 쌓일 텐데 쉬는 시간에 뭐하고 놀 거니?" 혹은 이렇게도 말할 수 있다. "얘들아, 제이미가 눈 오는 걸 알려줬구나. 쉬는 시간에 스키복 바지를 입어야겠는걸. 고맙다, 제이미." 교사의 이 말 덕분에 아이들은 제이미를 새로운 눈으로 바라볼 것이다. 그리고 제이미는 사람들이 자기 말을 귀담아 들어준다고 생각하면서 수업에 관심을 가질 동기를 얻고 더욱 집중하면서 열심히 공부할 수 있을 것이다.

지금까지 진실한 대화가 오가는 특별한 순간을 간단한 예를 들어 설명했다. 아이가 소통을 시작하면 어른들은 아이가 무엇에 흥미를 느끼는지 이해하고 적절히 반응해 준다. 아무리 바빠도 아이에게 새로운 것을 발견하는 즐거움을 맛보게 해줄 시간은 있다. 또한 언제든지 아이에게 주도권을 넘겨줄 기회를 찾을 수 있다.

아이들과 나누는 진실한 대화를 통해 포용의 가치를 보여줄 수도 있다. 당신이 어렸을 때나 어른이 된 지금도 무리에서 튀는 사람이 되었을 때의 기분을 아이들에게 들려줘 보라. 가령 달리기를 잘해서 이어달리기 선수로 뽑혔던 기억이나, 반에서 제일 늦게 생리를 시작해서 혼자 이상한 아이가 된 것 같았던 기억을 들려줘라. 아니면 새 학기가 되어 다른 아이들은 방학 동안 10센티미터씩 자라서 왔는데 자신만 아직 그대로였을 때 창피했던 기억을 들려줘도 좋다. 상처를 솔직하게 드러내면 아이와 정서적 기억을 나눌 수 있다. 또 사회적 포용의 정당성과 따돌림당할 때의 불필요한 고통에 대해서도 충분히 이야기를 나눌 수 있다. 동시에 아이들은 부모도 진정한 인간임을 느낀다. 결과적으로 부모와 자식 간에 진실한 대화 관계가 형성되어, 나중에 사춘기가 되어도 대화가 단절될 위험이 줄어든다.

사람들이 당할 수 있는 온갖 부당하고 불친절한 경험을 들려주면서 이때 사람들이 어떤 감정을 느끼는지에 초점을 맞출 수도 있다. 신문이나 텔레비전에 하루가 멀다 하고 오르내리는 사건을 토론거리로 삼을 수도 있다. 1994년에 미국의 어린이 보호 단체인 '오늘의 아이들Children Now'에서 11세부터 16세까지의 청소년을 대상으로 실시한 조사에서, 뉴스를 보면 화가 나거나 슬프거나 우울하다고 대답한 아이가 많다는 결과가 나왔다.[3] 세상에 일어나는 일들을 이야기하면서 아이들과 그 사건이 어떤 관계가 있는지 함께 이야기해 볼 필요가 있다는 얘기다.

어른들의 삶에서 아이들이 얼마나 큰 축복인지 말해줘야 한다. 나는 부모들을 교육하면서 고맙게도 "선생님 덕분에 아이와 즐거움을 나눌 수 있게 되었습니다!"라는 말을 자주 듣는다. 자녀에게 순종만 요구하고 규칙을 지키라고 강요한다면 아이를 키우는 기쁨을 맛보기 어려울 것이다. 마음의 여유를 갖고 자녀에게 진실한 모습을 보여준다면 누구나 아이를 키우는 즐거움을 누릴 수 있다.

아이의 말을 귀담아 듣고 솔직하게 대답을 해줄 때 진실한 대화가 오갈 수 있다. 부모와 진실한 대화를 나누는 아이들은 사회 능력과 감성 능력이 발달되어 다양한 인간 관계를 맺으며 살아갈 수 있다. 진실한 대화의 효과는 다음 세대에도 계속 이어진다.

'공감의 뿌리' 교실에서의 진실한 대화

'공감의 뿌리' 시간에는 부모와 강사가 솔직한 태도로 진실한 생각과 감정을 나눈다. 일례로 어느 교실에서 따돌림에 관한 토론을 벌이고 있었다. 강사는 백인들만 사는 동네의 유일한 흑인 가정에서 자란 사람으로, 어릴 때 인종 차별로 따돌림을 당했던 기억을 떠올렸다. 강사는 어릴 때 들었던 모욕적인 말들을 하나씩 읊다가 갑자기 설움이 북받치는지 울음을 터뜨렸다. 옆에 있던 교사의 눈에도 눈물이 맺혔다.

학생들은 놀란 표정으로 두 사람을 바라보았다. 그들의 눈물을 처음 보아서 놀란 모양이었다. 감동적인 순간이었다. 아이들은 어린 시절에 당한 일이 어른이 된 후에도 얼마나 큰 영향을 미치는지 직접 확인할 수 있었다. 또 동료의 어린 시절 이야기에 깊이 공감하며 함께 눈물을 흘리는 선생님도 보았다. 함부로 몇 마디 내뱉는 것은 한 순간이지만 따돌림으로 인한 고통은 훨씬 오래 남는다는 것을 알게 되었다.

이어지는 토론에서도 감동적인 분위기는 계속되었다. 강사가 아이들과 솔직하게 이야기를 나눈 결과였다. 강사는 아이들을 믿고 존중하면서 개인적으로 중요한 경험과 감정을 아이들과 나누었다.

또 어느 교실에서는 서른 살 정도인 엄마가 갓 부모가 된 경험을 아이들에게 솔직하게 이야기해 주었다. 아기는 자주 배앓이를 했다. 많이 울고 모유도 잘 먹지 않아서 엄마로서 아기를 잘 키울 수 있을지 두려웠다. 엄마는 아이들에게 이렇게 말했다. "만약 내가 열여덟 살에 아기를 낳았다면 아기한테 상처를 줬을 것 같아요. 어느 정도 나이가 들어서 아기를 낳았기 때문에 아기를 위한 좋은 환경을 준비할 수 있었어요. 우선 날 사랑하고 아기도 잘 보살피는 남편이 있어요. 시어머니도 많이 도와주시고요. 원한다면 언제든지 친한 친구와 커피도 마실 수 있어요. 여러 사람이 날 도와주고 있죠. 그런데도 매일같이 아기가 아파서 울면 나도 따라 울어요. 무력감이 느껴지거든요. 그래도 힘든 시기를 넘도록 옆에서 도와주는 사람들이 많아서 참 다행이에요. 도와달라고 요청할 사람이 없어서 결국 아기에게 상처를 주는 어린 부모들을 보면 마음이 아파요." 아기 엄마의 솔직한 고백에 아이들은 큰 감동을 받았다. 감성에 호소하면 마음에 오래 남는 법이다. 인지 수준이 아니라 세포 수준에 메시지가 입력되기 때문이다.

한 학년이 끝날 무렵 학생들은 아기 키우기를 주제로 토론하면서 "절대 아기를 흔들면 안 돼요"라거나 "아기를 낳기 전에 준비를 해야 돼요"라고 이야기한다. '공감의 뿌리'에서는 대화에 충분한 시간을 할애한다. 아이들끼리의 대화든 아이가 어른에게 하는 말이든 어른이 아이에게 하는 말이든 모두 수용한다. 아이들은 대화를 나누면서 자기가 어떤 사람이고 어떤 가치관을 가지고 있는지 표현할 수 있다. 자꾸 말로 표현하다 보면 위험한 행동을 할 가능성이 줄어든다.

'공감의 뿌리' 시간 자체가 일종의 관계이다. 엄마와 아기가 교실의 초록색 담요 위에서 서로 맞춰가는 과정에서 관계가 시작된다. 아이들과 아기 사이에도 가족애가 생긴다. 한 학년 동안 한 사람을 키우는 데 무엇이 필요하고 진정한 인간이 되려면 무엇이 필요한지 배우면서 아이들 사이에 모종의 공동체 의식이 형성된다. 다만 모든 만남에서 진실한 대화가 오가고, 늘 모두를 진솔하게 이끌어주는 아기가 있어야 이런 성과를 낼 수 있다.

'공감의 뿌리' 시간에는 누구나 짜릿하고 흥분되는 순간과 부드럽고 차분해지는 순간을 공유할 수 있다. 아기가 새로운 과제를 성공하면 모두 기뻐한다. 앞에서도 이야기한 적이 있지만 아기가 교실을 방문한 후 처음으로 뒤집기에 성공하자 강사는 모두에게 대화를 중단해 달라고 부탁했다. 아이들이 아기를 돌아보자 아까까지만 해도 배를 깔고 엎드려 있던 아기가 등을 대고 누워 있었다. 아이들은 일제히 손뼉을 치며 환호성을 올렸다. 강사는 그날 교실 풍경이 마치 축구 경기에서 골이 들어갔을 때의 광경과 다름이 없었다고 했다.

다른 예를 들어보자. 아기와 부모가 교실에 온 날, 학생들은 감정에 관한 이야기를 나누고 있었다. 아기 엄마는 얼마 전에 아기가 구개열(언청이) 수술을 받았을 때 어떤 심정이었는지 들려주었다. 수술을 받든 안 받든 자기한테는 언제나 예쁜 아기라고 했다. 엄마는 한 사람이 지닌 본래 가치를 이야기한 것이다. 아기가 어떻게 생겼든 엄마의 눈에는 무조건 사랑스럽게 보인다. 학생들은 집으로 돌아가 부모에게 이렇게 물었다. "제가 앞 못 보는 사람이어도 절 사랑하실 건가요?" "제가 공부를 못해도 사랑해 주실 건가요?" 가족 방문 수업을 한 뒤에 아이들은 가족과 더욱 가까워진다. 아이들은 말과 행동으로 아기를 사랑해 주는 아기 엄마의 모습을 보고, 감정을 있는 그대로 전하는 것이 얼마나 소중한지 배운다. '공감의 뿌리' 교실 안에 관계에 대한 믿음이 쌓이자 아기 엄마는 자기 친구들에게도 하지 않던 말들을 열 살짜리 아이들에게는 술술 털어놓았다.

'공감의 뿌리'에서는 대화 수업의 하나로 수화를 활용하기도 한다. 수화야말로 말하지 못할 때도 진실한 대화를 나눌 수 있는 수단이다. 우선 아이들을 소집단으로 나누고 집단마다 다른 수화 단어를 알려준다. 다음으로 각 집단은 전체 학생들 앞에서 주어진 단어의 의미를 가르쳐준다. 이렇게 작은 집단이 큰 집단과 소통하면서 이해받지 못할 때의 답답함을 경험하고 또 모두 힘을 합쳐 좋은 결과를 만들어내는 과정도 체험한다. 그리고 듣지 못하는 사람의 입장이 되어보면서 차이를 존중하게 된다.

사회 문제를 가지고 그 근본 원인을 찾아내는 일을 할 때 어린아이들은 놀랍게도 문제를 깊이 이해하고 나름대로 의미 있는 통찰을 제시하는 것을 볼 수 있다. '공감의 뿌리' 시간에는 〈록커바이, 베이비 *Rockabye, Baby*〉라는 오래된 자장가를 가르친다. 이 노래에는 "큰 가지가 부러지면 요람이 떨어지네"라는 구절이 나온다. 우리는 아이들에게 "아기의 요람을 아래로 떨어뜨리는 게 실제로는 뭘까?"라고 묻는다. 놀랍게도 아이들이 가난, 아버지의 실직, 전쟁, 인종 차별이라는 비슷한 대답을 내놓는다. 아이들은 사회 문제를 예리하게 꿰뚫어 보고, 특히 사회 문제가 가족에 미치는 영향도 잘 이해하고 있다. 일례로 '공감의 뿌리' 수업중 아이들이 그린 그림 가운데는 미국의 9·11 사건에서 받은 깊은 충격을 표현한 작품들이 있다.

어느 '공감의 뿌리' 강사가 유치원 교실에서 있었던 일을 들려주었다. 타라라는 여자아이는 꼭 강사 옆자리에 앉아서, 강사가 책을 읽어주거나 이야기를 해줄 때면 강사의 무릎에 머리를 얹고 강사의 다리를 토닥인다고 했다. 프로그램 후반부에 강사는 '공감의 뿌리' 시간 중에 가장 마음에 들었던 '뿌리'의 순간을 그려보라고 아이들에게 요청했다. 서른한 명의 아이들은 아기가 빙긋이 웃을 때나 기어 다닐 때, 큰소리로 웃을 때를 최고의 순간으로 꼽았다. 그런데 타라는 아기의 슬픈 모습을 그렸다. 강사가 왜 그렇게 그렸냐고 묻자 타라는 슬픈 표정이 자기와 닮아서라고 대답했다. 타라는 늘 슬픈 아이였다. 이보다 더 진실한 대화는 없을 것이다.

진실한 대화, 진정한 성장

인간 관계를 올바르게 이끌어주는 가장 중요한 도구 중 하나는 진실한 대화이다. 진실한 대화는 아이와 부모가 맺는 최초의 중요한 관계에서나 자라면서 만나는 다양한 관계에서 매우 중요한 역할을 한다. 따라서 우리는 늘 상대의 말을 경청하고 열린 자세로 반응할 준비를 하고 있어야 한다.

우리에게는 아이와 함께 보내야 하는 시간의 주머니가 있다. 이 시간에는 세상의 걱정거리를 모두 털어버리고 오직 아이에게만 집중해야 한다. 이 장에서 소개한 사례들만 보아도, 아이가 새로운 능력을 습득하고 바라보는 방식은 전적으로 그 순간에 부모와 나누는 대화의 질과 관련이 있음을 알 수 있다. 부모가 말이나 행동이나 표정으로 아이를 존중하는 마음을 전하고 아이가 부모의 마음을 내면화하면 아이는 확고한 자아 감각과 자신감을 길러서 오래도록 그것을 지켜나갈 수 있다.

10

사회적 포용: 모두에게 자리를 내주기

인종 차별을 중단하면 모두가 더 좋은 세상에서 살 것이다.

'공감의 뿌리' 소식지에 싣기 위해 배니어 가정연구소Vanier Institute of the Family의 로버트 글라섭Robert Glossop 박사를 인터뷰할 때 박사는 이런 말을 했다. "사회적 자본에는 두 가지가 있습니다. 나와 비슷한 사람에게 친밀함을 느끼는 결속형 사회적 자본이 있고, 나와 다른 사람에게 친밀함을 느끼는 연결형 사회적 자본이 있습니다. 우리 사회가 문화적 전통과 인종, 종교, 언어가 나날이 다양해지고 있는 만큼 서로의 차이뿐 아니라 공통점 역시 체험할 기회를 제공해야 합니다."[1]

다양성에서 풍부한 경험을 얻다

'공감의 뿌리'에서는 차이도 존중하지만 동시에 모든 사람을 같은 인간으로 묶어주는 공통점도 인정하며, 이 두 가지를 가지고 사회적 포용의 가치를 가르친다. "모두에게 자리를 내어주자"는 취지에서다.

'공감의 뿌리' 수업 초반의 어느 날 아기 마누가 숱 많은 검은 머리를 빡빡 다 밀고 왔다. 아기는 완전히 다른 사람처럼 보였다. 2학년 아이들은 자연히 "마누 머리가 왜 그래요?"라고 물었다. 어떤 아이가 큰소리로 말했다. "저 알아요! 그건 우리만의 특별한 풍습이에요. 우리 종교에서는 아기가 2개월이 되면 머리를 박박 밀거든요. 타밀 족은 그래요. 저도 마누처럼 타밀 족이에요."

또 어떤 교실에서 엄마가 아기에게 스페인 어로 자장가를 불러주자 어떤 아이가 반갑게 웃었다. 아이가 어렸을 때 엄마가 불러주던 자장가와 같은 노래였던 것이다. 아이의 문화적 전통을 인정해 주는 시간이었다. 이런 시간이 아니라면 같은 반 친구들과 함께 스페인 노래를 들을 기회가 얼마나 되겠는가?

아이들은 교사와 친구들에게 자기 문화에 대해 이야기해 주면서 자긍심을 갖는다. '공감의 뿌리'에서는 아이들에게 이런 좋은 기회를 만들어주기 위해 이왕이면 문화적 배경이 다양한 가족을 초대하려고 노력한다. 그래서 학생과 교사와 학교는 가족과 지역 사회의 도움을 받아야 한다. 가족의 문화와 학교의 문화 사이의 거리가 좁을수록 학교 생활이 즐겁고 편해진다. 부모가 학교에서 환영받는다고 느끼면, 학교 활동에도 적극 참여하고 자녀의 학교 공부에도 세심하게 관심을 기울이게 된다. 그러면 아이도 공부나 친구들과의 관계에서 더 나은 결과를 만들 가능성이 커진다. 이것은 내가 토론토 학교에서 실시하는 자녀 양육 프로그램의 기본 철학이기도 하지만, 여러 연구에서 입증된 사실이기도 하다.[2] 학교 인근에 사는 가족들이 갓난아이나 걸음마 아이를 자녀 양육 프로그램에 데려와서 아이가 유치원에 들어갈 때까지 꾸준히 프로그램에 참여한다면, 학교 교사들도 지역 사회의 다양한 문화를 깊이 있게 이해할 수 있다. 이해가 존중을 낳고, 존중이 사회적 포용의 기반을 다진다.

캐나다는 세계에서 가장 성공한 다원 사회 중 하나다. 이렇게 되기까지는 캐나다 전 수상 트뤼도Pierre Elliott Trudeau의 공이 크다. 트뤼도는 수상 자리에 있으면서 캐나다 이민법을 개정하는 일에 주력했고, 다문화주의를 캐나다 최고의 가치로 확립했다. 특히 캐나다 사회를 '문화 모자이크'로 재편하는 데 힘썼다. 문화 모자이크란 여러 문화가 용광로 안에서 한데 뒤섞이는 것이 아니라 서로 나란히 존재하게 해서 각 문화에도 득이 되고 캐나다 전체로 봐서도 득이 되는 정책이다. 물론 트뤼도의 정책 하나로 인종 차별이 사라진 것은 아니다. 인종 차별은 교묘한 방식으로도 나타나고 노골적인 방식으로도 나타나기 때문에 끊임없이 그것에 촉각을 기울이고 맞서야 한다. 가정이 사회로 진입하는 길목에 놓인 모든 난관이 사라진 것도 아니다. 어느 사회 계층이든 배척당하는 경험에서 자유롭지 않다. 얼마 전에는 캐나다에서 가장 화려한 도시의 골프 클럽에서 비록 약관에 표시하지는 않았지만 유태인 회원을 받지 않은 사례가 밝혀졌다. 또 얼마 전 법정에서는 리나 버크 살인 사건과 관련된 소송이 진행됐는데, 불우한 환경에서 소외받고 자라던 십대 소녀 리나 버크는 또래 집단에 끼기 위해 노력한 죄로 죽음을 맞이했다. 북미 지역은 지금까지 이루어놓은 정도에 안주하지 말고 진정으로 포용적인 사회를 만들기 위해 다시 힘을 써야 한다.

다양성에는 여러 측면이 있다. 북미 지역으로 이민 온 사람들의 다양한 인종과 국적을 인정하는 데서 그치지 말고, 고향처럼 편하게 생활할 수 있도록 도와주어야 한다. 문화적 배경이 같은 사람들 사이에서도 생활 양식, 경제 수준, 정치적 신념, 종교, 자녀 양육 방식, 가족 구성은 제각각이다. 이처럼 구체적인 다양성도 존중해야 한다. 이민자 가정 출신이 아니어도 비주류 종교를 믿는 탓에 교사도 낯설어하고 친구들에게 놀림을 당할 수도 있다. 또 종교 때문에 국가國歌를 부르지 못하거나 (미국 학교에서는 해야 하는) 국기에 대한 맹세를 복창하지 못할 수도 있다. 이 아이는 가족의 신념을 지킬 것인지 친구들과 어울릴 것인지 하는 문제로 하루하루가 힘들 것이다.

가족 구성이 바뀌면서 집단에 수용되려는 아이의 싸움도 더욱 힘겨워질 수 있다. 7학년 '공감의 뿌리' 교실의 클레이턴은 봄 방학 기간에 부모님의 이혼을 겪어야 했다. 클레이턴은 엄마와 함께 살지만, 이웃에서 다른 남자와 새로운 인생을 시작하는 아빠와도 친하게 지냈다. 한 가족처럼 지내는 가난한 동네에서 소문은 순식간에 퍼져나갔다. 방학이 끝나고 학교로 돌아온 클레이턴은 학교 운동장에서 아이들에게 놀림을 받았다. 그 주 '공감의 뿌리' 시간에 또래 괴롭힘을 주제로 이야기를 나누면서 클레이턴은 학교 운동장에서 놀림을 받아서 마음이 아프다고 털어놓았다. 반 친구들은 클레이턴의 괴로운 심정을 듣고 클레이턴에게 다가가서 "걔들이 상관할 일이 아니야. 아무도 널 놀리지 못하게 우리가 막아줄게"라고 위로해 주었다. 아이들은 아동기에 접어들어 공정함이나 정당성, 권리에 관한 문제를 경험하면서 각자 어떤 입장을 취해야 할지 배운다. 이들 7학년 아이들처럼, 좀 더 자라면 어떤 입장을 옹호해야 할지도 배운다. 어른들은 흔히 아이들에게 정직한 사람이 되라거나 옳은 일을 하라고 훈계한다. 그러나 훈계보다는, 이들 7학년 학생들처럼 자발적으로 용기 있는 행동을 할 때 옆에서 격려해 주는 것이 바람직하다. 아이들은 '사회적 행동'을 계획할 만큼 세련되지는 않아도 친구가 모욕당하고 상처받게 내버려 둬서는 안 된다는 정도는 알고 있다. 아이들은 클레이턴의 기분을 이해할 수 있기 때문에 함께 힘을 모아 클레이턴을 놀리던 아이들에게 당당히 맞설 수 있었다. 이 아이들은 어른들이 미처 깨닫지 못하거나 용기가 없어서 직면하지 못하는 문제를 해결하려는 의지를 보여주었다. 어른들 중에는 심지어 감정을 말로 표현하는 것조차 버거워하는 사람도 많다. 섬세한 교사라면 이런 상황을 잘 처리해서 모든 학생에게 서로 간의 차이를 존중해야 하는 이유를 이해시킬 수도 있다.

태어날 때부터 배척당하는 삶: 악순환의 고리 끊기

뿌리 깊은 가난은 부모에서 자식으로 이어지는 불행이므로 온 사회가 관심을 기울여야 한다. 예전에 학교 선생님들에게 사회적 포용의 문제에 관심을 갖게 하기 위해 '초콜릿 점심'이나 '잘못된 운동화'와 같은 제목으로 '점심을 먹으며 배우자'라는 워크숍을 진행한 적이 있다. 워크숍의 주된 목표는 교사들에게 가난한 집안 아이들이 겪어야 하는 고통을 이해시키는 데 있었다. 아파트 건물에 오줌 냄새가 진동하고 골목마다 마약상이 포진한 동네에서 살아본 적이 없는 교사라면, 아이들이 냉장고에서 아무거나 꺼내 점심 도시락으로 싸오고, 계절에 맞지 않는 옷을 입고, 숙제를 해오지 않는 이유를 이해하지 못할 것이다. 아이의 가정 환경을 알아보고 부모의 어려운 형편을 이해하면서 다양한 가족과 공감대를 형성해야 한다.

언젠가 한번은 공감을 다루는 시간에 이런 질문을 던진 적이 있다. "열다섯 살에 아이를 낳아 혼자 키우는 엄마가 매일 아침 8시 45분까지 아이를 어린이집에 보내야 한다면 제대로 시간 맞춰 보낼 수 있을까요?" 내 질문에 크게 놀라는 교사도 있었다. 아이들의 냉정한 현실을 제대로 들여다본 적이 없기 때문이다. 이 엄마 입장을 이해하려면 알려는 노력이 필요하다. 이 엄마는 미리 계획을 세우는 법을 배운 적도 없고, 몸은 아직 '늦게 자고 늦게 일어나는' 생체 리듬에 맞춰져 있는 십대이며, 아이를 제 시간에 맞춰 어린이집에 보내기는커녕 매일 잊지 않고 보내는 것조차 버거워한다.

혼자 기르든 둘이 기르든 모든 부모는 능력이 되는 한 최선을 다한다. 하지만 자녀 양육의 방향을 잡지 못해 갈팡질팡하는 부모들이 많다. 나는 아이를 학대하거나 방치한 죄로 자식을 빼앗긴 엄마들을 만나면서 그들의 어린 시절 이야기를 들었다. 그들 역시 학대당하면서 자란 사람들이었다. 끔찍한 경험을 덤덤하게 이야기하는 모습이 더 안타까웠다. 그들은 아주 어릴 때부터 부모에게 학대당하면서 컸기 때문에 남들도 다 그렇게 사는 줄 알았다. 그래서 부모에게 맞거나 맞아서 다친 일에 대해서는 아무런 불평이 없었다. 당연하다고 생각한 것이다. 오히려 부모의 학대를 변명하기도 했다. 어떤 엄마는 이렇게 말했다. "제가 극성스런 아이였어요. 우리 엄마도 절 혼내지 않을 수 없었을 거예요. 제가 말을 듣지 않으니까 엄마가 더 세게 때린 거죠."

이런 엄마는 자식에게도 가혹하다. 자기가 태어난 지 몇 주 혹은 몇 달 만에 받은 양육 방식을 다시 자기 자식에게 적용하는 것이다. 부정적인 양육 방식은 고질병으로 뿌리를 내리기 때문에 사회가 개입하고 지원해 주지 않으면 악순환이 끝나지 않는다. 개입하고 집중적으로 지원한다 해도 평생 굳어진 양육 방식을 바꾸기가 쉽지는 않다. 연구에 따르면 공격성은 세 살에 절정에 이르므로 세 살이 되기 전부터 공격 행동을 바로잡아 줘야 한다. 따라서 부모나 장차 부모가 될 청소년들에게 학대와 폭력의 고리를 잘라내기 위한 이해와 구체적인 방법을 제시해 주는 프로그램을 마련해야 한다.[3] 우리 연구소에서 자녀 양육 프로그램과 '공감의 뿌리' 프로그램을 개발한 이유도 여기에 있다. 나는 자녀 양육 프로그램(부록 1)을 개발하면서, '맥락 안에서의 학습' 환경을 제공하자는 전략을 세웠다. 즉 자신이 살아온 지역 안, 익숙한 터전 위에 부모가 자식과 함께 있도록 하는 것이다. 예를 들어 가난하거나 교육 수준이 낮거나 십대인 엄마에게 어릴 때 부모 밑에서 어떻게 자랐는지 묻는다. "부모님께 어떤 대우를 받았나요? 그때 기분이 어땠나요? 무엇이 문제였습니까? 소리를 질렀나요? 집에서 가족들끼리 어떤 식으로 이야기했습니까?" 이런 질문에 대답하는 과정을 통해 엄마들은 자신이 받았던 부정적인 양육의 경험을 자각하기 시작한다. 그리고 자각과 동시에 자신의 힘들었던 시절과 화해하고 좋은 부모가 되는 법을 배울 수 있다.

한편 '공감의 뿌리' 시간에는 아이들에게 다른 방식으로 부모가 되는 과정을 보여준다. 자녀 양육을 말로만 가르치는 것이 아니라 직접 보여주는 방법이다. 아이들은 가족 방문을 둘러싸고 토론하는 과정에서 아기를 보면서 배운 내용을 정리하고 실생활과 연결해 본다. 이 과정을 통해 프로그램의 효과가 더욱 커지고 오래 지속된다.

나는 래브라도에서 막 열다섯 살 생일이 지난 이누 족 소녀 메리를 만났다. 메리는 이중 중독으로 치료 시설에서 지내고 있었다. 메리의 침실 벽에는 어린아이 두 명의 사진이 붙어 있었다. 내가 동생들이냐고 묻자 "아니요, 제 아이들이에요"라는 대답이 돌아왔다. 이 한마디에 메리의 지나온 삶과 그 지역 사람들의 현실을 고스란히 느낄 수 있었다. 다른 원주민 공동체와 마찬가지로 래브라도의 이누 족 역시 오랜 세월, 언어와 문화의 존립과 부족민으로서의 존엄성에 위협을 받아왔다. 이누 족의 풍요로운 자녀 양육 전통을 잇지 못한 채 부모가 자식에게 절망만 안겨주는 사례가 너무도 많다. 자녀 양육을 지원하는 체계가 제대로 갖춰지지 않는 한, 부족 공동체가 제대로 굴러가지 않는다. 결과는 끝 모를 고통뿐이다.

'공감의 뿌리'는 이처럼 한 세대에서 다음 세대로 이어지는 악순환의 고리를 끊는 방법을 제시한다. 다만 강사가 말로만 설명하는 것이 아니라 아기와 엄마를 초대해서 직접 보여주고, 아이들에게 자유롭게 생각하고 행동할 기회를 준다. 나는 원주민 공동체와 대화하면서 '공감의 뿌리' 프로그램의 가치가 여러 방면에서 울림을 전한다는 사실을 발견했다. 특히 가족의 중요성을 높이 평가하고, 문화 전통에 뿌리를 둔 자녀 양육을 강조하며, 아이들에게 함부로 판단하거나 오해하지 않도록 가르치고, 과거를 존중하고 미래에 대한 공동의 책임을 진다는 점에서 그렇다. 우리 사회는 문제가 생기면 돈으로 상황을 수습하려 해왔다. 하지만 아무리 돈을 많이 들여도 근본적인 해결책을 찾아내지는 못한다. 이누 족의 미혼모 메리에게 "이렇게 준비하고, 아기를 재울 때는 이렇게 하라"고 알려줘 봤자 이 엄마가 처한 상황 자체를 바로잡지는 못한다. 집을 새로 지어준다고 해도 이누 족 사회에 속한 메리의 처지는 달라지지는 않는다. 메리 한 사람만이 아니라 이누 족 공동체 전체에 교육을 제공해서 희망과 기회를 줘야 한다.

'공감의 뿌리'와 사회적 포용

'공감의 뿌리' 프로그램을 시작한 초반에 초대한 아기 제이슨은 태어날 때부터 양쪽 발이 구부러지는 증상을 보였다. 제이슨의 엄마는 마음을 터놓고 아이들과 만났다. 한번은, 의사에게서 아기한테 문제가 있다는 말을 처음 들었을 때 얼마나 상심이 컸는지 이야기해 주었다. 제이슨의 엄마는 완벽한 아기를 기대하고 있었다. 어떤 영리한 아이가 이렇게 말했다. "제이슨은 완벽한 아기예요." 제이슨처럼 명랑하고 모든 이의 사랑을 받는 아기를 완벽하지 않다고 말할 사람이 어디 있을까? 저렇게 말하는 영리한 아이들 덕분에 우리는 완벽하다는 말을 새롭게 정의할 수 있다. '공감의 뿌리' 교실에서 아기는 모든 사람의 내적 가치와 존엄성을 직관적으로 전달한다. 가령 아기는 많은 학생 중에서도 선천적 기형으로 손 모양이 완벽하지 않은 아이를 찾아내서 제일 많이 좋아해 준다. 늘 거절만 받아온 아이는 아기에게 긍정적 관심을 받으면서 새로운 자기 위상을 찾는다.

아이들을 존중하고 모두에게 자리를 내어준다고 해서 모든 아이가 똑같다고 가정한다는 뜻은 아니다. 양쪽 발이 기형인 아기를 완벽한 아기라고 부른다고 해서, 벌써 세 차례나 수술을 받았고 앞으로 일어서서 걷기가 힘들 수도 있다는 사실 자체를 부인하는 것은 아니다. 포용은 관용이나 참고 견디는 수준을 넘어선다. 포용은 사람들에게 손을 내미는 것이다. '휠체어를 타는 리디아'를 가르치는 것이 아니라 리디아라는 아이의 '존재 자체'를 인정하고 가르치는 것이다. 아이에게 '다운증후군'이나 '이민자'라는 딱지를 붙이는 것은 포용하는 태도가 아니다. 차이를 가지고 아이를 분류하고 장벽을 세워 아이를 가

두는 한 아이가 이루고 기여한 것이 무엇인지 결코 알 수 없다.

앞에서 구개열 수술을 받은 아기를 소개한 바 있다. 당시 5학년 아이들은 이 아기와 사랑에 빠졌다고 해도 과언이 아니었다. '공감의 뿌리' 시간에 아이들은 아기 엄마에게 육아에 대한 궁금한 점들을 자유롭게 물어볼 수 있다. 그 대신 상대를 존중하면서 질문하도록 가르친다. 아기가 구개열 수술을 받기 전 어느 날, 아이들은 아기 아빠에게 기분이 어떠냐고 물었다. 아기 아빠는 아주 솔직하게 대답해 주었다. "아기를 배신하는 것 같은 기분이에요. 아기를 병원의 낯선 사람들에게 데려가야 하고, 그 사람들이 아기를 아프게 할 거니까요. 아기가 좋아하는 젖병과 고무젖꼭지도 빼앗아야 해요. 아기는 말을 못하니까 차근히 설명해 주지도 못해요."

그런데 아기 엄마의 반응은 달랐다. 엄마는 이렇게 한마디만 했다. "식구들이 그리워요." 아기 엄마와 아빠는 남아메리카에 대가족을 남겨두고 둘이서만 캐나다로 건너왔다. 그때 그들의 이야기를 듣고 있던 지적 장애가 있는 열 살의 트래비스가 용기를 내어 말했다. "우리가 가족이에요." 이 말을 통해 트래비스가 교실 안의 포용적인 분위기를 어떻게 지각하고 있는지 알 수 있다. 트래비스는 비록 학교 공부를 따라가기 위해 별도로 도움을 받아야 하는 아이였지만 반 아이들을 대표해서 당당하게 자기 의견을 말할 수 있었다. 서로를 보살펴주는 공동체의 정식 구성원이 된 것이다. 트래비스는 "제가 가족이 되어줄게요"가 아니라 "우리가 가족"이라고 말했다. 교실 안에 공감과 공동체 의식이 제대로 자리 잡혀 있다는 뜻이다. 또 글을 읽고 쓰는 능력은 다른 아이들보다 부족하지만 감정을 세심하게 읽고 쓰는 능력은 온전히 갖추었음을 보여주는 예이기도 하다.

'공감의 뿌리'에서 초대한 아기 중에는 장애를 갖고 있는 경우도 있다. 아이들은 한 달에 한 번씩 아기를 만나면서 장애를 새로운 눈으로 바라보기 시작한다. 아이들은 모든 인간을 하나로 이어주는 공통점을 보게 된다. 그리고 발 기형이나 구개열처럼 눈에 띄는 신체 장애를 대수롭지 않게 받아들인다. 신체 장애만이 아니다. '공감의 뿌리' 교실에 '주의력 결핍 과잉 행동 장애ADHD' 증상이 심한 바비라는 아이가 있었다. 바비는 하루 두 시간만 정규 수업을 듣는다. 나머지 시간에는 교사가 학생들 몇 명을 데리고 가르치는 특별 수업을 받는다. '공감의 뿌리' 수업에서 따돌림에 대한 이야기를 나누다가 어떤 아이가 바비를 예로 들면서, 바비처럼 정규 수업을 듣지 못한다면 따돌림당한 기분이 들 거라고 말했다. 아이들은 바비가 소속감을 느낄 수 있으려면 무엇을 해야 할지 의견을 나눴다. 물론 바비가 없는 자리에서 한 얘기는 아니었다. 바비도 토론에 참여하고 있었다.

아이들은 지난 시간에 배운 '기질'에 대해 생각하며, 모든 일에 갑자기 격하게 반응하고, 남에게 방해가 되는 줄도 모른 채 큰소리로 끼어들며, 자주 자제력을 잃는 것으로 보아 바비는 반응 강도가 강한 기질이라고 판단했다. 따라서 바비에게 반응 강도를 조절하도록 도와주면 바비도 소속감을 느낄 수 있을 거라는 결론을 내렸다. 얼마 후 바비가 교실로 뛰어 들어오다가 흥분해서 바닥에 넘어질 뻔한 일이 있었다. 어떤 아이가 그런 바비를 보고는 얼른 다가가 어깨동무를 하면서 말했다. "야, 바비. 니 무덤을 아주 니가 파는구나" 이 말은 곧 이런 뜻이었다. "너 또 오늘 무슨 일 터지겠다. 내가 뭘 도와줄까?"

'공감의 뿌리' 교실에서 아이들은 스스로 안전망을 쳐놓는다. 도움이 필요하면 언제든지 도움을 받을 수 있다는 메시지가 모두에게 전달된 것이다. 교사들의 말에 따르면 아이들이 '공감의 뿌리' 수업에 열심히 참여하면서 교실 분위기가 달라졌다고 한다. 아이들 사이에는 서로 친절하게 도와주는 분위기가 자리 잡혀 있다.

요즘은 아빠 없이 엄마 혼자 아이를 키우는 집이 많아졌다. 그래서 남자가 아이를 돌보는 모습을 보지 못한 아이들이 많다. 아이에게 밥을 먹이고 같이 놀아주고 노래도 불러주고 아이를 살살 흔들어 재우는 아빠의 모습을 본 적이 없는 것이다. '공감의 뿌리'에서는 가족을 고를 때 엄마와 아빠가 다 있는 가족만 고집하지는 않는다. 오히려 아빠에게 아기를 데리고 와달라고 부탁하기도 한다. 엄마와 아빠가 함께 아기를 데려오기도 하고, 때로는 아빠 혼자 아기를 데려오기도 한다. 아빠들이 교실에서 가슴 찡한 순간을 선사해 준 적도 많다.

이런 장면을 상상해 보자. 키 큰 남자가 양복을 입은 채 담요 위 딸아이 옆에 길게 누워 울타리가 되어주면서 딸아이가 낯선 교실에서도 마음 편히 놀 수 있게 해주려고 애쓴다. 또 다부진 체격의 미식축구 선수가 아들에게 〈거미가 줄을 타고 올라갑니다〉를 불러주자 뻣뻣하기로는 둘째 가라면 서러워할 7학년 아이들까지 어느새 노래에 빠져든다. 아이들이 아기 아빠에게 얼마나 오래 아기와 놀아주느냐고 묻고는 아기와 놀아주는 아빠가 있다는 것이 믿기지 않는다는 표정을 지을 때는 마음이 아프다. 수많은 '공감의 뿌리' 교실에서 아이들은 아빠가 아기의 삶에서 중요한 사람이라는 확신을 얻는다. 무엇보다 남자 보호자가 아기를 돌보는 모습을 보고 나중에 자신이 어른이 될 때 본보기로 삼을 수 있다는 점이 중요하다.

아기는 남녀를 막론하고 모든 아이에게서 남을 보살피는 재능을 끌어내는 놀라운 힘을 지녔다. 7학년을 맡은 한 강사는 아기가 교실에 들어올 때마다 특히 남자아이들 표정이 눈에 띄게 밝아지는 걸 보고 감동받았다고 말했다. 십대 초반의 허세가 심한 소년들이지만 매주 아기를 만나고 가까워지면서 깊은 곳에 숨겨두었던 따뜻하고 넉넉한 마음을 솔직하게 드러낸다. 아이들은 이런 경험을 통해 자녀 양육은 남녀 모두에게 기쁨을 주는 '평등한 기회'라는 생각을 키운다.

지금까지 소개한 다양한 경험들은 학습에 변화를 줄 수 있는 중요한 근거가 된다. '선천적'이라거나 '원래 그런 것'이라고 여기던 일들 대부분은 특정 사회나 신념의 좁은 틀에서 벗어나지 못하고 갇혀 있어서 생긴 결과일 뿐이다. 따라서 변화가 가능하다. 서로 다른 인종과 문화, 종교, 사회 경제적 배경을 이해하면 기존의 생각에 의문이 들면서 자신의 행동을 새로운 관점에서 볼 수 있다. 다양성이 클수록 관점도 넓어져서 문제 해결이 쉬워진다. 예를 들어 슬퍼하는 여자아이 그림을 보고 나서 여러 소집단 별로 슬픔을 덜어주는 방법을 생각한다. 아이들이 제시하는 해결책은 다양한 사회적 상황을 아우르고 있으며, 하나같이 포용의 중요성을 담고 있다. 다음은 아이들이 그림을 보고 직접 쓴 글이다.

이 아이의 가까운 사람이 세상을 떠난 모양이다. 나는 이 아이에게 이렇게 말해주고 싶다. "그분이 같은 세상에 살진 않지만 네 마음속에 늘 살아계셔." (4학년 남학생)

이 아이는 부모님이 싸우셔서 마음이 아픈 것 같다. 싸움이 끝난 뒤에 아이가 부모님께 왜 싸우셨냐고 물었는데, 부모님은 어떤 문제에 서로 의견이 맞지 않아서 싸웠다고 대답했다. 그래서 이혼하기로 했다는 말도 해주었다. 그리고 엄마는 아빠가 다른 데서 살 거라고 말해주었다. 이 아이가 아빠 전화번호를 안다면 내 휴대폰을 빌려줘서 아빠랑 통화하게 해주고 싶다. 왜냐하면 이 아이는 아빠를 정말정말 많이 사랑하고 그리워하니까. (4학년 남학생)

이 아이는 아스팔트길에 넘어져 무릎이 까진 것 같다. 오빠에게 도와달라고 불렀지만 오빠가 와주지 않아서 많이 슬프고 마음이 아팠다. 나는 이 아이를 집에 데려다주거나, 우리 집에서 멀지 않다면 우리 집으로 데려와 돌봐주면서 오빠가 왜 그랬는지 설명해 주고 싶다. (5학년 남학생)

이 아이는 친구와 싸워서 슬픈 것 같다. 가뜩이나 마음이 안 좋은데 싸운 친구가 이 아이와 말을 하지 않는다. 나는 슬퍼하는 이 아이나 이 아이와 싸운 친구와 함께 이야기를 나누고 싶다. 왜 싸웠는지 알아보고 화해할 수 있도록 돕고 싶다. (5학년 남학생)

이 아이는 피부색 때문에 누군가에게 인종 차별을 당한 것 같다.(어두운 연필로 칠한 그림이었다.) 나는 피부색은 중요하지 않다고 말해주겠다. 중요한 건 겉모습이 아니라 속마음이라고 말해주겠다.
(6학년 남학생)

이 아이의 엄마나 아빠가 암에 걸리신 것 같다. 나도 마음이 아프다고 말해주고 싶다. (6학년 남학생)

사람들이 이 아이의 외모를 보고 놀리고 욕을 한 것 같다. 나는 이 아이 옆자리로 가서 내 친구들과 같이 놀자고 제안하겠다. 그리고 이 아이와 나란히 앉아서 이야기를 나눌 것이다. (6학년 여학생)

안에 있는 사람과 밖에 있는 사람

학교 안에 포용하는 분위기가 자리 잡히면 인종이 다르고 장애가 있어도 누구나 동등하게 존중받는다. 모두를 포용하는 사회는 한 걸음 더 나아가 열등하거나 따돌림당하거나 배척당한다고 느낄 수 있는 모든 조건을 없애고자 노력한다. 요즘 학교에서는 그 어느 때보다 어떤 운동화를 신었는지, 인기 있는 스포츠를 잘하는지, 어느 동네에 사는지에 따라서 매우 배타적인 분위기가 만연해 있다. 말하자면 학교 안의 모든 관계가 '안에 있느냐, 밖에 있느냐' 하는 문제와 얽혀 있다.

지금 당장 나와 함께 큰 도시든 작은 도시든 아무 학교나 들어가서 수업 끝나는 종이 울리고 교실에서 우르르 쏟아져 나오는 아이들을 관찰해 보자. 운동장 저쪽에는 여학생들이 모여서 줄넘기 줄을 풀고 쌍 줄넘기 놀이를 시작한다. 이쪽 나무 옆에서는 남학생들이 술래잡기를 한다. 운동장은 활기가 넘친다. 그런데 저쪽에 남자아이 하나가 나무 뒤에 숨어서 친구들이 노는 모습을 부러운 듯 쳐다본다. 이쪽 어떤 여자아이는 벽에 등을 기대고 서서 친구들이 깔깔대며 줄넘기 놀이를 하는 쪽을 자꾸 흘끔거린다. 이 아이들은 지금 따돌림당하는 고통을 느끼고 있다. 어른들 눈에는 여느 아이들과 다를 바 없어 보인다. 피부색이나 재능도 크게 다르지 않다. 하지만 이 아이들은 소외당하고 있고, 이들의 고통은 엄연한 현실이다.

모든 아이가 친구를 잘 사귀는 건 아니다. 수업 시간에 조를 나눌 때나 점심 시간이나 통학 버스에서 자리를 찾을 때나, 생일 초대장을 나눠주거나 발렌타인 카드를 주고받을 때 항상 선택받지 못하는 아이가 있게 마련이다. 왕따를 당하거나 드러내놓고 놀림감이 되어야만 따돌림의 고통을 당하는 것은 아니다. 사람은 누구나 어딘가에 소속되고 누군가의 친구가 되고 초대받기를 갈망한다. 어릴 때는 특히 예민한 시기이기 때문에 따돌림의 경험이 건강하게 자라는 데 걸림돌이 될 수 있다. 따돌림의 고통은 학습을 방해하고 사회 발달과 감성 발달에도 부정적인 영향을 미칠 수 있다.

'공감의 뿌리' 시간에는 따돌림 문제를 정면으로 다룬다. 감정에 관한 이야기를 나누면서 사회적 포용을 경험하는 시간을 마련한다. 아이들은 소집단으로 모여서 무안하거나 따돌림당하는 경험이 어떤 것인지 이야기하고, 이런 상황에서 어떤 감정이 생기고 어떻게 문제를 해결할 수 있는지 의견을 나눈다. 아이들은 누구나 '공정함'의 의미를 안다. 따라서 공정하지 못한 대우를 받으면 어떤 기분이 드는지도 잘 안다. 아이들은 공정하지 못한 상황을 이야기하면서 타인의 입장에 서서 그 사람이 어떤 기분일지 생각한다. 다음으로 이런 질문을 다룬다. "공정하지 못한 상황에 처했을 때 어떻게 하겠는가? 보고만 있을 것인가, 부당한 대우를 받는 사람 편을 들어줄 것인가?" '공감의 뿌리'에서는 아이들에게 언제 어디서든 부당한 처사에 맞서라고 가르친다. 아이들은 머리를 맞대고 상황을 연구하면서 부당한 처사에 개입할 수 있는 구체적인 방법을 찾아본다. 공감 능력에서 나오는 따뜻하고 이타적인 행동이 시작된다.

대부분의 사람들이 어릴 때 따돌림을 당한 경험도 있고 친구를 괴롭힌 부끄러운 경험도 있다. 워낙 널리 퍼져 있는 경험이라 인간의 본성이 아닐까 싶은 생각이 들 정도이다. "아이들은 원래 잔인하기 때문에 우리가 할 수 있는 일은 없다"고 주장하는 사람도 있다. 이런 생각은 옳지 않다. '공감의 뿌리'에서는 부정한 행위나 불친절한 행동, 잔인한 행동을 보고도 아무런 조치도 취하지 않으면 불의를 용납하는 태도라고 가르친다. 아이들은 학교의 규율을 따라야 하고, 서로 의견이 다를 때 물리적 힘을 이용하지 말아야 한다고 배운다. 어른들이 조금만 도와준다면 아이들은 따뜻한 마음을 가지고 서로를 존중할 수 있다. 그러면 모든 교실이 평화와 협력의 원동력이 될 수 있다.

　서로 배경이 다른 아이들끼리 유대감을 발견할 때도 있기는 하지만 그런 경우는 이례적이다. 보통은 친구를 사귈 때 자연히 자기와 비슷한 사람에게 끌린다. 그리고 자기와 비슷한 친구 위주로 인간 관계를 넓혀간다. 부잣집 아이는 부잣집 아이와 친하게 지내려 하고, 운동을 잘하는 아이는 운동을 좋아하는 아이와 친하게 지내려 한다. 아이들은 원시 시대의 수렵 채집인들처럼 자기가 속해 있으며 자기가 어떻게 처신해야 할지를 아는 무리를 찾아다닌다. 자기 무리를 잘 찾아서 금세 안착하는 아이들이 있다. 운이 좋은 경우이긴 하지만 이들도 내년이나 내후년에 새 학년에 올라가면 편안한 무리를 찾지 못할까봐 걱정해야 한다.

　아동기의 여러 단계에는 근접성, 같은 취미, 공통의 관심사라는 다양한 특징을 중심으로 친구 관계를 형성한다. 하지만 어느 학교, 어느 교실이든 소수의 소외당하는 아이들이 있게 마련이고, 이들의 생활은 하루하루가 지옥 같다. 따돌림을 당하던 어느 일곱 살 소녀는 다음 한 주 동안 무섭고 창피한 학교 생활로 돌아가야 한다는 생각에 일요일

밤만 되면 배앓이를 했다. 8학년생 킬리는 괴로운 심정을 이렇게 적었다. "매일 아침 학교에 같이 가던 친구 둘이 앞으로는 우리 집 앞에 와서 날 기다리지 않기로 했단다. 친구들이 날 모른 척했다. 아무도 날 끼워주지 않아서 배가 아팠다." 킬리 같은 아이들이 겪는 고통은 결코 과장이 아니다. 이 같은 고통은 끝나야 한다.

어느 7학년 교실에서 담임교사가 학생들에게 따돌림을 당하면 기분이 어떨 것 같으냐고 물었다. 어떤 학생은 체육 시간에 조를 나눌 때 영문도 모른 채 끝까지 선택받지 못하고 남는 기분과 같을 거라고 말했다. 다른 학생은 알아듣지 못하는 대화에 끼어 있는 기분일 거라고 했다. 이슬람 가정의 여학생 몇몇은 집안의 규율 때문에 방과 후 특별 활동에 참여하지 못해서 따돌림당할 때의 기분이라고 말했다. 캐나다에 온 지 얼마 안 되어 이 학교에 전학 온 이반은 친구가 없어서 외톨이가 된 기분이라고 털어놓았다. 잠시 침묵이 흘렀다. 얼마 후 이반의 옆자리에 앉은 남학생이 "내가 네 친구야"라고 말해주었다. 잠시 침묵이 이어지는가 싶더니 교실 뒤쪽에서 누군가 "나도 네 친구야"라고 말했다. 반에 있던 학생들은 공을 주고받듯이 한 사람씩 돌아가면 "나도 네 친구야"라고 나지막이 말했다.

따돌림을 경험하는 대부분의 아이들은 말없이 혼자 괴로워한다. 홀로 고통을 삼키면서 아무리 외롭고 힘들어도 가족에게조차 털어놓지 못한다. 이와 반대로 교실에서 말썽을 부리거나 운동장에서 사사건건 싸움을 일으키는 등의 행동을 보이다가 더 큰 따돌림을 당하는 아이도 있다. 앞서 소개한 7학년 교실에는 안전하고 믿을 수 있는 분위기가 조성되어 있다. 자기 반 친구가 따돌림을 당하면 아이들은 자유롭게 의견을 말하고 앞장서서 도움을 준다. 반 전체가 함께 노력한 덕분에 공감을 행동으로 실천할 수 있었고, 연대하는 기쁨과 진정한 이타주의를 경험할 수 있었다.

최근에는 학교 생활에 적응하지 못해서 학업에 지장을 받는 학생이 많이 늘어났다. 교사가 해야 할 일에 학생들이 공부에 전념할 수 있는 여건을 만들어주는 일까지 넣어야 하는 현실이다. 따돌림의 고통을 삼켜야 하는 아이는 학업에 전념할 여력이 없다. 점심 시간에 운동장에서 이 아이한테 무슨 일이 일어났는지가 아이의 학업에 큰 영향을 미칠 수 있다. 학습 준비란 그저 연필이나 넉넉히 깎아놓고 공책을 준비한다는 뜻이 아니다. 마음의 준비도 해두어야 한다는 뜻이다. 왕따가 된 학생이 공부할 준비를 하기란 불가능하다.

교사들이 아이들에게 공정한 눈과 동정하는 마음으로 세상을 보도록 가르칠 수 있는 기회는 얼마든지 있다. 또 아이들에게 공정하고 올바르고 정당한 것이 무엇인지 생각하며 다른 사람에게 공감하는 삶을 살도록 이끌어줄 수 있다. '공감의 뿌리'의 이념은 아이들을 잘 알고 있으면서 '교육적인 순간'을 자주 접하는 교사들 덕분에 더욱 확고해진다. 교실이라는 작은 사회에서는 인종이나 종교보다 훨씬 소소한 문제로 친구들을 따돌린다. 이를테면 교실 안의 지위나 돈, 외모, 지능, 운동 실력이 따돌림의 이유가 될 수 있다. 하지만 이런 차이를 없애주는 원칙은 변하지 않는다.

어느 학교가 시민 의식을 어느 정도로 높이 평가하는지를 알면 사회적 포용에 얼마나 큰 뜻을 품고 있는지 판단할 수 있다. 여기서 시민 의식을 높이 평가한다는 말은 운동 경기에서 패하거나 과학 시험에서 1등을 놓친 학생을 위로한다는 뜻이 아니다. 친절하게 남을 돕는 행동, 따뜻한 우정을 보여주는 행동을 인정해 준다는 뜻이다. 과연 우리는 친절한 행동을 보았을 때 축구 경기에서 골을 넣었을 때만큼 기뻐하는가? 동정심에서 남을 도와주는 마음씨를 수학 시험에서 A학점을 받는 것만큼 높이 평가하는가?

포용하는 분위기 만들기

교실이나 공동체에서 포용하는 분위기를 만들려면 서로를 배척하는 장벽을 무너뜨리는 것보다 더 큰 노력이 필요하다. 또 긍정적이고 의도적으로 포용 행위를 하려는 노력이 필요하다.

그러한 노력이 쌓이다 보면 사람들 사이의 연결을 중시하게 될 뿐 아니라 서로 의존해서 얻은 힘을 높이 평가하게 된다. 집단 안에 들어오지 못한 사람에게 자리를 내주고 그들의 욕구와 열망을 수용한다고 해서, 안에 있지만 아직 준비되지 않은 사람들의 자리가 빼앗기는 것은 아니다. 오히려 그 반대이다. 새로운 욕구와 열망을 수용할수록 모두가 수준 높은 경험을 얻을 수 있다. 포용하고 서로 의존하는 사회에서는 가장 고통받는 사람에 대한 공감 속에서 판단한다. 모두가 풍요로워지는 것이다.

아이들은 누가 뭐라 하지 않아도 이런 세상을 원한다. '공감의 뿌리' 시간에 아기가 초록색 담요 위에 앉아 장난감을 잡으려 한다. 아무리 잡으려 해도 잡히지 않자 빙 둘러 앉은 아이들 중 한 아이와 눈을 마주친다. 아이는 아기의 욕구를 안다. 그래서 아무것도 묻지 않고 아기를 도와준다. 부모와 교사 같은 어른들이 할 일은 가장 작은 아기와 가장 연약한 장애 아동까지 모든 아이에게 언제 어디서든 협력하고 수용하고 존중하는 환경을 만들어주는 일이다.

11

아기는 친구를 괴롭히는 아이들에게 무슨 말을 해줄까?

일곱 살 티모시가 그림을 들고 무슨 그림인지 설명한다.
"얘는 내 친구예요. 슬퍼하고 있어요."
내가 묻는다.
"왜 슬퍼하니?"
"어떤 애가 내 친구한테 침을 뱉었거든요."
"그래서 넌 어떻게 했니?"
"침을 닦아주고, 그 애한테 다시는 그러지 말라고 말해줬어요."

학교 운동장에서 어떤 아이가 다른 아이한테 침을 뱉는 광경은 세계 어느 나라에서든 흔하게 볼 수 있는 장면이다. 하지만 일곱 살 어린아이가 괴롭힘을 당하는 친구를 돕는 광경은 흔히 볼 수 없다. 티모시는 친구한테 묻은 침을 닦아주면서 같은 편이 되어주고, 침을 뱉은 아이에게는 친구한테 침을 뱉어서는 안 된다고 말해주었다. 티모시는 중재자 역할을 맡아, 학교 운동장에서의 시민 의식 수준을 높이고 공감 능력을 행동으로 보여주었다. 우리가 세계 각국의 정부에게 바라는 바로 그 능력 말이다.

티모시를 비롯한 수백만 명의 아이들이 이렇게 작은 한 걸음을 내딛으며 친구의 슬픔을 달래주고 약자를 괴롭히는 일을 하지 못하게 하는 모습을 보면 절로 힘이 난다. 티모시는 우리에게 무엇이 필요한지 단순명쾌하게 보여주었다. 피해를 입은 아이를 위로하면서 친구가 되어주고, 괴롭히는 아이에게 당당히 맞서는 명백한 모습을 보여주었다.

부모와 교사 들이 날로 심해지는 또래 괴롭힘 문제를 걱정하는 세상에서, '공감의 뿌리'는 해결책을 제시하는 프로그램으로 인정받은 교육 방법이다. '공감의 뿌리'는 또래 괴롭힘 문제에 독특한 방식으로 접근한다. 괴롭히는 아이나 괴롭힘을 당하는 아이에게만 초점을 맞추지 않고, 교실 전체를 작은 사회이자 변화의 단위로 보고 방관자와 가해자와 피해자 모두에게 사회 정의를 실현하자는 메시지를 전달한다. '공감의 뿌리' 프로그램에 관해 연구한 이들은 결과물을 통해 이 프로그램의 효과를 입증하고 있다.

얼마 전 나는 영국 아동위원회의 신임 위원장인 알 애인슬리 그린[Al Ainsley-Green] 박사와 함께 캐나다 매니토바 주 어느 학교의 2학년 '공감의 뿌리' 교실을 방문했다. 수업이 끝날 즈음 아이들은 그린 박사에게 "여기 어떻게 오셨나요?" "여왕님을 만나신 적 있어요?" "영국에는 상어가 있나요?"라고 묻기도 하고, "영국에는 전쟁이 일어나요?"와 같은 날카로운 질문을 던지기도 했다. 박사는 질문에 정성껏 대답해 준 다음 아이들에게 또래 괴롭힘 문제를 어떻게 생각하느냐고 물었다. 윌리엄이 번쩍 손을 들더니 당당하게 대답했다. "전 예전에 친구를 괴롭히는 아이였어요. 사만다랑 마크랑 에이든을 괴롭혔어요." 그러자 가스가 끼어들었다. "나도 괴롭혔잖아. 쟤가 예전에 절 괴롭혔어요." 윌리엄이 고개를 끄덕이며 말을 이었다. "맞아요. 가스도 괴롭혔어요. 하지만 이젠 친구들을 괴롭히지 않아요." 윌리엄은 '공감의 뿌리' 시간에 감정을 조절하고 친구들을 괴롭히지 않는 법을 배웠다고 말했다.

'공감의 뿌리' 프로그램의 효과에 관한 연구는 2000년에 브리티시 컬럼비아 대학에서 클라이더 허츠먼Clyder Hertzman 박사의 주도로 처음 실시되었다. 주요 연구자인 킴벌리 스코너트 레이철Kimberly Schonert-Reichl 박사는 처음 2년 동안의 프로그램 효과를 정리하면서 프로그램에 참여한 아이들에게 눈에 띄는 변화가 일어났다고 설명했다. 특히 감성적 이해와 친사회적 행동 수준이 높아졌다고 말했다. 또 공격성 척도 가운데 외형적 공격성과 동의어인 '도발적' 공격성이나 험담 같은 배타적 행동을 의미하는 '관계적 혹은 사회적' 공격성의 두 가지 척도 모두에서 점수가 유의미하게 떨어졌다.(연구 결과는 '부록 2' 참조)

'공감의 뿌리' 프로그램의 효과를 검증해 주는 연구 외에도, 날마다 전국의 아이들이 그리는 그림이나 글, 부모와 교사, 강사가 들려주는 일화들이 '공감의 뿌리'에 힘을 실어준다. 어느 교실에서 강사가, 괴롭힘을 당했거나 친구가 괴롭힘을 당하는 걸 본 적이 있는 사람은 이야기를 해보라고 하자 샘이라는 아홉 살 소년이 이렇게 물었다. "자기가 친구를 괴롭힌 일을 얘기해도 되나요?" 나는 이 이야기를 전해 듣고, 데스몬드 투투Desmond Tutu 주교가 이끄는 '남아프리카 진실과 화해 위원회South African Truth and Reconciliation'의 어린이 버전이라는 생각이 들었다. 샘은 1학년 아이를 괴롭히면서 점심 값을 뜯어냈다고 털어놓았다. 아이들 반응이 어땠을까? 한 아이가 "말하기 어려운 얘긴데"라고 말했다. 친구들은 샘이 아이들을 괴롭힌 경험을 털어놓은 용기를 높이 사고, 옳지 않은 행동을 바꾸려면 어떻게 해야 할 것인가 하는 주제로 토론을 시작했다. 샘이 1학년 아이에게 사과하고 돈을 돌려줘야 한다는 쪽으로 의견이 모아졌다. 그런데 샘에게는 돈이 부족했다. 그러자 아이들은 한두 푼씩 모아서 금액을 맞췄다. 그리고 옳은 일을 하기 위해 함께 노력하는 동안 자존감과 사회 정의가 굴욕과 수치심, 고립을 누르고 승리한다는 확신을 얻었다.

절망은 전염병과 같다. 괴롭힘을 당하는 아이는 희망을 잃고 미래를 꿈꾸지 못한다. 극단적인 경우에는 자살로 이어질 수도 있다. 영국에서 최연소 자살 아동의 나이는 겨우 여덟 살이었다.[1] 캐나다에서도 돈 매리 웨즐리[2]와 에멧 프랠릭[3]처럼 친구들에게 괴롭힘과 따돌림을 당하다가 자살한 청소년의 비율이 매우 높고 지금도 계속 증가하는 추세이다. 약자에게 관심을 기울이는 것만큼 그 사회의 정신을 고스란히 드러내는 것도 없다. 괴롭힘을 당하는 아이는 취약한 상태이므로 스스로 치유할 수 있으리라고 기대하기 어렵다. 물론 전문 지식을 갖춘 어른이 개입하는 것도 필요하지만, 무엇보다도 '공감의 뿌리'와 같은 예방 프로그램을 마련하는 것이 시급하다.

약자를 괴롭히는 세상

또래 괴롭힘은 본질적으로 잔인한 행위이다. 사회 권력을 남용하는 행위이자 일종의 폭력이다. 또래 괴롭힘 문제가 늘 같은 형태로 나타나는 것이 아니므로 어른들은 또래 괴롭힘의 다양한 양상을 파악해야 한다. 전형적인 유형은 덩치 큰 아이가 작은 아이를 힘으로 제압하고 다른 아이들을 끌어들이는 방식으로 나타난다. 하지만 또래 괴롭힘이 신체적 공격만 의미하지는 않는다. 때리겠다는 위협 역시 괴롭힘의 행위이다. 피해 학생은 언제 공격당할지 몰라 늘 겁에 질린 채로 지내야 하기 때문에 더 고통스러울 수밖에 없다. 피해 학생은 모욕을 당하고 욕설을 듣는다든지, 돈을 빼앗기고 폭행을 당하고 따돌림을 당할지 모른다는 공포로 인해 견디기 힘들 정도로 고통스러울 수 있다.

한편 또래 괴롭힘의 소심한 유형으로, 몇 년 전까지만 해도 알려지지 않았지만 현재 급격히 증가하는 유형이 있다. 바로 '사이버 괴롭힘'이다. 가해자들은 이메일, 채팅, 문자 메시지 등 얼굴을 드러내지 않는 은밀한 수단으로 피해자를 겨냥해서 협박하고 조롱하고 모욕한다. 특히 사이버 괴롭힘의 경우에는 괴롭힘 행위가 발생하고 피해자가 표적이 되어 수많은 '사이버 방관자'들이 연루되었음이 드러나기 전까지는 가해자를 찾아내기가 사실상 불가능하다는 점이 문제이다.

또래 괴롭힘의 주동자가 꼭 남자인 것은 아니다. 여자 주동자도 있다. 앞서 예로 든 리나 버크 사건도 여학생들이 주동자였다. 여자가 신체적 폭력으로 남을 괴롭히는 경우는 비교적 드물기는 하지만 전혀 없는 일도 아니다. 그러나 여자아이는 남자아이보다 관계를 중시하고 대인 관계와 협상으로 교우 관계를 원만히 형성하도록 사회화하는 경향이 있다. 이런 사회화 과정의 특성상 여자아이들은 신체 공격 같은 '여성스럽지' 않은 공격 행위는 좋아하지 않는다. 따라서 여자아이들은 상황이 불리하게 돌아가면 자연히 관계를 무기로 내세워 상대에게 심리적인 공격을 가하고 상처를 준다.

또래 괴롭힘 연구에 의하면 여자아이들은 사회적 공격으로 약자를 괴롭히는 비율이 높았다. 마리온 언더우드Marion K. Underwood는 〈여자아이들의 사회적 공격Social Aggression Among Girls〉이라는 포괄적인 연구에서 이렇게 설명한다. "여자아이들은 비웃고, 말로 상처주고, 쪽지를 보내고, 뒤에서 험담하고, 이메일을 보내는 식의 사회적 괴롭힘으로 상대의 감정에 상처를 준다. 또 싫어하는 아이에 관한 나쁜 소문을 퍼뜨리거나, '네가 ~하지 않으면 친구하지 않을래(그러니까 내가 시키는 대로 해)'라는 말로 좋아하는 친구를 마음대로 조종하면서 좋은 친구 관계에 흠집을 낸다."

주동자는 사회적 공격으로 친구를 고립시키거나 따돌려서 떠들썩한 교실 한가운데 홀로 남겨진 기분이 들게 만든다. 또 나쁜 소문을 퍼뜨리거나 다른 아이들을 선동해서 피해 학생을 멀리하게 만든다.[4] 주로 허약하고 인기 없는 아이가 표적이 되긴 하지만 늘 그런 것은 아니기 때문에, 어른들이 항상 세심히 살펴서 겉으로 드러난 것과 다른 일이 벌어질 수 있음을 알아야 한다.

공부도 잘하고 운동도 잘하고 음악적 재능도 뛰어나고 외모도 출중한 학생이 피해자가 된 사례도 있다. 이 학생은 남다른 재능 때문에 친구들한테 비난받고 따돌림을 당했다. 아이들은 유난히 뛰어난 아이를 끌어내리려는 의도로 이 아이를 친구로 받아주지 않았다. 이런 따돌림은 신체에 상처를 남기지는 않지만, 마음에는 지울 수 없는 상처를 남긴다. 폭력이 외적으로 드러나지 않는다고 해서 피해 학생이 받는 고통을 가볍게 보아서는 안 된다. 덮어두려다가 큰 화를 입을 수 있다.

또래 괴롭힘의 여파

또래 괴롭힘 문제가 널리 퍼지고 갈수록 폭력적인 양상으로 드러나는 지금, 하루빨리 효과적인 해결책을 찾아야 한다. 대다수 연구에 따르면 전체 학생의 15퍼센트가 또래 괴롭힘에 직접 연루된다고 한다.[5] 전체 학생수가 500명인 학교에서 약 75명이 약자를 괴롭히거나 괴롭힘을 당한다는 얘기다. 또 자의든 타의든 괴롭히는 행위에 가담하는 아이들까지 포함하면 얼마나 많은 학생이 연관되어 있겠는가? 친구가 괴롭힘을 당하는 걸 보고도 용기가 나지 않아 말리지도 못하고 수치스러워하는 학생은 또 얼마나 될까? 이 학생들을 모두 합치면 모두가 안전하게 지내야 할 학교가 위협적이고 적대적인 공간으로 변할 수 있다는 얘기가 된다. 문제는 여기서 끝나지 않는다.

또래 괴롭힘의 여파는 관련자 모두에게 지속적으로 영향을 미친다. 어릴 때 공격적이고 반사회적인 행동을 하던 아이는 십대에는 비행 청소년으로 살다가 성인이 된 다음에도 나쁜 짓을 일삼는다. 유명한 학자이자 아동 공격성에 관한 연구의 권위자인 리처드 트렘블레이 Richard Tremblay 박사에 의하면 초기 아동기의 신체적 공격 행위는 나중에 범죄에 가담할 가능성을 예측해 주는 주요 요인이다.[6] 세계적으로 유명한 또래 괴롭힘 전문가 댄 올베우스 Dan Olweus 교수의 연구에서는 6학년에서 9학년 사이에 공격적이던 아동의 60퍼센트가 24세 무렵에 범죄를 저지르는 것으로 드러났다. 어릴 때 약자를 괴롭히던 아이가 어른이 되면 그렇지 않은 아이보다 범죄, 알코올 중독, 반사회적 성격 장애, 정신 건강 시설의 이용 비율이 높았다.[7]

또래 괴롭힘의 희생자 역시 어른이 된 후에도 상처를 안고 살아간다. 이런 사람은 불안하고 걱정이 많으며 자존감이 낮다. 괴롭힘이 남긴 심리적 상흔은 성장기의 정서 발달, 사회 발달, 학업 성취도에 영향을 미치고, 장기적으로도 영향을 미친다. 어른이 되면 살 곳과 직장을 훨씬 자유롭게 선택할 수 있는데도, 괴롭힘당한 경험이 있는 사람은 그렇지 않은 사람보다 우울증에 시달리고 자신감 부족으로 고통받을 가능성이 높다.

직접 괴롭힘을 당하지 않았더라도 다른 친구를 괴롭히는 현장을 목격했으면서 나서지 않았던 아이들에게도 역시 상처가 남는다. 이들은 무력감에 짓눌려서 살거나 언젠가 자기도 희생자가 될지 모른다고 불안해하며 살 수 있다. 그뿐 아니라 남을 괴롭혀도 벌받지 않고 잘사는 걸 보고, 폭력은 갈등을 해결하거나 원하는 것을 얻는 정당한 방법이라고 생각할 수도 있다.

가해자는 만들어진다. 따라서 방지할 수도 있다

또래 괴롭힘의 가해자는 대체 어디서 나타나는 걸까? 괴롭히는 아이의 공통점을 찾아보면 충동적인 기질을 가지고 있고, 쉽게 공격적이거나 폭력적으로 행동한다. 공격 행동이 발달하는 데는 가정 환경이 크게 작용한다. 인간은 누구나 공격성을 타고난다. 공격성은 3세에 최고조에 이르렀다가 대개 3세 이후에 서서히 줄어든다. 따라서 공격성을 조절하는 방법을 배우는 과정은 가정에서 시작된다. 리처드 트렘블레이 박사는 공격성과 높은 상관성을 보이는 가족 유형을 보고했다.[8] 가족 간에 갈등이 생길 때 힘으로 해결하거나 강압적이고 괴롭히는 행동으로 해결하려는 가정에서 자란 아이는 부모에게 보고 배운 방식을 다른 사람들과의 관계에서도 적용할 것이다. 거기에 자녀의 욕구에 무관심한 양육 방식까지 더해지면 아이는 사회의 많은 사람들에게 친사회적으로 다가가는 법을 배우지 못하게 된다. 더욱이 이들도 괴롭힘을 당하는 아이가 어떻게 느끼는지를 알지 못한다. 그래서 괴롭히는 행동에 대한 양심의 가책을 거의 혹은 전혀 느끼지 못한다. 이러한 이유로 또래 괴롭힘의 가해자는 남의 입장을 이해하는 능력을 기르지 못해서, 결국 공감 능력도 개발되지 못했다는 이론이 널리 받아들여지고 있다.

누구나 어릴 때, 어떤 아이가 다른 아이나 집단으로부터 무자비하게 괴롭힘을 당하는 장면을 목격한 적이 있을 것이다. 혹은 괴롭힘의 직접적인 피해자나 가해자였던 사람도 있을 것이다. 과거에는 교사나 어른들이 이런 사건을 보고도 학교에서 으레 일어나는 아이들 싸움으로 치부하고 관여하지 않았다. 지금도 사정은 크게 달라지지 않았다. 어른들이 공격 행동을 눈감아주거나 모른 척하면 결국 또래 괴롭힘에 일조하는 셈이다. 아이들은 어른들이 보내는 무언의 메시지를 곧바로 포착한다. 어른들이 무관심한 태도로 일관하면 괴롭힘을 당한 학생이 어른들에게 알리지 않거나 한참 지난 뒤에야 알린다. 창피하기도 하고 가해자에게 보복을 당할까봐 두려워서이기도 하며, 어른에게 알린다고 해서 도와줄 거라고 기대하지 않기 때문이기도 하다.

연구에서는 과거처럼 방관하는 태도는 도움이 되지 않는다고 결론내리고 있다. 또래 괴롭힘은 통과의례가 아니다. 성장하면서 꼭 거쳐야 할 단계가 아니라는 뜻이다. 괴롭힘은 잘못된 행동이므로 중단해야 한다는 메시지를 아이들에게 분명히 전달해야 한다. 또래 괴롭힘 문제를 적극적으로 다루지 않으면 문제가 곪아터질 수 있다. 피해 학생은 고통에서 헤어 나오지 못한 채 미래까지 저당 잡힌다. 괴롭힘을 당하지 않는 데만 신경을 곤두세운 나머지 기나긴 학창 시절을 재미있게 보내지 못하고 평생 우울증에 시달리거나 사회적 관계를 회피할 수도 있다.

사회가 또래 괴롭힘 문제에 접근하는 방식은 그 사회가 무엇에 가치를 두는지를 보여주는 척도이다. 앞에서 감성 능력을 다루면서 학교의 '무관용' 원칙을 언급한 바 있다. 극단적인 학교 폭력 사건이 자주 발생하고 언론에도 자주 보도된 뒤부터, 많은 지역의 학교들에서 무관용 원칙을 도입해 학교 내 폭력 행위를 비롯한 다양한 위반 행위에 자동적인 벌칙을 적용하기 시작했다. 결과적으로 교사와 학교 당국이 사건 정황이나 관련 학생의 개인 사정을 고려해서 판단할 수 있는 여지가 사라졌다. 또래 괴롭힘 사건이 발생하면 가해 학생은 물론 때로는 피해 학생까지 정학을 당하거나 방과 후에 남겨지고 격리된다. 당장은 적극적인 조치를 취하는 것처럼 보여도 장기적으로 변화를 이끌어내지는 못할 수 있다.

가해 학생이 1주일 동안 교실에 들어가지 않거나 방과 후에 몇 시간 학교에 남는다고 해서, 친구를 괴롭히는 행위가 왜 잘못이고 친구들과 사이좋게 지내려면 어떻게 해야 하는지 깨달을 수 있을까? 또 피해 학생은 괴롭힘을 당하지 않고 친구를 사귀는 법을 배울 수 있을까? 반 전체가 괴롭힘 문제를 해결할 방법을 찾아볼 시간이 있을까? 처벌하거나 격리하는 방법으로는 괴롭힘 문제를 근본적으로 해결하지 못한다. 바람직한 역할 모델을 제시하지 않은 채 가해 학생들끼리 모아놓으면 문제가 더욱 악화될 수 있다.

'공감의 뿌리', 또래 괴롭힘에 대한 해결책

그렇다면 학교와 지역 사회에서 또래 괴롭힘 문제를 효과적으로 해결하는 방법은 무엇일까? 이미 학교 폭력이 발생한 학교라면 운동장에 경찰 인력을 배치하고 감시 카메라를 설치하는 것도 한 가지 방법이 될 수 있을 것이다. 하지만 '공감의 뿌리'는 예방을 강조한다. 교실 안에서부터 또래 괴롭힘을 근절해야 한다. 프로그램 전반을 통해 사회적 능력과 감성 능력과 공감 능력을 길러주면 도덕적 책임감이 생겨서 아이들 스스로 괴롭힘 행위를 막을 수 있다. 정의 실현이라는 동기가 도덕관으로 자리 잡으면 굳이 외부의 권위에 기대서 행동을 변화시키려고 애쓸 필요가 없다. 사회적 책임을 다하는 쪽으로 행동하려는 원칙이 마음속에 서기 때문이다. 잔인한 행동에 맞서도록 이끌어주면 아이들은 불의에 맞설 능력이 자신에게 있음을 느낄 수 있다. 감성 능력을 길러주는 방법은 다음과 같다.

- 아기를 교실에 초대해 아기의 순수한 감정을 직접 보여준다.
- 교실 안에 안전한 분위기를 조성해서 아이들이 감정을 솔직히 털어놓을 수 있도록 한다.
- 감정을 조절하는 법을 배우도록 도와준다.

아이들은 이런 방법을 통해 감성 능력과 공감 능력을 기르기 때문에 불의를 보고 행동으로 맞설 수 있다. 물론 주먹을 쓰거나 욕을 하지 않고도 야비하고 부당한 일에 당당히 맞설 수 있다.

'공감의 뿌리' 교실에서는 또래 괴롭힘을 사람들에게 마음의 고통을 안겨주는 행위 중 하나라고 가르친다. 아이들은 교실에 온 아기의 편이 되어줘야 한다고 배우고, 누가 시키지 않아도 자연스럽게 아기의 편에 선다. 아기를 만나면서 아이들은 어디에 가치를 두어야 하는지, 바람직한 사회 행동은 무엇인지 의견을 모으면서 일종의 연대 의식을 기른다. 강사가 "'공감의 뿌리' 아기가 괴롭힘을 당하거나 따돌림을 당하면 너희 기분이 어떨까?"하고 묻자, 다들 당연히 화가 날 것 같다고 입을 모았다. '공감의 뿌리'에서는 모든 아이가 학교에서 공평하게 지낼 권리가 있다고 가르친다. 다시 말해서 인종이나 민족이나 외모 때문에 놀림감이 되거나 괴롭힘을 당하거나 따돌림을 당하지 않을 권리가 있다고 가르친다. 그리고 이 원칙을 확고히 세워서 또래 따돌림을 허용하는 환경을 완전히 없애고자 한다. 그래서 리나 버크 사건처럼 십대 청소년들이 자신들과 다르다는 이유로, 간절히 친구 무리에 끼고 싶었던 친구를 집단의 힘으로 조롱하고 학대하고 결국 죽음으로 몰아넣는 끔찍한 사건이 다시는 일어나지 못하게 하고자 한다. '공감의 뿌리'에서 아이들은 교실이라는 작은 공동체에서 훌륭한 구성원이 되는 법을 배운다. 그러면서 약자를 괴롭히는 친구를 보고도 당당히 목소리를 내고, 행동하지 않으면 불의를 용인해 주는 것이라는 사실을 깨닫는다.

'공감의 뿌리' 시간에는 모든 아이에게 안전하고 수용적인 분위기를 만들어준다. 서로의 감정을 소중히 다루고 온전히 수용해 준다. 담임교사와 강사는 자신의 어린 시절을 돌아보며 괴로웠거나 슬펐거나 두려웠던 경험을 들려준다. 아이들은 교사의 개인적인 경험을 듣고 자기가 괴롭힘을 당하거나 다른 친구가 괴롭힘을 당하는 걸 보면 교사에게 알리고 싶어진다. 일례로 어느 교실에서 괴롭힘 문제를 토론하던 중에 담임교사가 아직 또렷이 남아 있는 어릴 때 기억을 떠올렸다. 어머니가 손수 만들어주신 외투를 입고 나갔다가 옷가게에서 산 옷이 아니라는 이유로 운동장에서 아이들에게 놀림을 받은 기억이었다. 아이들은 그녀를 밀쳐서 바닥에 넘어뜨리고 그녀 위에 앉아서 그녀의 등 한가운데에 분필로 선을 그렸다. 이 이야기를 들려주는 사이 교사의 눈에는 눈물이 맺혔다. 교사 스스로도 놀랐다. 그리고 둥글게 둘러앉은 아이들에게도 교사의 심정이 그대로 전해졌다.

이처럼 다른 사람을 이해하고 다른 사람의 눈으로 바라볼 수 있으면 강력한 친사회적 기술을 습득할 수 있다. 또래 괴롭힘 피해 학생과 가해 학생 모두에게는 친사회적 기술이 부족하다.

우리는 서로가 서로를 염려해 주고 아무도 방관자가 되지 않는 공동체 의식을 주창한다. 건전한 시민 사회에서는 누구나 잘못된 일을 보면 손을 내밀어 도와주거나, 반대로 도움이 필요할 때 도움을 요청할 책임이 있다.

초등학교 저학년 대상의 '공감의 뿌리' 수업에는 슬퍼하는 사람을 도와준 경험을 그림으로 그리는 시간이 있다. 아이들은 그림을 그리면서 자신들의 감정을 이해하고 남을 돕는 능력을 소중한 가치로 받아들인다. 더불어 불행한 사람을 만나거나 친구가 슬퍼하거나 괴로워할 때 도와주어야 한다는 생각을 갖게 된다. 그러면서 아이들은 자기가 가진 능력을 깨닫는다. 세상의 모든 문제를 해결하지는 못하지만 한 사람을 바꿀 수는 있다는 것을 깨닫는다. 아이들도 남을 도울 수 있다. 그리고 남을 도운 경험을 서로 나누면서 모두 함께 용기를 얻는다. 서로의 경험담을 들으면서 자기처럼 어린아이도 반 친구를 돕고, 형제를 돕고, 나아가 주위의 어른까지 돕는다는 사실을 깨닫는 것이다.

이야기의 힘을 이용하는 방법 또한 '공감의 뿌리' 프로그램의 중요한 부분이다. 문학은 한 사람이 시간과 공간의 맥락에서 세상의 한 조각을 바라본 결과물이다. 따라서 문학은 모든 아이에게 감정의 문을 열어주고 공통의 경험을 제공한다. 강사는 이야기책을 읽어주면서 다양한 주제에 대한 토론의 장을 마련하고, 이야기로 표현되어 있는 감정과 학생들이 실제 생활에서 느끼는 감정을 연결해 준다. 이야기책은 정규 수업을 보완하고 연령대에 맞게 토론을 이끌어낼 수 있는 책을 선택한다. 또래 괴롭힘을 다룬 이야기책을 함께 읽으면 이야기 속 인물에게 감정을 이입해서 혼자서는 창피하고 두려워서 돌아보지 않았을 경험을 돌아보고 서로 이야기 나눌 수 있다. 그리고 이야기 속 인물의 이야기를 탐색하면서 감정을 확인하고 해결책을 찾을 수 있다. 아이들이 쓰거나 그린 다양한 또래 괴롭힘 사연을 나누면서 아프고 두려운 경험을 있는 그대로 바라볼 수도 있다. 다음은 아이들이 적은 괴롭힘의 사연들이다.

> 나는 같은 유치원에 다니는 여자애 두 명한테 괴롭힘을 당한 적이 있다. 그 애들은 매일 미끄럼틀을 차지하고 자기네만 미끄럼을 탔다. 그리고 나한테 돌멩이를 던졌다. (유치원생)

> 어떤 애가 나한테 "돈 내놔. 안 그럼 가만 안 둬"라고 겁을 주었다. 날 두들겨 팰 것 같았다. 친구를 괴롭히는 것은 나쁜 짓이다.
> (1학년 학생)

> 내 친구는 피부색이 달라서 나쁜 욕을 듣고 괴롭힘을 당했다. 나는

겁이 났지만 "욕하지 마"라고 말했다. 그 애들이 내 친구를 마음 아프게 했으니까. (2학년 학생)

며칠 전 쉬는 시간에 어떤 애가 날 괴롭혔다. 그 애가 내 윗도리를 잡아당겼다. 눈물이 날 것 같았지만 꾹 참았다. (3학년 학생)

점심 시간에 화장실에 갔다가 나오는데 여자애 둘이 날 놔주지 않았다. 울면서 보내달라고 애원했더니 울보라고 놀렸다. 선생님이 오시자 그 애들은 내가 혼자 꾸며낸 일이라고 말했다. (5학년 학생)

복도를 지나갈 때 남자애 둘이 날 쫓아오면서 브래지어 끈을 잡아당겼다. 그 애들은 날 보고 낄낄대면서 "네 가슴 좀 보자"고 말했다. 너무 창피했다. (7학년 학생)

학생들은 소집단으로 모여 위와 같은 괴롭힘 사연을 함께 읽으면서 피해 학생을 도와줄 방법을 찾아보고, 친구를 괴롭히는 행위는 용납할 수 없다는 분명한 메시지를 전할 방법을 생각해 본다.

'공감의 뿌리'를 학교에서 실시하는 것은 또래 괴롭힘이 발생할 수 없는 환경을 만들기 위한 의도적인 결정이다. '공감의 뿌리' 프로그램에 참여하는 교사는 학교 안의 모든 구성원이 또래 괴롭힘을 중단하고 예방하는 데 일조하도록 앞장서는 학교 사회의 일원이다. 존중, 포용, 공감의 원칙은 '공감의 뿌리'의 핵심 개념인 동시에, 괴롭힘을 절대 허용하지 않고 모든 학생이 안전한 공동체의 일원으로 느낄 수 있는 교실을 만드는 데 밑바탕이 된다. '공감의 뿌리' 교사는 괴롭힘 사건이 발생할 때 교사가 적극 개입하면 가해 학생과 피해 학생은 물론 주변에서 지켜보던 학생들에게도 좋은 본보기가 된다는 점을 이해한다. 이렇게 개입하는 법을 배운 아이는 그 기술을 써먹을 기회를 반긴다. 학교에서 괴롭힘이 사라지면 희생자를 보호하는 것 이상의 보상을 얻는다. 학습 수준이 달라지고, 아이들이 학교에서 안전감과 자신감을 느끼며, 또 훨씬 적극적으로 관계를 형성한다.

어느 '공감의 뿌리' 강사가 이런 이야기를 들려주었다. 어느 날 쉬는 시간이 끝나고 '공감의 뿌리' 수업이 시작될 때였다. 그날은 아기가 방문하는 날이 아니라 방문 후 과정을 하는 날로, 또래 괴롭힘을 주제로 토론할 계획이었다. 그런데 강사가 토론 주제를 알려주기도 전에 파울로가 운동장에서 괴롭힘을 당했다고 털어놓았다. 다른 반 아이들이 자기에게 바보라고 놀리면서 함부로 밀쳤다는 것이다. 아이들은 파울로에게 그런 일이 있었다니 마음이 아프다면서 만약 자기한테 그런 일이 일어났다면 어떤 기분이었을지 이야기하고, 괴롭힘을 당하거나 친구가 괴롭힘을 당하는 걸 보면 어떻게 해야 하는지 말하기 시작했다. 파울로는 괴롭힘당한 경험을 친구들에게 말할 수 있는 용기가 있어서 다행이라고 생각하면서, 자기를 따뜻하게 지지해주는 반 친구들에게 동료애를 느꼈다. 그리고 강사에게 "친구들 덕분에 기분이 한결 좋아졌다"고 말했다.

모든 아이는 평화의 원동력

'공감의 뿌리'는 또래 괴롭힘 문제를 하룻밤 사이에 해결해 주는 프로그램이 아니다. 남을 괴롭히는 아이를 공략하는 단기적인 개입

방법도 아니다. 그보다는 광범위하고 깊이 있는 예방 차원의 접근법이다. '공감의 뿌리'는 포용에 가치를 두는 문화를 만들고, 피해자에게 따뜻하고 실질적인 도움을 주며, 모든 아이에게 서로를 존중하고 책임을 다하는 능력을 길러준다.

'공감의 뿌리'는 교실 안에서 상상력, 신념, 희망을 발견하면서 평화의 선행 조건을 존중한다. 간디도 말했듯이 "세계 평화를 원한다면 아이들부터 시작해야 한다." '공감의 뿌리'에서는 아이들이 미래를 만들어나갈 수 있으며, 이를 위해 모두가 시민 의식을 갖고 평등하게 참여할 수 있다고 믿는다. 또래 괴롭힘을 유발하는 기본 요인은 차이이다. 외모, 억양, 부모, 친구, 옷차림, 출신 지역이 '다르다'는 이유로 괴롭힘을 당하는 것이다. '공감의 뿌리' 시간에는 감정을 이야기하며 '동질성'을 찾아냄으로써 겉으로 드러난 '차이'를 무력화시킨다. 자아를 덮은 얇은 허울을 걷어내면 인간이 모두 연결되어 있다는 사실이 드러난다. 서로의 차이를 인정하고, 변하는 부분과 변하지 않는 부분까지 포용의 원칙으로 껴안아야 한다. 인간의 공통점과 공감하는 태도에서 진정한 기쁨이 우러나올 수 있다.

12

아기는 안전에 관해
무슨 말을 해줄까?

아프지마, 아가야.

'공감의 뿌리' 시간에 아이들은 아기가 생후 1년 동안 커가는 모습을 지켜보면서 자연스럽게 아기의 안전에도 관심을 기울인다. 아기가 여러 가지 능력을 습득하며 각각의 발달 과업을 달성해 가는 과정에서 아기의 안전에 위협이 될 수 있는 요인도 늘어나기 때문이다. 아이들은 아기가 발달 과업을 한 단계씩 성취해 가는 모습을 보면서 아기의 환경에서 부모가 막아줘야 하는 위험 요인이 무엇인지 생각하고 함께 의견을 나눈다.

울기와 안전

혼자서는 제 몸 하나 가누지 못하는 생후 몇 달밖에 안 된 아기에게 가장 중요한 능력이자 없어서는 안 될 의사 소통 수단은 '울기'이다. 수많은 십대 엄마들은 아기가 울면 안 되고, 아기가 울 때 달래주면 버릇이 나빠진다고 믿고 있었다. 언젠가 한번은 걸음마를 뗀 지 얼마 안 된 아기가 심하게 넘어져 다쳤다. 아기가 울기 시작하자 아기 엄마는 "아프지 않고 뭘 배우겠니?"라며 혼을 냈다. 아기를 일으켜주지도 않고, 나도 도와주지 못하게 가로막으면서 "못된 아기구나. 그만 울어" 하고 야단만 쳤다. 주변에는 어린 아기라도 거칠게 키워야 험난한 세상을 헤쳐나갈 수 있다고 잘못 알고 있는 부모들이 있다. 사실은 정반대이다. 어릴 때부터 따뜻하게 보살피고 세심하게 반응해 줘야 아이가 충격에서 회복되는 능력도 생기고 역경에 대처하는 능력도 길러진다. 자녀 양육의 가치관과 방법은 부모로부터 자식에게 전해지는데, 만약 이 가치관과 방법이 부정적이고 파괴적인 것이라면 사회가 나서서 자식 세대에게 새로운 자녀 양육 모델을 제시할 책임이 있다.

아기가 불편해 보일 때 지나치게 성급하게 반응하거나 아예 반응해 주지 않는 가정에서는 아기가 울면 위험할 수 있다. 부모가 우는 아기는 나쁘다거나 아기가 울면서 부모를 조종하려 한다거나 변덕을 부리느라 우는 것이라고 생각한다면, 아기가 울음을 멈추지 않을 때 화를 내거나 아기를 마구 흔들거나 내동댕이치거나 때릴 수도 있기 때문이다. '공감의 뿌리' 시간에는 '흔들린 아기 증후군shaken baby syndrome' (아기를 심하게 흔들 때 뇌가 붓고 출혈이 생겨 심각하게 뇌가 손상되는 현상—옮긴이)을 가르친다. 심각한 뇌손상을 일으켜 사망에까지 이르게 만드는 위험한 증상이다.

아기에게 위험한 상황을 주는 요인을 가르칠 때는 학생들의 연령에 맞게 내용을 구성한다. 아이들은 '공감의 뿌리' 시간에 배운 내용을 마음 깊이 되새기며, 아기를 위험으로부터 막아주는 듬직한 보호자가 된다. 이럴 때 아무리 끔찍한 현실이라도 아이들에게 무조건 숨기기만 해서는 안 된다. 무서운 이야기라도 이해하기 쉽게 어른들이 잘 전달해야 한다. '공감의 뿌리' 교실의 어느 여덟 살 소년이 친척집에 놀러 가서 임신한 사촌누나에게 진지하게 조언했다. "누나, 나중에 아기가 자꾸 울어도 절대 절대 흔들면 안 돼요. 아기가 너무 크게 울어서 어쩔 줄 모르겠으면 일단 아기를 침대에 눕혀놓고 방에서 나가요. 그리고 친구랑 통화하거나 따뜻한 차를 한 잔 드세요." 이 작은 소년은 아기의 대변자를 자처하며 의미 있는 방식으로 공중 보건 메시지를 전한 셈이다.

아이들은 아기에게 해를 입히지 말라는 메시지를 가슴 깊이 새긴다. 나중에 어떤 메시지를 알아들었는지 글로 써보게 하면 다들 이렇게 적어낸다. "아기를 절대 흔들면 안 된다. 잘못하면 아기의 뇌가 다칠 수 있다. 아기가 울음을 그치지 않으면 침대에 눕힌 뒤 방문을 닫고 다른 사람에게 도움을 요청한다."

'공감의 뿌리' 프로그램에서는 사람은 누구나 특별한 존재이므로 어떤 아기를 좋은 아기라거나 나쁜 아기라고 부르지 말라고 가르친다. 우는 아기는 '나쁜' 아기인 게 아니라 단지 어떤 문제를 가지고 있는 것일 뿐이므로 어른이 아기의 문제를 해결해 주어야 한다고 가르친다. 이것이 바로 민감하게 반응해 주는 양육 방법이다. 아이들이 이 개념을 잘 이해할 수 있도록 강사가 아기 옆에서 깜짝 놀라는 척하면서 큰소리를 낸다. 아기가 울음을 터뜨리면 강사는 아이들에게 아기를 위해 문제를 해결해 주는 연습을 시킨다. "아기가 배고파서 우는 걸까? 아기 엄마에게 아기가 젖을 먹었는지 물어봐야겠구나. 아기가 누워 있는 게 지루해서 우는 걸까? 아기를 엎드리게 해주자. 혹시 머리가 무거워서 우는 걸까? 배를 깔고 엎드려 있으니 우리를 보고 싶어도 머리를 오래 들 수 없어서 짜증이 났을까?"

강사에게 단서를 얻은 아이들은 아기의 입장이 되어 아기에게 무슨 일이 있는지 찾아본다. 잠시 후 아이들은 아기가 왜 보채고 우는지 그 이유를 여러 가지로 읊을 수 있다. 그리고 아기의 문제를 해결하는 방법도 길게 나열할 수 있다. 생후 1년은 우연한 부상이나 학대도 치명적일 수 있는 민감한 시기이다. 이것이 '공감의 뿌리'에서 아기에게 초점을 맞추는 또 하나의 이유다.

아이들이 아기의 부모나 보호자의 심정에 공감하는 모습을 보면 놀라울 정도이다. 그들은 부모가 아기를 흔들면 위험하다는 사실을 모르거나 너무 당황한 나머지 자기도 모르게 아기를 흔든다는 것을 이해해 주었다. 앞의 소년처럼 사명감을 느끼는 아이들이 많은 것 같다. 이런 아이들은 새로 만나는 부모들에게 아기를 흔들면 위험하다고 말해주기도 하고, 아기가 울 때 살살 달래줘야 한다고 알려주기도 한다.

우리가 매니토바에서 '공감의 뿌리' 프로그램을 시작한 첫 해였다. 당시 지역 방송에서 아버지가 아기를 너무 세게 흔드는 바람에 아기가 죽은 사건이 보도가 되어, '공감의 뿌리' 생활 지도 시간에 이 사건을 다룬 적이 있었다. 교사는 아이들이 이 사건을 접하고 어떤 반응을 보일지 걱정했다. 아이들이 과연 '해야 할 일'과 '할 수 있는 일'의 차이를 이해할까? 죽은 아기의 아버지에게 분개하지는 않을까? 그런데 아기의 죽음을 접하고 화가 나고 슬플 텐데도 아이들의 첫 반응은 이랬다. "아기 아빠는 얼마나 슬플까요?" "아기 아빠는 감옥에서 얼마나 외롭고 무서울까요?" "아기 아빠가 아기를 잘 돌보는 방법을 알

앉으면 얼마나 좋았을까요?" "아기를 안전한 곳에 눕혀놓고 마음이 진정되기를 기다리면 좋았을 텐데요." 아기의 죽음을 막을 수 있었는데 그러지 못했다는 데서 오는 안타까움과 부모가 감정을 폭발한 다음에 느끼게 될 두려움을 모두 아우르는 반응이었다.

수업이 끝나고 교사가 교무실에 가서 아이들의 토론 분위기를 전하자 많은 선생님들이 감동했다. 어른스럽고 동정심 넘쳐서만이 아니라, 도덕적 이슈까지 포함된 복잡한 문제를 풀어가는 아이들의 지혜에 감탄한 것이다.

수면과 안전: 부모가 될 준비가 되었는가?

영아와 유아, 그리고 부모의 생활에서 수면은 중요한 부분을 차지한다. '공감의 뿌리'에서는 수면에 대해 다루면서 아기와 유아의 일상에서 규칙적인 생활이 얼마나 중요한지 설명한다. 생활이 규칙적이면 아이가 다음에 무엇을 해야 할지 미리 예측하고 준비하는 데 도움이 된다. 갓난아이는 하룻밤에도 몇 번씩 깬다는 이야기를 해주면 아이들은 밤에 잠도 못 자고 아기를 돌보는 것이 얼마나 힘든 일인지 알게 된다. 또 수업 시간에 아기의 부모와 이야기를 나누면서 육아란 하루 24시간 내내 하는 노동이라는 사실도 알게 된다. 7, 8학년 학생들은 특히 수면 부족에 관심을 보이는데, 수면 부족으로 늘 피곤하고 짜증이 나고 기운이 없을 뿐 아니라 뭔가를 결정하기도 힘들며 가끔 우울해지기까지 한다는 아기 부모의 말을 귀담아 듣는다. 그리고 자기는 잠을 못 자면 견딜 수 없으니 "아주 아주 나이가 들 때까지 아기를 낳지 않겠다"고 다짐하는 학생도 있다. 고학년 학생들은 부모의 책임이 무겁다는 사실을 깨달으면서 십대 임신이 자신들의 생활에 초래할 많은 제약을 떠올린다. 교실에 온 아기는 추상적인 개념이 아니라 구체적인 사람이기 때문에 아이들은 좀 더 현실감 있게 문제를 바라볼 수 있다. 아이들은 '공감의 뿌리'에 참여하는 아기와 부모를 만나면서, 부모가 된다는 것이 새로운 한 인간에 대한 책임을 지는 일이라는 걸 배운다. 그러면서 경험이 부족한 사람이 부모가 되면 한 사람의 인생을 위험에 빠뜨릴 수 있고, 나아가 자신도 젊은 시절의 자유와 꿈을 포기해야 한다는 것을 깨닫게 된다.

'공감의 뿌리' 수업에서는 아기의 안전을 수면과 연결해서 다루면서 '영아 돌연사 증후군sudden infant death syndrome, SIDS'에 대해 알려준다. 이에 대해 이야기할 때도 아이의 연령에 맞게 난이도를 조절해서 아이들이 무서워하지 않게 전해야 한다. '영아 돌연사 증후군'은 1세 미만의 건강한 아기가 갑자기 사망하는 것을 말한다. 주로 자는 동안 사고가 발생하기 때문에 부모들은 죄책감에 시달려 제대로 생활하지 못하는 경우가 많다. 아기가 돌연사하면 부모는 오랫동안 "만약 이랬으면" "내가 이렇게 했더라면" 하는 생각에서 벗어나지 못한다. '영아 돌연사 증후군'은 아직 원인이 밝혀지지 않아서 완벽하게 예방할 길이 없다.

하지만 50퍼센트 정도 줄일 수 있는 예방법이 있기는 하다. 아기를 엎드려 재우지 않고 바르게 눕혀서 재우는 것이다. '공감의 뿌리' 시간에는 특히 이 방법을 강조한다. '공감의 뿌리' 수업 시간에 학생들은 "아기를 똑바로 눕혀서 재워야 한다"는 공중 보건 메시지에 대해 배운다. 나중에 이야기를 들어보면 학생들이 수업에서 배운 정보를 가족이나 아기를 키우는 친지에게도 알려줬다고 한다. 한 학년이 끝날 무렵 평가 시간에는 대다수의 학생들이 '영아 돌연사 증후군'과 '흔들린 아기 증후군'을 중요한 수업으로 꼽기도 했다.

돌아다니는 아기, 안전한 집

처음 교실에 들어올 때는 엄마 품에 꼭 안긴 갓난아이였지만, 1년 동안 아이들을 만나는 사이 아기는 조금씩 자라서 앉고 구르고 움켜쥐고 기고 서고 걷기 시작한다. 아기가 한 단계씩 발달 과업을 성취해 나아가는 동안 학생들은 아기가 새로 만나게 될 위험 요인에 대해 생각한다. 예를 들어 물건을 잡을 수 있게 되면 동전이나 단추나 레고 조각 같은 온갖 위험한 물건을 잡아 입에 넣을 수 있다. 아기는 아직 이런 물건을 삼키면 숨이 막힐 수도 있다는 사실을 모르기 때문에 어른들이 아기의 손에 닿지 않도록 치워줘야 한다. 아이들은 이런 이야기를 나누면서 결과를 상상해 보고, 수업 시간에 배운 내용을 실생활에도 적용한다.

아기가 기기 시작하면 움직이는 속도가 빨라져서 순식간에 전기 콘센트로 돌진하거나 계단 꼭대기로 기어갈 수 있다. 아이들은 이 이야기를 들으면 부모는 아기한테 막중한 책임감을 느끼고 잠시도 경계의 끈을 놓지 않고 계속해서 아이를 지켜보아야 한다고 생각하게 된다. 아기의 안전을 다루는 수업에서는 아기의 안전에 필요한 지침에 어떤 것들이 있는지 학생들의 연령별로 집단 토론하게 할 수도 있고, 아기에게 위험한 것들을 그림으로 그려보도록 할 수도 있다. 이것은 모두 공공의 안전을 바라고 그것에 이바지하는 건강한 시민을 기르는 과정이다. 아이들에게 '문 손잡이 안전 표지판'을 만들라고 하면 열심히 만든다. 아이들은 방문 손잡이에 "방해하지 마시오!"라고 쓰는 대신, 커다란 눈 두 개가 얹어진 쓰레기통 쪽으로 기어가는 아기를 지켜보는 그림을 그리고 그 밑에 "나한테서 눈을 떼지 마세요!!"라는 경고의 메시지를 적어 넣는다.

알코올과 담배, 안전한 양은 없다

'공감의 뿌리' 시간에는 아기의 뇌와 신체의 발달에 관해 가르치면서 아기가 생후 1년 동안만이 아니라 태어나기 전 9개월 전부터 엄마 뱃속에서 경험하는 놀라운 변화들을 설명해 준다. 좋은 영양, 건강한 자극, 무엇보다도 풍부한 사랑처럼 아기가 성장하는 데 도움이 되는 긍정적인 요인에 대해 알려주고, 건강한 발달을 방해하는 요인도 함께 설명한다.

아이들도 담배 냄새를 싫어하기 때문에 연약한 아기가 간접 흡연에 노출되면 건강에 매우 좋지 않다는 걸 이해한다. '공감의 뿌리' 시간에는 산모가 임신중에 담배를 피우면 아기의 출생시 체중이 보통보다 밑돌게 된다는 부정적인 결과를 강조한다. 몸집이 작고 체중이 덜 나가는 아기는 정상 체중인 아기보다 폐가 약하고, 담배를 피우지 않는 환경에서는 쉽게 예방할 수 있는 문제로도 고통받는다. 누가 뭐래도 아이들은 금연 캠페인의 강력한 지지자다.

더구나 아동이 보이는 공격성이 흡연과 상관 관계가 있다는 새로운 연구 결과가 나오는 지금, 아이들에게 흡연의 위험을 알리는 교육은 시급하다. 아동의 공격성을 결정하는 요인이 딱 한 가지는 아니지만 공격성과 흡연 사이의 상관 관계가 속속들이 밝혀지고 있다. 임신중에 담배를 피운 엄마가 낳은 아이는 공격성 정도가 높다는 연구 결과가 나와 있고,[1] 이와 함께 11세 여학생의 흡연율이 증가하고 있다[2]는 조사 결과를 고려하면 공공 보건 교육에서는 흡연의 위험을 알리는 일을 급선무로 삼아야 할 것이다.

'태아 알코올 스펙트럼 장애Fetal Alcohol spectrum disorder, FASD'는 선진국에서 주로 발생하는 선천적 결손증과 발달 지체의 주요 원인인데, 이 둘 다 예방할 수 있는 증상들이다.[3] FASD 증상을 보이는 아동의 절반은 정신 장애까지 동반하기 때문에 한 사람을 평생 치료하는 데 들어가는 비용은 100만 달러 이상일 것으로 추정된다. 또 FASD로 인해 고통받고, 잠재력을 발휘하지 못하는 인적 희생은 헤아릴 수 없다.

엄마가 임신중에 다량의 알코올을 섭취하면 아기가 FASD에 걸릴 위험이 높다. 알코올이 중추 신경계에 지속적으로 작용해서 정신적·신체적으로 정상 발달을 방해하고 얼굴 기형을 유발하기도 한다. 특히 7, 8학년 교실을 담당하는 강사는 FASD를 있는 그대로 다루면서 알코올 섭취가 태아에게 얼마나 큰 해를 주는지 상세하게 설명한다. 산모가 섭취한 알코올은 혈액으로 흘러 들어가고 태반을 통과해서 태아의 몸속으로 들어간다. 어른은 뱃속에 있는 아기보다 몸집이 훨씬 크다. 따라서 산모의 몸에서 흡수한 알코올이 아주 작은 태아에게 흘러 들어가면 상대적으로 많은 양이 된다. 따라서 태아의 체내에는 알코올 농도가 매우 높아질 뿐 아니라 산모의 몸과 달리 알코올을 정상적으로 배출하지 못하기 때문에 알코올이 태아의 체내에 장기간 머물면서 뇌세포를 죽인다.

임신중에 알코올을 다량 섭취하면 아기의 일생 동안 학습 장애, 성장 지연, 분노 조절 장애를 비롯해 여러 가지 장애를 일으킨다는 점은 연구에서 명확히 밝히고 있다. FASD 진단을 받은 아동은 언어 능력, 기억력, 인과 관계를 파악하는 능력, 감정 조절 능력이 부족하거나, 학교 생활에 잘 적응하지 못하거나, 건강한 사회적 관계를 형성하지 못한다. 산모가 알코올을 소량 섭취한 경우에 관해서는 명확한 연구 결과가 나오지 않았지만 임신중에 섭취해도 괜찮은 안전선은 없다고 보는 것이 바람직하다. '공감의 뿌리' 시간에는 학생들에게 이처럼 명확한 메시지를 전달하고, 특히 고학년 학생들을 위해 포스터를 붙여놓고 자주 보면서 익히게 한다.

너무 이른 나이는 없다

아기의 안전과 관련된 정보들을 교육하면 아이들은 부모의 책임과 아기의 취약성, 세상을 안전하게 만드는 데 상호 의존이 필요하다는 개념을 이해할 수 있다. '공감의 뿌리' 시간에는 공감을 중심으로 안전 문제를 다루기 때문에 관심의 초점이 아기의 안전을 지켜주는 문제에서 자연스럽게 아이들 자신의 안전을 지키는 문제로 넘어간다. 여섯 살 아이에게는 길을 건너는 문제가 될 수 있고, 열세 살 청소년에게는 어떤 생활 습관을 취하는 게 좋으냐는 문제가 될 수 있다.

예를 들어 아기의 건강한 발달이 좋은 영양과 어떻게 연결되는지 이야기를 나누다가 자연스럽게 식사 습관에 관한 주제로 넘어간다. 외모에 관한 이야기가 나올 때도 많다. 아홉 살밖에 안 된 아이들이 벌써부터 자신의 신체 이미지에 불만을 갖는 현실이 놀랍다. 요즘은 남자아이들도 외모에 대한 집착에서 자유롭지 않다. 강사는 영양가 있는 음식이 아기의 뇌와 신체 발달에 직접 영향을 미치고, 나아가 아동과 청소년기의 발달에도 지속적으로 영향을 준다고 가르친다. 신체 이미지와 같은 문제를 다룰 때는 신체에만 주목해서는 해결하기 어렵다. 어떤 주제를 다루든 친사회적 기술과 자존감에도 꾸준히 관심을 기울여야 한다. 그러려면 우선 아이들에게 건강한 자아상을 심어주고 주어진 환경에서 사회적 압력에 능숙하게 대처하는 전략을 가르쳐야 한다.

아이들도 어른들과 비슷한 문제들을 가지고 걱정하지만 경험이 부족해서 문제를 전체 맥락에서 이해하지 못한다. 그냥 덮어두면 저절로 해결되지 않는다. 보호자가 아이의 수준에 맞게 쉽게 풀어 설명해주지 않으면 아이의 두려움이 괴물처럼 커질 수 있다. '공감의 뿌리'에서는 아이들에게 언제나 안전 문제를 생각하라고 가르친다. 이를테면 "이것을 해도 될까?" "~라면 어떻게 될까?" 하고 스스로 질문을 던지게 한다. 수업 시간에 함께 이 질문의 답을 찾으면서 지식도 쌓고, 스스로 답을 알아낼 수 있다는 자신감도 얻는다. 아이들이 이해할 수 있는 방식으로 정보를 전달하면 아이들도 걱정거리를 훨씬 명확한 맥락에서 이해하게 되고, 세상을 이해하며 안전을 지켜주는 일들을 소중히 여길 수 있다.

13

아기는 교사에게 무슨 말을 해줄까?

'공감의 뿌리': 서로를 배려하는 교실 분위기

아이들이 '공감의 뿌리' 시간에 경험하고 발견한 지식은 정규 수업에도 영향을 미친다. 서로 배려하는 따뜻한 교실은 교사가 학생들을 가르치는 이상적인 공간이자, 학생들에게는 유익하고 능률적인 학습 공간이다.

내가 있는 곳으로 와주세요

아이들은 아는 만큼 증명하라는 요구를 자주 받는다. '공감의 뿌리' 시간에는 아이들에게 무엇을 느끼고 무엇을 생각하는지, 한마디로 자기가 어떤 사람인지 함께 나누게 한다. 아이들은 가족의 가치관과 유년기 경험은 물론 기질과 재능을 비롯한 유전적 특징이 한데 어우러진 독특한 모자이크와 같은 상태로 학교에 들어온다. 아이들을 가르치려면 먼저 그들에게 다가가야 한다. '공감의 뿌리'는 아이의 눈높이에서 세상을 보는 것이 학교 교육의 첫걸음이라는 전제로 구성된 프로그램이다. 어떤 아이는 태어나서 4,5년 동안 사랑을 듬뿍 받고 다채로운 경험을 하면서 하루하루 축제처럼 살아왔다. 사랑하는 부모가 꼭 안아주고, 동화책을 읽어주고, 자장가를 불러주고, 동물원이나 놀이 공원에도 데려가고, 아이를 방으로 데려다주면서 함께 계단 수를 세고, 호기심과 희망과 꿈을 품게 격려해 주었다.

한편 운이 좋지 않은 아이들도 있다. 가난한 집에서 태어나 늘 허기지고 밤마다 부모가 다투는 소리에 잠을 설쳐야 했다. 부모는 아이에게 책을 읽어줄 시간도 없고, 동물원에 데려갈 돈도 없었을 것이다. 이 아이들은 하루의 대부분을 무허가 탁아소에서 텔레비전 드라마나 보면서 보내고, 탁아소 한쪽 구석 놀이 울타리 안에서는 아기가 울고 있었을 것이다.

자라온 환경이 다르니 학교에 입학할 때 각자 서 있는 위치가 다른 것도 당연하다. 공교육은 학교가 한참 뒤처진 아이들에게도 기회를 줄 수 있다는 생각을 전제로 한다. 공교육은 사회화와 민주주의를 위한 가장 강력한 제도이다. 학교는 아무 기반도 없이 시작한 아이들에게도 더 나은 삶을 보장하고 미래를 약속해 줄 수 있다. 따라서 1년 동안 모든 학생을 비슷한 학업 수준으로 끌어올리려면 아이들의 상이한 출발점을 이해하기 위한 전략을 세워야 한다. 전략을 세우지 못하면 학생과 교사 모두 심한 중압감에 시달릴 수 있다. 일각에서는 교육

구조를 더욱 체계화해서 학교 교육을 시작하는 연령을 지금보다 낮춰야 한다고 주장하기도 한다. 일찍부터 공부를 시작한 아이는 나중에 더 빨리 지식을 흡수할 수 있을 거라는 잘못된 가정에서 나온 주장이다. 이는 아이들이 학습하는 방식에 관한 연구 결과에 정면으로 배치되는 주장이다. 학교 교사, 특히 유치원 교사들은 아이들이 놀이를 통해 문제 해결을 연습하면서 능력을 키운다고 믿는다. 이들은 유치원생에게 놀이 대신 공부를 가르치라는 압력을 받으면 가치관과 신념 체계가 무너지는 느낌을 받을 것이다. 유치원 교사들은 과학적 연구가 아닌 정치적 결정 때문에 놀이 대신 단어를 가르치다가 아이들의 자연스러운 학습 방식과 호기심과 상상력을 해칠까봐 우려한다.

'공감의 뿌리'를 기꺼이 받아들인 교사는 뜻밖의 기회를 얻는다. 아이들이 강사의 지시에 따라 아기와 아기의 부모와 소통하는 동안 교사는 한 발 물러나서 학생들을 새로운 관점에서 지켜볼 기회를 얻는다. 교사는 아이들을 관찰하고 생활 통지표에 사회 학습과 감성 학습에 관한 의견을 적을 수 있다. 학생이 아기와 가까워지는 사이 교사는 학생에게서 새로운 행동을 본다. 전에는 보지 못했던 다정하고 친절하고 여린 모습이 눈에 들어온다.

일곱 살 소년 톰의 사연이 좋은 예가 될 수 있다. 톰은 오랫동안 여러 양부모 집을 전전하면서 자라온 아이로, 새 학년이 시작된 이후 줄곧 공격성을 드러내고 반사회적 행동을 보였다. 친구를 사귀지 못하고 말썽만 부리면서 다른 아이들을 밀치고 때리고 발로 차고 침을 뱉고 주먹을 휘둘렀다. 톰은 항상 눈까지 가릴 정도로 모자를 푹 눌러쓰고 한 번도 웃지 않았다.

담임교사는 이런 톰이 '공감의 뿌리' 시간에 들어와 아기를 해코지하면 어쩌나 싶어서 전전긍긍했다. 교사와 강사가 내게 자문을 구하러 왔다. 나는 톰을 아기 바로 옆자리에 앉히라고 말해주었다. 엄마와 아빠가 함께 아기를 데리고 온 날, 톰은 아기가 부모와 함께 있는 모습을 보면서 전에 없던 반응을 보였다. 첫 시간에 톰은 아기를 보고 웃더니, 두 번째 시간에는 아기가 가까이 오자 모자를 벗었다. 세 번째 시간에는 물에 적신 분홍색 깃털을 가져와서 아기의 발바닥을 간질여주었다. 아기에게 선물을 해주고 싶었지만 돈이 없어 집에서 깃털을 주워온 것이다. 톰은 아기를 만나고 아기가 엄마 아빠와 즐겁게 소통하는 모습을 보면서 굳게 닫힌 마음을 여는 열쇠를 발견했을 뿐 아니라, 스스로가 얼마나 푸근하고 섬세한 사람인지 깨달을 수 있었다. 교사와 친구들도 톰을 새롭고 따뜻한 눈으로 보기 시작했다. 교사는 톰에게 방문 시간마다 미리 문 앞에 나가서 아기를 맞이하고 아기 엄마가 아기를 유모차에서 꺼내는 걸 도와주라고 시켰다. 톰은 감성 능력을 기르면서, 자기가 좋은 사람이며 자기에게도 공감 능력이 있다고 생각하기 시작했다. 친구들과 어울리면서 좋은 친구를 사귀고 감정을 솔직하게 털어놓는 법도 배웠다.

'공감의 뿌리' 교실에서는 이런 일들이 수없이 많이 일어난다. 교사는 학생을 감정이 흐르는 따뜻한 사람으로 바라보고, 학생의 걱정거리와 두려움을 알아가면서 학생의 전반적인 성격을 이해한다. '공감의 뿌리'에서는 교사들에게, 아이가 감정을 행동으로 표출하며 난폭하게 구는 것은 불안하고 고통스럽다는 걸 나타내는 신호라고 알려준다. 교사는 점차 그런 학생들에게 공감하기 시작한다. 반대로 교사가 당황할 때 학생이 알아채서 도움을 주기도 하므로 교사와 학생 사이가 서로 보답하는 관계로 발전한다.

학생들은 한 학년 동안 아기가 중요한 발달 과업을 달성하는 모습을 지켜보면서 인간 발달의 경이로운 여정을 이해한다. 그리고 발달에 대한 이해를 바탕으로 자기가 성취하려는 발달 과업이 무엇인지도 탐색할 수 있다. 아이들이 발달 과업을 안전하고 능숙하게 성취하도록 도와줘야 하는 어른들은, 아이들의 탐색 과정을 지켜보면서 정서적으로 온전한 인간이 되려면 얼마나 복잡한 기술과 사회적 능력을 학습해야 하는지 깨달을 수 있다. 아이는 치즈 케이크가 아니다. 어느 한 순간도 여러분이 실패했다는 증거는 없다. 아이는 꾸준히 완성되어 가는 작품이다. 무엇이 걸작을 만드는지는 몰라도 여러분은 늘 옆에서 확신을 주고 격려해 줄 수는 있다.

아이를 한 개인으로 인정하고, 아이의 사회 능력과 감성 능력을 발달시키려면 아이들이 함께 문제를 해결하고 의견을 조율하고 창의력을 발휘하도록 도와줘야 한다. 그러려면 우선 아이들에게 편안한 공간을 마련해 줘야 한다. '공감의 뿌리' 시간에는 지식을 가르치는 것보다 문제 해결 능력과 감성 능력을 길러주는 데 힘쓴다. 청소년 시기는 특히 외로운 때이다. 이 시기의 아이들은 홀로 떠다니는 외로운 섬과 같다고 느낄 때가 많다. '공감의 뿌리'는 아이들을 안전하고 외롭지 않은 뭍으로 실어다주는 구조선인 셈이다.

모든 아이는 리더감이다

'공감의 뿌리'에서는 정규 수업과 다른 방식으로 조를 짜서 교실 안의 권력 구조를 재편한다. 원래 있던 조를 해체하면 리더 역할을 맡아본 적이 없는 학생도 리더가 될 수 있다. 평소에 실수하거나 친구들이 비웃을까봐 의견을 말하지 못하는 학생들이 많이 있다. '공감의 뿌리'에서는 돌아가면서 발표자 역할을 맡기기 때문에 누구나 지도력을 발휘할 기회를 얻는다. 혼자만의 생각이 아니라 조원들의 의견을 발표하는 것이므로 엉뚱한 의견이라고 비웃음을 살 염려가 없기 때문에 수줍음이 많은 학생도 시도할 수 있다.

'공감의 뿌리' 시간에 아이들은 종이와 연필로 문제를 푸는 것이 아니라 진실하고 실질적인 문제 해결 경험을 맛볼 수 있다. 문제 해결 활동은 결과보다 과정을 중시하고, 주어진 정보를 암기하기보다는 창의적으로 생각하도록 이끌어준다. 우리는 별도로 학습 자료를 나눠주지 않는다. 그 대신 아이들의 의견과 감정과 참모습을 이끌어낸다. 평소에 소극적이던 아이들도 함께 머리를 맞대고 합의 과정에 참여하면서, 교실 안은 서로를 배려하고 돌보는 공동체 의식이 강화된다.

돌봄의 교과 과정

앞에서 '공감의 뿌리'를 소개하면서 이 프로그램이 정규 교과 과정과 여러 면에서 연결되어 있다고 하였다. 프로그램에서 다루는 주제에 따라 학생들은 자기를 돌아보며 글을 쓰기도 하고, 시와 이야기를 써서 함께 낭독하기도 한다. 또 노래를 부르거나 직접 노래를 만들어 보기도 하고, 자장가를 랩 버전으로 바꿔 거기에 사회적 주제를 담기도 한다. 고학년 수업은 수학 과목과도 연결된다. 예를 들어 아기 기저귀 값, 아기를 달래는 일에 얽힌 여러 가지 문제, 부모가 혼란을 겪는 데 들어가는 비용, 일회용 기저귀가 천 기저귀에 비해 환경에 미치는 악영향 등을 계산할 때 수학이 필요하다. 더불어 학생들은 집단의 합의를 도출하면서 일상에서 흔히 접하고 다양한 관점에서 보아야 하는 도덕 문제를 논의한다. '공감의 뿌리'는 과학과도 중요하게 연결된다. 뇌가 학습, 행동, 건강과 연결된다고 배우면서 발달의 생물학적 측면과 신경 과학을 공부한다.

정규 교과 과정이 '공감의 뿌리' 프로그램에 녹아 있듯이, '공감의 뿌리'에서 연습하는 기술이 학교 생활 전반에 적용되기도 한다. 예를 들어 '공감의 뿌리' 시간에 자주 집단으로 모여서 활동하다 보면 학생들 사이에 긍정적인 역동성이 형성되어 다른 수업 시간에도 편안하게 각자의 의견을 나눌 수 있다. 아기를 돌보면서 얻는 가슴 벅찬 흥분과 교실 전체에 형성된 가족애는 학생과 교사, 학교 모두에 긍정적인 영향을 미친다.

어느 1학년 교사가 동물에 관해 가르치면서 학생들에게 알을 낳는 동물의 이름을 대라고 했다. 어떤 아이들은 닭, 참새, 울새가 알을 낳는다고 대답했고, 동물원에 가본 적이 있다는 에반은 뱀도 알을 낳는다고 대답했다. 그러자 시에나가 손을 들고 이렇게 말했다. "개도 알을 낳고, 강아지가 알을 깨고 나오도록 도와줘요."

물론 정답이 아니었다. 하지만 교사는 잠시 머뭇거리다가 시에나가 실망하지 않도록 정답을 알려줄 방법을 찾았다. 마침내 교사는 이렇게 물었다. "혹시 개가 강아지 낳는 걸 본 적 있니?" 시에나는 활짝 웃으면서 집에서 기르는 스퍼드라는 개가 작은 강아지 여섯 마리를 낳는 걸 보았는데, 그때 강아지가 한 마리씩 희뿌연 주머니에 담겨 있었다고 설명했다. 시에나는 이 주머니를 알이라고 생각한 것이다. "그리고 스퍼드가 알을 핥아주니까 강아지들이 나왔어요." 시에나는 말을 마치고 의기양양하게 교사와 친구들을 바라보았다.

만약 이 교사가 아이들의 탐구 방식에 익숙하지 않았다면 시에나에게 답이 틀렸다고 말하고 다른 아이에게 넘어갔을 것이다. 그러면 시에나는 교사에게 실망했을 것이다. 어찌됐든 시에나는 강아지들이 알에 담겨 나오는 모습을 보지 않았는가? 그런데도 교사가 틀렸다고 말하면 다른 문제에서도 교사의 말을 믿지 못할 것이다. 다음번에는 손을 들고 의견을 말하지 않을 수도 있다. 틀리면 창피하기도 하고, 또 자기는 옳다고 생각하는데 교사가 틀렸다고 말할까봐 두렵기도 할 테니 말이다. 교사가 학생의 의욕을 꺾고 신뢰를 깨뜨린 셈이다. 아이는 취약한 자아를 드러내면서 최고의 반응을 기대하고 따뜻한 관심을 받으리라 믿는다. 그런데 기대와 전혀 다른 반응을 접하면 문제에 대한 답을 생각하고 싶은 마음도 없어지고 학습 태도에도 영향을 받을 것이다.

그뿐 아니라 교사 입장에서는 아이들에게 가르치려는 개념을 명확히 설명할 기회를 잃게 된다. 앞의 예에서 교사는 먼저 알을 정의하지 않고 알에 관해 질문부터 던졌다. 그리고 시에나의 이야기를 들은 다음, 알은 단단한 껍질로 되어 있어 안에 들어 있는 아기 새나 작은 새끼를 보호하고, 강아지는 알이 아니라 주머니에 싸여 나온다고 설명했다. 그러자 에반은 뱀 알을 만져본 적이 있는데 달걀처럼 딱딱하지 않고 가죽처럼 말랑말랑했다고 말했다. 교사는 조금 전에 말해준 알에 대한 정의를 수정해야 했다. 그러자 다른 학생이 물고기 알은 말랑말랑하기도 하고 투명하기도 하지 않느냐고 물었다. 알에 대한 정의를 다시 한 번 수정해야 했다. 마침내 아이들은 알을 일종의 물건을 담는 그릇이라고 이해했다.

교사는 단어만이 아니라 어조나 의미, 그리고 단순해 보이는 질문에 열심히 대답하는 아이들 모습에 공감하면서 모든 아이들에게 새로운 배움의 기회를 열어주었다. 강아지가 태어나는 장면을 본 아이는 교사에게 존중받는다고 느끼면서 자신이 관찰한 것을 더 깊이 이해할 수 있었다.

세상을 보는 아이들의 다양한 방식을 열린 자세로 받아주는 교사는 아이가 기존의 지식과 연결해서 새로운 지식을 받아들일 수 있도록 가르칠 수 있다. 학습이 이루어지려면 새로운 지식을 쌓을 기반이 있어야 한다. 새로운 지식 한 조각은 아무런 의미가 없다. 아이의 이전 경험과 지식의 틀 안에 녹아 들어가야 한다.

이 책에서는 특히 존중이 바탕이 되어야 건강한 관계가 형성된다고 강조했다. 수학 시간이라면 어떨까? 예를 들어 교사가 새로운 개념을 가르치는데 아이들 몇 명이 이해하지 못하는 듯 보였다. 교사는 이렇게 말할 수 있다. "너희들 얼굴을 보아하니 몇 명은 내가 방금 가르쳐 준 내용을 이해하지 못한 것 같구나. 그럼 다른 방법으로 설명해 주마. 이번에는 다들 이해했으면 좋겠구나." 혹은 다른 학생에게 도움을 요청할 수도 있다. "내 설명을 모두가 알아듣진 못했구나. 다른 방법으로 설명해 볼 사람 있니?" 아니면 이렇게 말할 수도 있다. "이해한 학생도 있고 이해하지 못한 학생도 있구나. 다른 방법으로 해보자."

교사는 못 알아듣겠다는 표정이나 알쏭달쏭하다는 표정을 짓는 학생의 이름을 말하지 않는다. "딴 생각했구나. 그러니 이해를 못하지"라거나 "숙제를 해왔어야 알아듣지"라고 핀잔을 주지도 않는다. 이해하지 못한다고 해서 부끄러운 일이 아니다. 사람마다 학습 방식이 다르므로 모르면 모르는 대로 존중받아야 한다. 그런 분위기 속에서 아이들은 서로 도와주고 공유하는 자세가 얼마나 소중한지를 배운다.

관계와 학습

교사는 그저 지식만 전달하는 사람이 아니다. 교사의 여러 가지 역할 중에서도 학습을 촉진하는 관계를 만드는 역할이 무엇보다 중요하다. 넓게 보면 교육은 보편적인 양육 활동이다. 교사는 학습 조건을 만들어주고 지원해 줄 뿐, 실제로 학습할지 여부는 학생의 선택이다. 다만 교사는 다양한 학습 방식을 고려해야 한다. 결국 무엇을 학습할지는 전적으로 학생에게 달려 있다.

학생이 학습하기로 결심하기까지 어떤 요인이 작용할까? 학습의 중요한 요인 가운데 교사와 학생의 관계가 있다. 아이들은 사람들과의 관계에서 가장 많이 배운다. 특히 자기에게 긍정적인 관심을 보여준 사람에게 가장 많이 배운다. 학창 시절에 구구단을 배운 날이나 제1차 세계대전의 발발 원인을 열거해야 했던 날을 기억하는가? 혹은 수업중에 사형 제도에 관한 논쟁을 시작했다가 교사로부터 토론 모임에 참여하라고 권유받았던 기억이 나는가? 장담컨대 수많은 선명한 기억들 사이에 이런 무미건조한 지식은 발 딛을 틈이 없을 것이다. 또 장담컨대 당신에게 스스로를 믿으라고 격려해 주고, 당신에게 관심을 보여주고, 당신을 좋아해 주고, 도와주고, 당신 말에 귀를 기울여주고, 함께 웃어주고, 친구처럼 대해준 교사는 당신 마음에 특별한 자리를 차지할 뿐 아니라 오늘의 당신을 만드는 데 중요한 역할을 했을 것이다.

나날이 복잡하고 험악해지는 사회 전반의 분위기를 고려하면, 학급 학생들의 감성이나 사회 생활을 교사 한 사람이 모두 책임지기는 어렵다는 주장을 받아들이고 싶을 것이다. 이는 곧 시험만으로 학습과 발달을 측정하면 끝이라는 입장과 밀접하게 연결되어 있다. 이들은 특히 아이의 뇌에 몇 가지 정보 덩어리만 주입하면 된다면서 교사의 역할을 빈 양동이를 채우는 정도로 제한해야 한다고 주장한다. 하지만 최근 수십 년간 연구에서 밝혀진 뇌 발달의 기제를 보면 학습은 이들의 예상과 다른 방식으로 일어난다. 뇌는 경험에 의존하는 기관이므로 풍부한 경험을 제공하는 것이 무엇보다 중요하다. 학습은 아이의 감성과 사회적 맥락까지 포함해 아이의 온전한 전체와 연관되어야 한다. 인지 능력은 사회 능력 및 감성 능력과 많은 관련이 있다. 아이가 3학년 때 보여주는 친사회적 기술은 3학년 때의 학업 성취도보다 8학년 때의 학업 성취도를 가늠케 하는 강력한 예측 변수라는 연구 결과가 있다.[1] 슬프거나 걱정스럽거나 따돌림당하는 등 심각한 정신적 고통을 감당해야 하는 아이는 아무리 체계적으로 학습 계획을 따르게 하고 숙제를 많이 하게 한다 해도 학업 성취도가 올라가지 않는다.

  뇌가 어떻게 작용하는지 밝혀지면서 학습에서 '연결'의 필요성도 중요하게 인식되고 있다. 기억은 서류 정리함보다는 거미줄에 가깝다. 개별 지식은 다른 지식과 연결되어 복잡한 양상을 만들고, 각 양상은 더 풍부한 자료와 연결된다. 새로운 정보를 학습할 때 뇌는 먼저 거미줄처럼 얽혀 있는 정보망에 끼워 맞춰보고 잘 들어맞는지 판단한다. 예를 들어 얼룩말을 처음 보면 뇌는 그것을 기억에 저장되어 있는 비슷한 유형과 연결시킨다. 당신은 "말이랑 비슷해"라고 생각하고, 이어 "위장하려고 대비색을 쓴 거야"라고 생각하면서 머릿속으로 표범이나 호랑이 같은 동물과 연결해 본다. 그리고 얼룩말을 좀 더 자세히 알아보고 어디에 사는지 알아내서 아프리카 동물 목록에 넣거나, "말과 닮았지만 탈 수 없는 동물" 항목에 넣기도 한다.

하지만 말이라고는 사진에서조차 본 적이 없다면 어떻게 할까? 혹은 표범이나 호랑이가 어떤 동물인지도 모르고 자연의 위장술이라는 말을 처음 들어봤다면 어떻게 할까? 그러면 얼룩말을 고양이와 개처럼 "네 발 달린 동물"하고만 연결할 수 있다. 이처럼 새로운 정보가 기존의 다른 지식과 강하게 연결되지 않으면 제대로 학습되어 기억에 남을 가능성이 낮다. 거미줄에 걸리는 정보가 많지 않으면 얼룩말이라는 새로운 정보는 구멍 사이로 빠져나가 결국 기억에서 사라진다.

어떤 학생은 학교에 들어올 때부터 정보망이 복잡하게 잘 발달해 있어서 새로 학습한 내용이 정보망에 잘 붙는다. 지금껏 사랑을 듬뿍 받으면서 안전한 환경에서 세상을 탐색해 왔기 때문이다. 하지만 '엄마가 화를 내며 상처줄 때 어떻게 대처하지?'처럼 생존과 밀접히 연관된 경험에 관한 뇌 회로만 발달된 아이들은 상황을 경계하는 데만 에너지를 쏟기 때문에 학습에 쓸 에너지가 부족하다. 결국 학교에서 새로운 학습 정보를 배워도 뇌 안에 연결할 공간이 없다.

교사는 누가 교실 문을 열고 들어오든 따뜻하게 맞아준다. 일단 학교에 들어온 이상 교사는 아이의 기반이 아무리 허술하고 부적절하다 해도 그 기반 위에 새로운 학습을 쌓아주어야 한다. 아이의 정보망에 맞지 않는 사실이나 지식은 아무리 많이 주입해도 아이를 혼란에 빠뜨릴 뿐이다. 교사는 정보들을 새롭게 연결해 주면서 아이의 학습 능력을 길러줘야 한다.

아이마다 다른 학습 방식과 교육적 순간

한 가지 난관이 더 남아 있다. 아이의 학습 방식도 천차만별이라는 점이다. 교사들은 대개 경험을 통해서 이 사실을 잘 안다. 예를 들어 산자이는 교사가 한 말을 모두 기억하지만, 제니는 숙제를 두 번이나 듣고도 집에 가는 길에 다 잊어버린다. 제니는 숙제를 잊지 않기 위해 따로 적어두어야 한다. 칸차나는 돌아다니면서 공부해야 능률이 오른다. 그래서인지 수학 문제를 풀 때 가만히 앉아 있지 못하고 꿈지럭거리는 모습이 자주 눈에 띈다. 찰리는 교사가 동화책을 읽어주는 동안 종잇조각에 주요 등장 인물을 그린다.

공부할 때 몸을 가만히 두지 못하는 아이에게 "가만히 앉아 있어!"라고 야단치거나, 동화책 내용을 이해하려고 그림을 그리는 아이에게 "낙서 그만하고 집중해라" 하고 지시할 수도 있다. 하지만 이 아이들은 하워드 가드너Howard Gardner가 말하는 '다중 지능multiple intelligences'의 좋은 예일 수 있다.[2] 기존에는 언어 지능과 논리적 지능을 중요하게 생각했지만, 가드너는 '신체 운동 지능'과 '대인 관계 지능' 같은 다른 지능도 중요하다고 강조했다. 다중 지능에 관한 연구가 활발히 이루어지면서 개인의 학습 방식은 타고나며 일생에 걸쳐 변하지 않는다는 점이 분명해졌다. 따라서 다양성을 무시하고 한 가지 방법만 강요한다면 절반이 넘는 아이들에게 눈가리개를 씌우는 셈이다. 결국 아이들은 칠판에 적힌 내용을 보지 못하고 학습 능력을 기르지 못한다.

흔히 교실이 조용한 반이 공부를 잘한다고 말한다. 스물다섯 명의 어린 학생들이 스물다섯 개의 작은 책상에 머리를 박고 열심히 공부하는 그림을, 공부하는 학생의 이상적인 모습으로 생각할 수 있다. 하지만 시끄럽고 활기찬 곳에서 의욕도 생기는 법이다. 학습을 향한 열정은 생기가 넘쳐야 한다. 물론 개중에 몇 명은 조용히 앉아서 책을 읽거나 글을 쓰거나 그림을 그려야 공부가 잘될 수 있지만, '공감의 뿌리'에서 목표로 삼는 의미 있는 학습 방식은 아니다. 특히 어린아이들은 서로 활발하게 소통하면서 배워야 한다. 우리는 아이들의 에너지를 축복으로 여겨야 한다.

아이들은 안전하다고 느껴야 에너지를 잃지 않는다. 선생님이 자신을 이해해 줄 거라는 믿음과, 실수를 해도 웃음거리가 되지 않고, 남과 다르다는 이유로 함부로 취급당하지 않을 거라는 믿음이 있어야 한다. 안전하지 않은 교실에서 자기를 보호하는 데 에너지를 다 빼앗긴다면 학습에 쓸 에너지가 남지 않는다.

세계은행의 메리 에밍 영Mary Emming Young은 "학습이 학습을 낳는다"고 했다. 노련한 교사는 '교육적 순간teachable moment'을 이용하는 것이 얼마나 중요한지 잘 안다. '공감의 뿌리' 시간에 나타나는 교육적 순간을 정규 수업으로 확장할 수 있다. 어느 '공감의 뿌리' 교실에 심각한 학습 장애를 보이는 데본이라는 소년이 있었다. 데본은 아기의 발달 과업을 배우는 시간에 특히 관심을 보이며 강사의 말을 귀담아들었다. 데본은 이 주제에 관한 한 전문가가 되었다. 교사는 이 순간이 데본에게 어쩌다 한 번 나타나는 '교육적 순간'임을 알아채고, 데본을 교장실로 데려가서 교장 선생님께 아기의 발달 과업에 관해 설명해 드리라고 했다. 데본은 교장 선생님 앞에서 자기가 이해한 대로 술술 읊었다. 그 일이 있고 나서 데본은 학교 방송반에 들어가서 전교생에게 '공감의 뿌리' 아기에 관한 소식을 전달하는 역할을 맡았다. 데본의 엄마는 교무실에 찾아와 데본에게 일어난 변화에 대해 들려주었다. 데본이 이제 학교 가는 걸 무척 좋아한다고 했다.

탐구 수업에서는 교사를 포함하여 어느 누구도 100퍼센트 옳을 수 없다. 애덤은 시골에서 자연에 관심이 많은 부모 밑에서 자란 아이였다. 애덤은 온갖 풀과 나무 이름을 알고, 자연에 관한 흥미로운 이야기들을 알았다. 어느 날 애덤의 반이 야외 수업을 나갔을 때의 일이다. 애덤은 이런저런 풀들을 가리키며 친구들에게 소가 먹으면 안 되는 풀은 어떤 것이고, 10미터까지 자라는 풀은 어떤 것인지 알려주었다. 교사는 자기가 더 잘 알고 있는 이야기로 아이들의 주의를 돌리지 않고, 애덤의 말에 진지하게 귀를 기울이며 애덤을 칭찬해 주었다. "와, 애덤, 선생님은 그거 몰랐는데. 알려줘서 고맙구나." 교사는 열심히 참여하는 학생을 칭찬하고 학생들 각자가 갖고 있는 재능을 수용했다. 학생들은 애덤 덕분에 그 지역에서 자라는 풀에 대해 공부할 수 있었고, 나아가 학생도 수업에 도움이 될 수 있으며, 같은 학생끼리도 배울 수 있다는 걸 깨달았다. 학습은 일방적이어서는 안 된다. 교사만 학생을 가르치라는 법은 없다. 능률적인 교실에서는 그 안에 있는 모두가 배우는 사람이다.

교사의 자격

신참 교사에게는 좋은 스승이 필요하다. 특히 교실에 들어선 처음 몇 주 동안에는 학생들을 이해하는 데 좋은 스승의 도움이 필요하다. 스승은 학생들을 공감하는 법을 직접 보여주고, 학생의 눈높이에서 학교 생활을 바라보도록 이끌어주며, 학교 주변 지역의 다양한 특징을 설명해 줘야 한다. 교사가 되려는 사람이 교실에서 안전한 공동체를 만드는 방법을 배우려면 적절한 도움이 필요하다. 모든 학교와 교실에는 참여 민주주의가 자리 잡혀 있어야 한다. 모든 학생이 존중받고 안전한 분위기에서 질문하고 반박하고 자기 주장을 펼치고 또 감정을 표현할 수 있어야 한다. 무리한 요구처럼 들리지만 가능한 일이다. '공감의 뿌리' 교실에서는 매일 일어나는 일이다.

아이들을 가르칠 때는 아이의 관심사와 각자의 독특한 학습 양식, 감정에 대한 공감, 경험에 대한 이해, 학교에 들어오기 전까지의 생활을 존중해야 한다. 이런 요건을 충족시키려고 노력하다 보면 신참 교사를 훈련하는 방법뿐 아니라 경험 많은 교사를 지원하는 방법도 터득할 수 있다.

교사에게는 아이들의 삶을 변화시킬 수 있는 커다란 잠재력이 있으며, 교사는 바로 이 잠재력을 개발해야 한다. 학교에서 가르치는 내용은 정부에서 지정한 교과 과정에 따라 달라질 수 있다. 하지만 교사와 학생이 맺는 관계가 교과 내용보다 더 큰 위력을 지닌다. 교육 내용에 인간애를 불어넣으면 오랫동안 지속될 학습 조건이 형성된다.

언젠가 커서 교실 문으로 걸어 들어올 아기들이 교사에게 할 수 있는 말은 무엇일까? "영원히 잊지 못할 좋은 선생님이 되어주세요"가 아닐까?

14

아기는 부모에게
무슨 말을 해줄까?

생애 첫 관계

　아이들은 가정에서 자아를 형성한다. 부모와 자식의 관계는 세상에서 가장 강력한 관계이다. 부모의 애정 어린 손길과 온화한 목소리는 아기의 뇌 발달을 촉진한다. 가정은 아기가 세상을 탐험하고 마음껏 상상력을 표현할 수 있는 안전한 공간이기도 하다. 아기에게 민감하게 반응해 주는 태도는 아기가 들이마시는 공기만큼 중요하다. 아이에게는 중요하지 않은 날이 단 하루도 없다. 매순간, 모든 대화, 모든 활동이 중요하다. 매순간이 고유한 의미를 지니고, 다시는 돌아오지 않을 순간이기 때문에 한 순간 한 순간을 소중히 여겨야 한다. 흔히 디즈니랜드 여행처럼 거창한 행사가 아이에게 두고두고 잊지 못할 사건이 될 거라고 알고 있다. 하지만 아이가 마음 깊이 간직하는 사건은 거창한 행사가 아니라 따뜻한 관계이다. 부모가 진심으로 따뜻하게 대해준 기억이 아이에게 가장 큰 힘을 발휘한다.

우리는 부모가 되면서 새로운 사람으로 거듭난다. 우리 삶에 들어온 아이는 놀라운 능력으로 우리에게 영향을 미친다. 우리는 아이가 우리에게 불어 넣어주는 순수하고 따뜻한 사랑으로 인해 더 나은 사람으로 변모할 수 있다. 부모가 되면 우리는 감정을 있는 그대로 드러내고, 아이를 통해서 과거에는 상상도 하지 못하던 세심한 반응과 이타심을 드러내게 된다. 가끔은 분통을 터뜨리기도 하고 나약해지기도 하며, 자신감이 넘치기도 하고 부끄러워하기도 하면서 우리는 삶의 한복판에 선다.

그 보답으로 부모는 자식에게 전폭적인 사랑을 받는다. 부모가 갓난아이와 소통하면서 변화무쌍한 과정을 거쳐 친밀해지는 과정은 연인이 사랑에 빠지는 과정과 닮았다. 아이와 부모 사이의 최초의 관계는 남녀 간의 열정적인 사랑과 매우 유사하다. 아이는 사랑하는 부모가 눈에 보이지 않거나 부모의 손길을 느끼지 못하면 못 견뎌한다. 아이에게 이 시간은 관계를 향한 인간적 욕구를 기르는 데 매우 중요한 시간이다. 사랑이 넘치는 환경에서 생애 첫 애착에 대한 욕구를 충족시킨 아이는 스스로 부족한 것을 채울 수 있는 어른으로 성장한다. 그러나 어릴 때 관계를 맺고자 하는 욕구가 충족되지 않으면 끊임없이 사랑과 안전, 인정을 찾아 헤매면서도 끝내 만족하지 못한다.

성장하면서 발달 과업을 하나씩 성취하다 보면 최초의 강렬한 사랑이 조금씩 누그러진다. 아이는 동네에서 또래 친구를 사귀거나 유치원이나 학교에 들어가서 다른 아이들이나 중요한 어른들과 새로운 관계를 맺는다. 친구를 사귀기 시작하면서 부모와 자식의 관계에는 평화로운 휴식과 건강한 공간이 생긴다. 인정받고 사랑받으려는 갈망이 더 이상 부모에게만 향하지 않고, 사회적 관계망이 발달하면서 넓은 영역으로 분산된다.

유년기의 학습

우리는 '공감의 뿌리'를 다년간 진행하면서 사랑과 정성이 넘치는 자녀 양육이 아이의 사회 능력과 감성 능력을 기르는 일뿐 아니라 학교 공부를 준비시키는 일에도 영향을 미치는 장면을 직접 목격해 왔다. 지난 수십 년 동안 신경 과학과 아동 발달 분야에서 밝혀낸 바에 따르면 유년기의 몇 년은 다른 어떤 시기와 비교할 수 없을 정도로 효과적인 학습이 이루어지는 중요한 시기이다. 보호자의 따뜻한 보살핌은 어느 교사나 교육 프로그램이 따라갈 수 없을 정도로 아이의 지적 능력을 크게 향상시킨다.

부모들은 신경 과학에 대해 배우면서 아기의 뇌 구조를 '연결'하는 중요한 역할을 맡는다는 생각에 흥분하면서도 막중한 책임감을 느낀다. 아기의 뇌는 타고난 유전자와 부모가 제공하는 경험이 복잡하게 상호 작용하면서 발달한다. 특히 생후 3년은 촉각, 시각, 청각, 미각, 후각의 감각 경로를 통해 뇌 회로가 연결되는 중요한 시기이다.

이와 같은 것을 알아갈수록 부모의 권한은 커진다. 부모의 조그만 행동 하나하나가 모두 아이의 발달에 중요한 의미를 지니기 때문이다. 부모는 아기를 꼭 안아주고 젖을 먹이면서 살살 토닥여주고 품에 안아 흔들면서 노래를 불러준다. 이런 행동 하나하나가 아기의 다양한 감각을 일깨워주고 아기에게 안전하다는 느낌을 갖게 한다. 이렇게 안전하다는 느낌을 받은 아기는 앞으로 살면서 다정하고 건강한 관계를 맺을 수 있는 능력을 기를 수 있다. 아기가 불편하거나 배고파서 울 때마다 부모가 반응을 보이면 아기는 자신의 울음이 효과가 있다는 사실을 알아차린다. 아기는 울기와 보살핌을 연결하면서 자기가 세상에 영향력을 행사할 수 있다고 믿게 된다. 가령 까꿍 놀이는 단순히 아기를 즐겁게 해주는 놀이가 아니다. 물건을 감춰도 다시 나타날 수 있다고 가르치면서, 눈에 보이든 보이지 않든 대상이 영속적으로 존재한다는 사실을 일깨워주는 놀이이다. 기억의 첫 단계이자 원인과 결과를 이해하는 사고의 시작인 셈이다.

부모가 아이와 함께 책을 읽으면 다른 어떤 방법보다 오래도록 공부에 대한 자신감과 열정을 심어줄 수 있다. 아이를 무릎에 앉히고 동화책을 읽어주는 행동은 아이의 모든 감각을 일깨워주는 행동이다. 품안의 온기, 구성진 목소리, 동화책에 실린 삽화의 시각적 자극, 이야기를 들으면서 떠올리는 심상이 아이 안에서 어우러진다. 부모가 자주 책을 읽어준 아이는 그런 경험이 거의 혹은 전혀 없는 아이보다 언어 발달 수준이 훨씬 높다. 아이들은 사랑과 관심을 먹고 자란다. 아이에게 책을 읽어주는 것만큼 부모 스스로 책 읽기를 얼마나 좋아하는지 보여주는 것도 중요하다. 독서 경험이 언어 습득에 미치는 효과는 널리 알려져 있다. 최근에는 부모가 자녀에게 책을 읽어주면 아이의 친사회적 행동에 긍정적인 영향을 미친다는 연구 결과도 있다.[1]

아기에게 말을 많이 걸어주면 아기는 낱말을 이해하기 훨씬 전부터 언어 감각을 익힌다. 한 살이 안 된 아기는 자기가 할 수 있는 말보다 많은 내용을 이해한다. 아기는 말하기 전에 언어에 관한 거대한 지식의 저장소를 만든다. 따라서 아기에게 자꾸 말을 걸어주는 것이 좋다. 아기는 언어의 소리와 억양을 익히고 나중에 그것을 자기 것으로 만든다. 그리고 부모를 대화에 끌어들일 수 있다는 중요한 사실을 배운다. 대화를 통해 관계를 주고받는 법을 배우는 것이다. 아기는 자연스럽게 옹알이를 시작한다. 부모는 옹알이에 대꾸하면서 아기가 자꾸 소리를 내도록 부추긴다. 아기가 내는 소리를 따라하면 아기는 더 열심히 소리를 내면서 부모와 대화를 주고받는다. 이 과정을 이른바 '투 스텝two-step' 대화라고 한다. 상대와 스텝을 밟듯이 대화하기 때문에 붙여진 이름이다. 아기와 말을 주고받을 때는 아기가 경험하는 사건과 밀접히 연결되는 말, 즉 생활의 맥락에 어울리는 말을 사용해야 한다. 이를테면 아기에게 모자를 씌워주면서 '모자'라고 말해야 한다. 아기의 입에서 나오는 첫 단어는 대개 아기와 가까운 사람이나 사물의 이름이다. 아기를 사랑하고 보살펴주는 사람의 이름이나 아기가 이미지를 떠올린 사물의 이름을 제일 먼저 말한다.

아기에게 말을 걸 때는 노래하듯이 높은 어조로 천천히 발음하고 소리와 구절을 반복해서 들려준다. 이 같은 '부모 말parentese' (혹은 '베이비 토크baby talk')은 수십 년에 걸쳐 부모들 사이에서 크게 유행하다가 시들해졌으나, 지금은 기술이 발달하면서 아기가 '부모 말'과 일상 대화에 어떻게 다르게 반응하는지 알 수 있기 때문에 '부모 말'이 다시 유행하고 있다. '부모 말'은 모음을 강조하고 단어를 반복하며 단어와 단어를 또박또박 띄어서 발음하기 때문에 아기가 소리를 명확히 들을 수 있어서 말을 익히는 데 효과적이다. 또 억양을 강하게 하면서 노래하듯 말해 아기에게 강렬하게 다가간다. 아기는 보통의 말투보다 '부모 말'에 더 예민하고 오래 귀를 기울인다. 여기에 감정이 실리면 아기는 인과 관계를 훨씬 잘 학습할 수 있다. 가령 아기는 자기가 '아구'라고 말하면 엄마가 그 말을 따라한다고 배우면서 인과 관계를 학습한다. 엄밀히 말해서 대화는 소리를 주고받는 것이 아니라, 소리와 결합된 감정을 주고받는 것이다. '부모 말'은 논리가 아니라 사랑으로 소리를 전달하면서 풍부한 정서 경험을 전달한다.

이렇게 부모가 아이와 자주 대화하면 아이가 학교에 들어갈 때 장점으로 작용한다. 사회 경제적 지위가 낮은 가정에서는 자녀와 깊이 있는 대화를 자주 나누기가 힘들다. 하지만 자녀 양육 기관에서 이런 부모에게도 놀이를 통해 자녀와 이야기를 나누도록 훈련하면 이 문제는 얼마든지 개선할 수 있다. 세 살까지 배운 언어가 장차 아이의 학교 생활의 성공 여부를 결정하는 배경이 된다는 점을 감안하면, 어느 사회 경제적 계층에 속한 부모에게든 자녀의 언어 습득에 힘쓸 수 있도록 도와주는 일이 더욱 절실해진다. 언어와 인지 능력은 불가분의 관계이다. 자신의 세계에 관한 이미지를 형성하는 순간부터 아기는 고차원적 사고로 이어지는 여정에 올라서게 된다.

성격 형성: 공감의 발달

유년기는 언어 능력뿐 아니라 문화나 가치관도 형성되는 중요한 시기이다. 다정하고 섬세하게 반응해 주는 부모 밑에서 자란 아이들은 자신감과 공감 능력, 사회 능력이 뛰어나다. 이런 부모는 강압적이지 않으면서도 권위를 세우고, 한계를 정할 때는 그 이유를 댄다. 이런 부모도 자녀의 행동을 예의주시하기는 하지만, 의사 결정시에는 그 과정에 자녀를 참여시킨다. 아이에게 의견을 말하게 하고 선택 사항도 제시한다. 또 이런 부모는 자녀에게 어떤 행동을 시킬 때는 먼저 솔선수범하며 자기가 내뱉은 말을 행동으로 실천할 줄 안다.

낸시 아이젠버그Nancy Eisenberg는 《배려하는 아이 The Caring Child》라는 책에서, 나치 점령 시대 유럽에 살던 사람들을 연구하면서 유태인 탈출을 적극 도와준 사람과 방관한 사람을 가르는 요인이 무엇인지 탐구한 새뮤얼 올리너Samuel Oliner와 펄 올리너Pearl Oliner의 연구를 소개하고 있다. 유태인을 도와준 사람들은 부모와의 관계가 남달랐다. "적극 도와준 사람들의 부모는 방관자의 부모보다 남을 배려하는 마음씨를 중시하고, 다른 사람들에 대한 윤리적 책임을 져야 한다고 가르치며, 자녀를 훈육할 때는 논리적으로 접근하고, 체벌은 거의 하지 않았다. 이들은 자녀를 훈육하고 벌할 때나 가족 이외의 사람들을 만날 때에도 남을 먼저 배려하는 모범적인 모습을 보여주었다."[2]

아이를 학교에 보내면서 부모는 가정에서 받은 단단한 기반 위에 학교에서의 학습과 성격 형성 경험이 쌓일 것으로 기대한다. 부모는 학교의 도움을 받아 자녀가 훗날 남을 배려할 줄 아는 시민이자 훌륭한 부모가 될 수 있기를 기대한다.

'공감의 뿌리'는 학교와 힘을 합쳐서 이런 부모의 기대에 부응하려고 애쓴다. 다음 세대의 개인적 가치와 사회적 가치를 깊이 이해하고 자녀 양육 방식이 아이에게 어떤 영향을 미치는지 충분히 이해한 바탕 위에서 '공감의 뿌리' 프로그램이 탄생하였다. 안타깝게도 모든 아이들이 이 장에서 설명한 그런 바람직한 출발을 하는 것은 아니다. 학교에 들어오기 전에 잠재력을 북돋워주거나 감성을 풍성하게 가꿔 주지 못하는 가정에서 자란 아이들이 많다. 이 아이들은 섬세하게 반응해 주지 않거나 아예 무관심하거나 심지어 학대하는 자녀 양육의 희생자이면서, 훗날 부모가 되면 같은 그 방식을 그대로 답습한다. '공감의 뿌리'의 목표 가운데 하나는 이러한 악순환의 고리를 끊어서 모든 아이가 사랑하고 보살펴주는 부모 자식 관계를 경험하도록 하는 것이다. 한 학년 동안 아기와 부모를 초대하는 데는 중요한 목적이 있다. 그것은 아이들에게 아기와 부모가 다양한 상황에서 소통하는 모습을 보여주면서, 아이들로 하여금 교실에서 오가는 대화를 책임지고 이끌어보도록 하는 것이다. '공감의 뿌리'에 참여한 아이들은 스트레스를 받지도 않고 시험도 보지 않는다. 그러면서도 긍정적으로 공감하는 평생의 관계 모형을 익힐 수 있다.

아이들은 부모와 아기의 소통에서 아기가 어떤 신호를 보내서 욕구를 알리고 부모는 그 신호를 어떻게 읽고 반응하는지 관찰하면서 자연스럽게 그 순간 어떤 감정들이 오가는지 생각한다. 슬플 때는 어떤 표정일까? 어떤 사람이 당황하거나 화가 났는지 어떻게 알 수 있을까? 왜 당신은 아기가 자부심이 있다고 생각하는가? 어떤 일들이 당신에게 자부심을 느끼게 하는가? 아이들은 이 질문을 놓고 의견을 나누면서 사람마다 행복이나 슬픔을 느끼는 모습이 다양함을 확인하고, 자기가 느끼는 미묘한 감정의 결을 이해한다. 그러다 보면 토론의 방향은 자연스럽게 다른 친구가 이가 빠질 때나 운동장에서 따돌림당할 때 어떤 기분이 드는지를 이해하는 데로 넘어간다. 다른 사람의 입장에 서보는 시간은 그 사람의 기분을 이해하고 그 사람의 경험을 공감하는 능력을 기르는 데 꼭 필요한 단계이다. 다음으로 중요한 단계는 바로 "당신이 무엇을 할 수 있는가?"이다.

이제 공감은 시민 의식, 사회적 행위, 이타주의의 출발점이 된다. 아이들은 태어날 때부터 고립이나 슬픔이나 괴롭힘과 같은 문제를 해결하는 다양한 방법을 알고 있다. 그래서 "네가 슬프다니 안됐구나"라고 말하는 수준 이상의 반응을 보인다. 어느 4학년 학생은 울고 있는 여자아이의 그림을 보고 이렇게 적었다. "이 아이는 친구들과 함께 있고 싶은데 따돌림을 당해서 슬픈 것 같다." 그리고 다음 문장에 이렇게 덧붙였다. "나는 이 아이에게 같이 놀자고 해서 함께 재미있는 시간을 보내면서 이 아이를 도와주고 싶다." 많은 학교에서 '공감의 뿌리'에 참여한 아이들이 중재자를 자처하며 운동장에서 싸움을 말리고 해결책을 찾아내서 평화를 이끌어낸다.

자녀가 읽기나 쓰기나 산수만 잘하기를 바라는 부모는 없다. 자신감과 공감 능력을 기르고 사회 정의에 앞장서는 사람이 되기를 바랄 것이다. '공감의 뿌리' 마지막 단계에는 "나는 누구인가?"라는 주제를 다룬다. 7, 8학년 학생들에게 이 시간은 꿈과 희망을 찾아보는 시간이다. 아이들은 한 학년 동안 아기에 대한 책임감을 배운다. 다음으로 생각의 폭을 넓혀서 아기가 세상에서 어떤 자리를 차지할지 생각해 보고, 또 지역 사회의 일원이자 세계 시민으로서 모든 아기가 안전하고 공평하고 건강한 환경에서 자랄 수 있도록 보장해 줘야 한다고 생각한다. 아이들은 변화를 이끌어낼 수 있음을 배운다. 자기 자신뿐 아니라 친구를 위해서도 남을 괴롭히는 아이에게 당당히 맞설 수 있다. 자기 생각을 당당히 말할 수 있다. 이렇게 교실 안의 따뜻한 공동체에서 스스로 변화를 이끌어낼 수 있는 사람이라는 믿음을 키우는 것이다.

부모가 전문가다

무력한 갓난아이가 당당한 어른으로 성장하기까지는 첫사랑이자 가장 영향력 있는 스승이기도 한 부모가 아이에게 심대한 영향을 미친다. 우리는 직감에 의한 양육 방식을 버리고 '전문가'에게 권한을 넘겨줘야 한다는 압박감과 싸워야 한다. 어디든지 쉽게 연락이 닿을 수 있고 대가족이 사라져가는 요즘, 자칫 멀리 있는 권위자에게, 자녀 양육 방법을 배우려 할 수 있다. 하지만 모든 사람에게 맞는 한 가지 방식이란 없다. 맞는 방식이란 전적으로 관계라는 맥락에서만 작동하는 것이기 때문이다. 우리는 스스로를 믿어야 한다. 철학자이자 시인인 조지 산타야나George Santayana는 "가슴을 믿는 것이 지혜"라고 적었다. 전문가에게 유용한 정보를 배우되 궁극적으로는 가슴에서 우러난 믿음에 따라 자기 자식에게 무엇이 옳은지 결정해야 한다.

'공감의 뿌리'에서는 아이들에게 희망을 심어주는 동시에 능력도 길러준다. 또한 자녀 양육이라고 하는 것을 높이 평가하면서 최고의 인간성은 바로 부모와 자식 관계에서 실현된다고 본다. 아이들과 함께 최고의 인간성을 탐색하면서 우리들은 아이들이 앞으로 계속 유지할 수 있는 자신에 대한 이해와, 살면서 만나는 모든 관계와 역할을 능숙하게 해낼 수 있는 자신감을 기르도록 도와준다. 그리고 우리는 부모가 되기 위해 당신이 쏟아 붓는 모든 지식과 재능, 열정과 사랑이 다음 세대에도 전달될 수 있도록 노력한다.

'공감의 뿌리' 시간에 우리는 자주 이런 질문을 던진다. "아기가 말할 수 있다면 무슨 말을 하려고 할까?" 어쩌면 아기는 이렇게 말하려는지도 모른다. "엄마가 '부모 말'을 해주면 내겐 '공부 노래'가 들려요. 엄마가 꼭 안아주면 이 세상에 날 위한 안전한 자리가 있을 것 같아요. 내가 울 때마다 엄마가 안아주면 내가 한 말을 엄마가 들어준다는 걸 알게 돼요. 내가 물건을 가리키고 엄마가 이름을 말해주면 말이

춤을 추면서 내 마음에 들어와 앉아요. 엄마가 내 손이 닿는 곳에 장난감을 놔두면 나는 세상을 만들어가는 법을 배워요."

아기는 자라서 7학년생 제트와 같은 똑똑한 학생으로 자란다. 다음은 제트가 쓴 글이다.

아기들

아기들은 지구로 날아온 천사.
날개는 태어날 때 사라졌지.
아기의 눈을 들여다보면 우리는 달라지네.
아기의 눈이 우리에게 들어와 이름을 얻지.
우리의 가슴에 들어와 영원히 떨어지지 않지.
아기는 천사, 언제까지나 아기를 사랑해.

15

아이들 한 명 한 명이 세상을 바꾼다

마음의 길

교실 안팎에서 다양한 방식으로 효과를 발휘하는 '공감의 뿌리'는 어린아이들이 지닌 공감적 윤리 감각과 천재적인 사회성에 대한 존중을 바탕으로 한다. 이 같은 아이들의 자질은, 마음속의 시를 표현한 그림에서 잘 드러나 있듯이, 아직 품격 있는 사회를 이루고 있지 못한 이 세상에서 우리가 보존하고 키워야 할 인간의 가치가 무엇인지 명백히 보여준다.

지난 수백 년 동안 인류가 보인 철학의 발전과 사회 개혁, 지적 탐구, 의학 발전, 그리고 인간 발달에 관한 지식의 폭발적 증가 등은 전쟁과 내란, 기아, 질병, 가난과 함께 이루어졌다. 우주에서 바라본 지구 사진을 처음 본 순간 우리가 사는 행성이 얼마나 아름다운지 감격

하던 기억이 난다. 하지만 똑같은 지구인데도 고통에 짓눌려 군데군데 상처가 벌어진 것처럼 보이는 때도 있다. 영원한 해결책은 없을까? 나는 이렇게 벌어진 상처를 꿰매고 모두를 하나로 연결하려면 인간의 마음에서 혁명이 일어나야 한다고 믿는다.

우리는 먼저 출발점으로 되돌아가 아이들과 함께 시작해야 한다. '공감의 뿌리' 프로그램은 세상에 나온 지 두세 달밖에 안 된 작은 아기와 함께 출발한다. 교사에게 야단맞고 친구들에게 따돌림당하던 '문제아' 소녀에게 아기가 방긋 웃어주는 순간 믿기지 않는 일이 벌어진다. 소녀는 유일하게 자기를 바라봐준 아기에게 환한 미소로 화답한다. 그리고 그때까지 아무도 들어본 적이 없는 목소리로 소녀가 아기의 이름을 부른다. 소녀의 행동 하나하나에는 아기에게 가까이 다가가려는 마음이 배어 있다. 상처받은 가슴이 치유되기 시작하는 것이다. 처벌, 비행, 또 다른 처벌의 굴레에서 벗어나지 못하던 소녀가 아주 오랜만에 순수한 미소와 무조건적인 사랑을 접하는 순간이다. 이렇게 밝아오기 시작하는 희망의 빛은 '공감의 뿌리' 프로그램에서 무수히 일어나는 작은 기적 중 하나이다. 소녀와 아기 사이에 맺어진 관계를 통해 다른 학생이나 교사도 새로운 눈으로 문제아였던 소녀의 여린 속마음을 발견한다. 아기와 연결되어 있다는 유대감이 이전의 소외감을 압도한다. 교실 안에 공동체의 씨앗이 뿌려진 것이다.

세상에는 헤아릴 수 없이 많은 사람이 인류 공통어인 감정을 표현할 줄 몰라 사람들과 의미 있는 관계를 나누지 못한 채 외로운 섬처럼 각각 떠다니고 있다. '공감의 뿌리'는 그동안 우리 모두가 찾아온 인류 공통의 언어이다. '공감의 뿌리'에서는 감성 능력을 적극적으로 가르쳐서 모든 아이가 자기와 타인의 감정을 이해하고, 감정에 이름을 붙이고 설명할 수 있게 해준다. 감성 능력은 인간의 모든 읽고 쓰는 능력 가운데 으뜸이자 맨 처음 습득하는 능력이다. 자기의 감정을 표현하고 다른 사람의 감정 표현을 이해할 수 있는 아이는 친구도 잘 사귀고 어른들과도 만족스러운 관계를 맺는다. 사회 학습과 감성 학습은 고차원적 사고 능력을 필요로 하고, 인지 학습과도 높은 상관을 보인다. 이렇게 다양한 능력이 서로 연결되어 있기 때문에 학교에서 공감 능력을 길러주자는 우리의 주장이 설득력을 얻는다. 게다가 공감 훈련을 학교 교육에 통합하면 아이들에게 자아 감각을 심어주고, 협동심과 이타심을 길러주며, 남을 공격해서 목표를 달성하거나 갈등을 해결하려고 하지 않는 태도를 길러준다고 입증하는 연구 결과가 나오고 있다. 여기서 형성되는 지속가능한 자존감은 1970, 80년대에 유행하던 대중심리학의 "스스로에게 훌륭하다고 말하면 정말 훌륭해진다"는 식의 주장과는 다르다. 지속가능한 자존감은 가치관을 강화시키고 의사 결정을 도와주는 마음속 나침반이다.

아는 것을 지키며 살자

공감 교육을 통해 형성되는 상호 의존감은 지구촌 가족에 꼭 필요한 요소이다. 우리는 알게 된 바에 따라서 살아야 한다. 예를 들어 열대 우림이 훼손되면 오존층이 파괴되어 결국 지구의 미래가 어둡다는 사실을 지식으로 아는 것만으로는 충분하지 않다. 우리는 이해한 것을 행동으로 옮겨야 한다. 나무와 오존층과 인간 생명의 상호 의존성을 깨달았으면 열대 우림을 훼손하지 않으려고 노력해야 한다. 마찬가지로 부모의 지속적이고 애정 어린 관심이 자녀가 건강하게 성장하는 데 가장 큰 영향을 미친다는 사실을 아는 데서 그쳐서는 안 된다. 지식을 실천으로 옮겨야 한다. 특히 힘든 상황에 놓인 부모를 홀로 그 상황에 맞서 싸우도록 내버려둬서는 안 된다. 어려운 처지에 있는 부모도 아이를 건강하게 키울 수 있도록 사회가 앞장서서 필요한 자원을 제공해야 한다. 듣기 좋은 말로만 끝나서는 안 되고, 실제로 아이를 최우선에 두는 조치가 있어야 한다.

그러기 위해서는 먼저 부모를 존중해야 한다. 그리고 가족 친화적인 사회와 훌륭한 자녀 교육, 건강하고 자신감 넘치는 아이가 하나로 연결되어 있다는 사실을 알아야 한다. 무장 공격에 의존해서 적에게 폭탄을 터뜨리거나 식량 공급을 끊고 항복을 받아내는 방법으로는 아무것도 해결되지 않으며, 오히려 다른 나라에까지 여파가 미쳐 갈등만 커질 뿐이라는 사실을 아는 것으로는 부족하다. 인간은 결국 서로에게 의존하는 존재이고, 한 나라가 망하면 모두가 망하며, 그리고 무엇보다도 문명을 향해 진보하는 인간성의 한 부분을 잃고 만다는 사실을 깨달아야 한다. 우리는 아이들에게 미래를 빌려 쓰고 있다. 우리가 사는 세상을 훼손하지 말고 더욱 풍요롭게 발전시켜서 우리 아이들과 그 아이들의 아이들에게 물려주어야 한다.

그렇다면 '공감의 뿌리' 프로그램이 전 세계에 미치는 영향은 어떨까? 부모와 아기 사이의 애정 어린 학습 관계가 모든 인간 관계로 확장되고, 모든 이의 감정과 욕구에 따뜻한 공감의 반응이 주어진다면 어떻게 될까? 이상적으로, 아이는 가정에서 사랑을 받으면서 사랑을 하는 존재가 된다. 학교가 아이에게 그 다음으로 중요한 영향을 미치는 시기에는 사회적 신뢰와 존중을 심어주는 학교 문화가 필요하다. 그런데 가정에서 사랑받지 못하고 자란 아이가 학교에 들어가 사람들을 따뜻하게 대하는 법을 배울 수 있을까? 물론 가능하다. 아니 그것이 인생 전반에 걸쳐 건강과 행복과 능력에 미치는 의미를 생각하면 가능해야 한다. 아이들에게 사랑하는 법을 배울 기회를 주는 것, 그것은 우리가 반드시 해야 할 일이다.

또한 부모가 어떤 이유로 아이들을 따뜻하고 공감적으로 키우기 어려운 경우에는 이러한 결핍 때문에 아이의 운명이 결정적인 영향을 받지 않도록 사회가 나서서 도와야 한다. 건강한 자녀 양육 능력을 물려받지 못한 부모를 비난하거나 망신을 준다고 해서 문제가 해결되는 것이 아니다. 부모에게 필요한 것을 지원해서 책임을 다하도록 도와주는 방법이 바람직하다. 악순환의 고리를 끊고, 모든 아이에게 따뜻하고 믿을 만한 세계로 난 문을 열어주어, 아이들이 나중에 부모가 되었을 때 자식에게 아픈 상처를 물려주지 않도록 해야 한다. 더불어 아이들에게 사회 정의라는 개념을 심어주어, 나중에 부모가 되든 안 되든 어른으로서 상호 의존과 포용의 본이 되는 사회를 만드는 데 기여하도록 해야 한다.

세상의 모든 자녀가 자라서 어른이 되고 부모가 되었을 때, 이들이 자존감이 확고하고, 상대의 감정을 읽어줄 줄 알고, 공동체 의식을 갖고 있고, 갈등을 평화적으로 해결하려는 의지가 강하며, 사회적 포용의 가치를 존중할 줄 아는 사람이 되어 있다고 한다면 어떨까? 아마 이런 세상이 되어 있지 않을까?

- 부모가 된 대가로 수입이나 기회나 자기 개발을 포기하지 않아도 되는 사회에서 모든 아이가 풍부한 사랑을 받고 자란다.
- 모든 학교는 가슴과 머리를 함께 교육한다. 성격과 지능에 동등한

가치를 부여하고 교육하며, 수학 점수 못지않게 남을 돕고 협력하며 친절하게 대하는 태도를 중시한다.
- 모든 공동체는 사람과 사람이 연결되는 공간으로서, 사회적 신뢰가 존재하고, 누구 한 사람 가난과 멸시, 소외로 고통받지 않는다.
- 모든 국가는 서로 의존해서 살아가는 지구촌의 평화로운 구성원으로서, 인간의 생명을 중시하고 환경을 보호한다는 원칙을 모든 의사 결정에서 중요한 잣대로 삼는다.

이상의 몇 가지 항목은 결코 새로운 가치나 이상이 아니다. 갈등과 기아, 착취와 학대가 존재한 것만큼 꿈꾸는 사람, 인도주의자, 선을 행하며 새로운 삶의 가치를 옹호하는 사람들이 있어왔다. 다만 달라진 것이 있다면 이제는 더 이상 남에게 고통을 전가한다거나, 마치 높은 산맥과 미지의 바다로 갈라져 있던 중세의 영지들처럼 지구 자원을 제각기 나눠먹고서 뻔한 변명을 늘어놓을 수는 없게 되었다는 점이다. 우리는 너무 많은 것을 안다. 단추 하나만 누르면 질병과 기아로 죽어가는 아이들을 볼 수 있을 뿐 아니라, 이들을 살릴 수 있는 의약품과 음식이 있다는 것도 알 수 있다. 단추 하나만 누르면 희망을 잃고 고통받는 전쟁과 가난의 희생자를 볼 수 있는데도, 정치인들은 예산 균형과 힘의 분배라는 허울 좋은 수사로 우리의 주의를 다른 데로 돌리려 한다. 단추 하나만 누르면 2억 만리 떨어진 타국의 참상을 확인할 수 있고, 우리가 사는 도시의 냉정한 거리에서 아이들이 친구들한테 괴롭힘당하는 모습을 볼 수도 있다. 일상의 온갖 장치들 중에 '공감 단추'는 어디 있을까? 지식 이면의 감정을 느끼게 해주고 신념에 따라 행동하게 해주는, 인간의 책임 의식을 켜주는 단추는 어디 있을까?

감정을 표현하는 능력, 다른 사람의 입장을 이해하는 능력, 다른 사람의 감정 표현에 공감하는 능력은 인간 관계를 맺는 데 기본적인 요소이다. 이런 능력은 학습할 수 있고 개발할 수 있다. 이런 능력을 학습하는 이상적인 환경이 유년기이긴 하지만, 학교에 들어간 다음에 감성 능력과 공감 능력을 길러줘도 너무 늦은 것은 아니다. 유년기에 열악한 환경에서 자랐더라도 학교에서 이러한 능력을 길러주면 사회적 능력을 키우고 이타적 행동도 늘릴 수 있다.[1]

가능성을 실현하다

'공감의 뿌리'는 이러한 지식을 흥미로운 연구 주제로만 보지 않고 아이들에게 구체적으로 경험하게 만든다. '공감의 뿌리'는 아이 안에 있는 정서적이고 따뜻한 면에 말을 걸며, 아기와 부모 관계의 생생하고 다채로운 모습을 교실 안으로 가져온다. 아이들은 한 학년 동안 아기들을 관찰하고, 상호 작용이나 인간 발달과 관련된 다양한 경험을 하면서, 교과서나 비디오로 배운 것보다 훨씬 풍부하게 아기의 몸과 머리와 마음의 역동적인 성장을 체험한다. 아기의 발달에 대해 배우는 동시에, 부모가 된다는 것의 의미와 책임감을 배우고 한 인간으로서 성장해 가는 자신에 대해서도 생각하기 시작한다.

'공감의 뿌리' 프로그램과 관련한 일화와 연구 결과를 보면 교실과 학생에게 어떤 변화가 일어나는지 알 수 있다. 아이들은 타당한 감정이 있고 자부심이 강한 복잡한 인간으로 스스로를 이해해 나간다. '공감의 뿌리' 프로그램에서는 누가 보든 안 보든 어떤 상황에서나 자기 성격에 긍지를 느끼며 행동할 수 있는지 찾아보도록 격려하기 때문에 아이들은 자기 안의 깊은 곳까지 성찰할 수 있다. 아이들은 친구들이 따돌리겠다고 협박하면서 위험한 행동에 끌어들이려 할 때 당당하게 거부한 경험이나 자기와의 약속을 지키기 위해 혐오스런 팔찌를 차지 않겠다고 거부한 경험을 이야기하면서 자긍심을 느꼈다고 이야기한다. 이렇게 내면에서 우러난 자긍심은 뿌리가 깊고 건강하며 또 오래 지속되므로 상장이나 칭찬 같은 타인의 인정으로 생기는 덧없는 영예와는 다르다. 내면의 자긍심이 커지면 늘 자신감이 샘솟고, 어른이 될 때까지 가져가는 자기 이미지도 긍정적으로 바뀐다.

'공감의 뿌리'는 교실 전체로 봤을 때 돌봄의 공동체를 형성한다. 내면의 자긍심이라는 개념은 한 학년 동안 진행된 '공감의 뿌리'가 끝날 무렵 마무리 토론과 연결된다. 이 시간에는 "나는 누구인가?"라는 주제를 다루면서 아이들에게 편지를 쓰게 한다. 편지는 "나는 ~해서 중요한 사람이다"라는 문장으로 시작한다. 어느 2학년 교실에서는 남학생 하나가 "난 잘하는 게 아무것도 없어요!"라면서 울먹거렸다. 그러자 반 친구들은 이 학생을 둘러싸고 위로해 주면서, 아기를 웃게 만든 일부터 유치원생들에게 책읽기 친구가 되어준 일까지 이 학생이 잘하는 것을 하나하나 말해주었다. 이 학생의 경우에는 아이들이 구체적으로 해줄 말이 있었지만, 설사 해줄 말이 없다 해도 다른 사람이 괴로워할 때 손을 내밀어 관심을 가져주는 태도보다 중요한 것은 없다. 친구가 걱정할 때 섬세하게 반응해 주고 어느 한 친구도 소외당하지 않고 스스로 소중하다고 생각하도록 돌봐주는 태도는 한 학년 동안 깊어진 인간적 유대의 결과이다.

한 학년이 끝날 때쯤 되면 아이들은 단지 아기와 공감하는 것을 넘어서 아기의 안녕과 행복을 위해 적극적으로 생각하고 계획하는 모습을 보이기에 이른다. 이러한 작은 소망이 아이들을 이타주의의 너른 길에 들어서게 한다. 아이들은 아기와 맺은 끈끈한 유대감을 바탕으로 실질적인 방식으로 자신들이 꿈꾸는 미래에 다가간다. 아이들을 미래의 의식 있는 시민이자 능동적인 이해 당사자로 대접해 줄 때, 아이들 스스로 세계를 바꿀 수 있고 불의와 잔혹한 행위에 맞서 싸울 수 있다. 이타주의의 꽃을 피울 수 있는 씨앗이 뿌려진 셈이다.

아이들은 한 학년 동안 '공감의 뿌리'를 경험하면서 스스로도 자신이 사려 깊고 진지하게 생각할 줄 알며, 이타적이고 책임감이 강하고 공감할 수 있는 사람이라고 생각할 정도로 변화한다. 아이들은 아기를 위해 소원을 빌면서 아이로서 가장 잘할 수 있는 일을 한다. 꿈을 꾸는 것이다. 우리도 이 아이들이 꿈꾸는 세계에 살 수 있는 행운을 누릴 수 있다.

아이들 하나하나로 시작하라

의자 빼앗기 놀이. 뱀과 사다리 놀이. 아이들이 즐겨하는 이런 놀이에는 사악한 일면이 담겨 있다. 의자 빼앗기 놀이에서는 노래가 멈출 때 의자를 차지하지 못하면 탈락한다. 뱀과 사다리 놀이에서는 주사위를 던져서 사다리를 오를지 뱀에게 굴러 떨어질지 결정한다. 오직 한 명만 승자고 나머지는 모두 패자이다. 얼마나 많은 가족이 인생의 의자 빼앗기 놀이에서 의자를 차지하지 못할지 생각해 보자. 태어날 때부터 사다리 꼭대기 자리를 보장받은 아기가 있는가 하면, 다른 많은 아기들은 뱀에게 굴러 떨어질 위험에 놓여 있다.

이제 구시대의 놀이를 버리고, 아무도 패하지 않는 공정한 놀이를 만들 때다. '공감의 뿌리'는 경쟁 사회의 단순 논리에 반기를 든다. '공감의 뿌리'에서는 아무도 모든 문제의 정답을 알지는 못하며, 어디에도 단순한 해결책은 없다고 가르친다. 그 대신 모두가 제 목소리를 낼 때, 그리고 모두가 머리와 가슴을 열고서 다른 사람의 말을 들을 때 최선의 결과가 나온다고 가르친다. 서로를 존중하도록 배우면서 아이들은 모두가 삶에 만족할 때 자신의 삶도 만족스러워진다는 것을 배운다.

'공감의 뿌리' 교실에서 아이들은 가슴에 가 닿는 일이 머리를 쓰는 일만큼 중요하다고 배운다. 그리고 가슴에 가 닿는 과정이 없으면 머리를 쓰는 일도 가치가 떨어진다고 배운다. 아이들은 국가들이 배워야 할 중요한 사실, 곧 이성이나 지능만으로 해결되는 갈등은 없으며 머리의 이성과 가슴의 지혜가 모여야 평화를 이루고 이해의 폭을 넓힐 수 있다는 사실을 교실이라는 작은 단위에서 배운다.

'공감의 뿌리' 아이들은 공감의 기술을 연마한 부모와 시민으로 자랄 것이고, 그래서 아이들을 하나씩 바꿀 것이며, 결국은 세상을 바꿀 것이다.

: 부록 1 :

자녀 양육 및 가족 교육 프로그램의 역사

나는 유치원 교사로 일한 지 얼마 안 돼서 놀라운 사실 하나를 발견했다. 아이들이 학교에 들어갈 무렵이면 이미 자아 개념이 형성된다는 것이다. 대개의 경우 유년기 경험이 학교 생활의 성공과 실패를 판가름한다. 가정은 아이의 학습 태도와 자신감에 큰 영향을 미친다. 아이와 부모의 관계보다 더 강력한 교육 관계는 없다. 따뜻한 보호자가 생애 초기의 중요한 몇 년 동안 아이를 어떻게 양육했는지는 아이가 학습을 수용하는 정도, 건강하고 끈끈한 관계를 맺는 능력은 물론이고, 학교 생활과 인생 전반에서 성공할지의 여부에도 지대한 영향을 미친다.

나는 이러한 사실을 깨닫고 1981년에 토론토의 일부 학교에서 자녀 양육 및 가족 교육 프로그램을 시작했다. 토론토 교육위원회에서 자금을 지원하는 프로그램이었다. 토론토 시당국이 도심 저소득층 아이들에게서 높은 비율로 나타나는 퇴학과 십대 임신, 학습 부진 등에 대해 우려하는 우리 프로그램의 취지에 공감해 준 결과였다. 프로그램은 주로 한 학급에서 실시했지만, 간혹 두 학급을 모아서 실시하기도 했으며, 부모와 아기, 또는 미취학 아동도 받아들였다. 우리는 부모들에게 어떻게 해야 한다고 가르치지 않고, 각자 삶에서 부딪힌 문제들을 해결하려면 어떤 도움이 필요한지 스스로 찾아보도록 격려했다. 우리는 저소득층 지역에서만 프로그램을 실시했다. 저소득층 지역에서는 약물 남용과 매춘 등의 범죄가 다른 지역보다 빈번하게 발생하고, 지역 사회의 지원은 다른 지역보다 부족했다. 아이가 네 살이 되면 지역 사회의 역할이 중요해진다. 특히 영어를 못하거나, 홀로 가난과 싸우며 아이를 키우는 부모에게는 지역 사회의 도움이 매우 중요하다.

우리 프로그램은 가족의 방문을 받는 방식으로 진행되었다. 가족들은 일주일에 나흘 정도 방문했고, 가끔씩 토요일에도 방문했다. 부모와 미취학 아동을 위한 여타의 프로그램과 달리 우리 프로그램에서는 부모와 아이가 늘 함께 참여했다. 우리는 화기애애한 분위기에서 부모들에게 정상적인 혹은 일반적인 발달과 행동이 어떤 것인지 가르치며 자녀 양육 방법을 알려주었다. 한 프로그램에 지원되는 인력은 한 명이었다. 역시 부모이기도 한 프로그램 진행자는 유아 발달 프로그램, 부모 지원 및 교육, 자원 프로그램, 도서 및 장난감 보관, 지역 사회 봉사 활동, 영양 프로그램을 모두 책임졌다. 비록 진행자는 한 명이지만 모든 부모와 조부모, 그 밖의 보호자가 프로그램을 자기 것으로 여기고 열심히 참여해 준 덕분에 마치 교향곡을 연주하듯 프로그램을 순조롭게 진행할 수 있었다. 도움이 필요할 때 참가자들이 팔을 걷어붙이고 나서는 것을 보면 그 집단의 응집력을 알 수 있다. 가령 다른 집 아이가 콧물을 흘릴 때 닦아주거나 다른 집 아기의 기저귀를 갈아주거나 아이들끼리 싸울 때 말리는지를 보면 집단의 분위기를 알 수 있다. 프로그램 진행자는 부모들과 함께 바닥에 둘러앉아서 아이가 어떤 발달 과정을 거치는지 설명한다. 예를 들어 어떤 아기가 물건을 마구 두드리면서 엄마를 짜증나게 만든다면, 진행자는 엄마에게 원래 아기가 9개월쯤 되면 물건을 두드리는 능력이 발달한다고 설명해 준다. 아기는 새로운 능력을 발견하고 신이 나서 눈앞에 보이는 물건을 아무거나 마구 두드린다. 아기 엄마는 우리 프로그램에서 마련한 장난감 대여소에서 망치와 못 장난감 세트를 빌릴 수 있다. 아기는 새로 습득한 기술을 연습할 수 있어 좋고, 엄마는 아기가 새로운 발달 과업을 성취하는 모습을 보고 뿌듯해할 수 있다. 부모들은 프로그램에서 배운 내용을 다른 부모들에게 알려주었다. 우리는 책자를 나눠주고 일방적으로 강의하는 방식을 피하고, 그 대신 그림 화판이나 모래 상자 옆에 둘러앉아 자연스럽게 대화를 주고받았다. 이렇게 토론을 하다 보면 부모들은 두 살 된 아이들이 남과 물건을 공유하려 하지 않는다는 사실을 자연스럽게 배우면서 자기 아이만 그러는 게 아니라는 생각에 마음이 놓일 것이다.

'411' 방식

부모는 원래 '좋은 부모가 되는 법'을 가르쳐주는 프로그램을 싫어한다. 그래서 우리는 그와는 다른 전제에서 자녀 양육 프로그램을 개발했다. 즉 부모를 존중해 주고, 부모란 자녀를 위해 최선을 다하고 싶어한다는 믿음을 전제로 프로그램을 만들었다. 처음 우리 프로그램에 참여한 부모들은 장점과 경험이 풍부해서 그런 것들을 서로 나눌 수 있을 것 같았다. 프로그램 진행자는 촉진자이자 촉매였다. 당시에 대부분의 자녀 양육 프로그램에서는 문제가 생기면 그것을 바로잡아 주는 일이 진행자의 역할이라고 보고 있었다. 이런 입장은 부모들의 양육 방식이 잘못되었으며, 프로그램 진행자는 자녀 양육에서 일어나는 문제의 답을 모두 꿰고 있는 전문가라는 전제를 깔고 있었다. 하지만 우리는 '긴급 구조의 911' 방식이 아니라 '자원 중심의 411'(우리나라의 114 서비스와 같은 전화번호 안내 서비스—옮긴이) 방식으로 접근해야 한다고 판단했다. '911' 방식은 일단 문제가 생긴 다음에 구조하고, 교정하고, 개선하는 방법이기 때문에 필연적으로 미흡할 수밖에 없다. 도대체 왜 캐나다 같은 경제부국에서 다른 선진국보다 많은 청소년 범죄가 발생하는가?[1] 부모와 자녀가 지닌 힘을 기반으로, 또 언어 및 감성 능력을 통해 자기 인식과 자아 효능감의 세계에 들어서게 함으로써, 우리는 인간의 고통이 대물림되는 현상을 막아줄 사회 능력과 감성 능력을 개발할 수 있다. 이 방법이 바로 '411' 방식으로, 구조가 아니라 자원에 치중하는 접근법이다. 우리 자녀 양육 프로그램은 예방을 기본 철학으로 삼는다.

프로그램 진행자는 부모를 맞이하면서 요식적인 진행 절차를 소개하지 않는다. 충분히 대화를 나누면서 각자의 생활에 어떤 안전망이 있고 주변에서 어떤 지원을 받는지 파악하는 데 목표를 둔다. 그러기 위해 먼저 "당신이 아프거나 아이가 아프면 어디에서 도움을 구합니까?"라는 질문을 던진다. 부모들의 대답을 들어보면 지역 사회에서 이웃을 돕는 사람들과 어떻게 연계해 줘야 할지 파악할 수 있다. 우리는 부모들에게 적극적으로 의견을 내달라고 요청하면서 모든 참가자가 프로그램에서 얼마나 중요한 역할을 하는지 강조하기 위해 이렇게 물었다. "당신에게 도움이 되는 쪽으로 프로그램을 끌어가고 싶은데 당신이 어떤 도움을 주실 수 있나요?" "저희가 어떻게 도와드릴까요?" "당신 삶에서 바꾸고 싶은 부분은 무엇입니까?" "자녀에게 거는 기대는 무엇입니까?" 질문을 시작으로 긴 대화가 이어지면서 서로에 대한 믿음이 싹트고, 참가자 모두가 함께 변화할 수 있는 비옥한 토양이 마련된다.

우리 프로그램에서는 부모들에게 유치원에서 필요한 수준의 독해력과 수학 개념도 가르쳐준다. 부모가 자녀와 놀아주면서 나눌 수 있는 대화를 프로그램 진행자가 직접 시연하고, 이런 대화를 통해 아이에게 언어 능력을 길러주고 수학 개념을 이해하도록 도와주는 방법을 제시한다. 프로그램에 참여한 부모들은 이른바 '놀이 중심의 문제 해결'이라는 과정을 밟는다. 아이들과 즐겁게 대화하고 놀아주면서, 관계의 힘을 이용해 단어를 가르치고 호기심을 자극하고 상상력을 불러일으키는 방법을 배우는 것이다. 고층 아파트에 사는 부모들은 엘리베이터를 탈 때 한 층 먼저 내려서 아이와 함께 계단을 오르며 계단 수를 세는 방법을 배웠다. 그러면서 어린아이는 일방적인 교육이 아니라 사랑과 격려와 의미 있는 놀이를 통해 학습한다는 사실을 배운다.

공감으로 다가가다

자녀 양육 프로그램을 진행하기로 선정된 학교 중 하나는 제2차 세계대전 이후 캐나다에서 첫 주택 사업으로 세워진 리젠트 파크에 위치해 있었다. 이 학교는 십대 엄마들만을 위한 프로그램을 실시하는 데 주안점을 두었다. 어린 엄마가 문제에 부딪히면 세상 사람들은 비난하기 바쁘다. 하지만 우리는 어린 엄마가 짊어진 가난의 무게를 알아주지 않는 세상을 비판한다. 바퀴 한쪽이 고장 난 유모차에 아이를 태우고 세탁 바구니를 끌고 빨래방으로 가서 혹시 세탁물을 잃어버릴까봐 축축한 옷가지가 다 마르길 기다리는 동안 심통이 난 아이를 달래주는 일이 어린 엄마로서는 얼마나 버거운 일인지 사람들은 알지 못한다. 어린 엄마들이 결국 '자제력을 잃을' 때도 오랜 시간 혼자 묵묵히 버티면서 얼마나 큰 고통을 감수해 왔을지 짐작하지 못한다. 이런 엄마들이야말로 진정한 영웅이지만 세상은 알아주지 않는다. 우리는 이런 엄마들에게 자녀 양육 프로그램을 제공해서 용기를 북돋워주고 힘이 되어주고자 한다.

늘 비난의 눈초리만 받아오던 어린 엄마들은 잘못된 문제를 바로잡아 줄 테니 오라는 초대장이 아니라 자기들을 존중하고 믿어주는 프로그램의 초대장을 발견했다. 프로그램은 누구에게나 열려 있지만, 첫 해에 우리는 보통의 경우 그런 프로그램에 초대받기 힘든 가정, 중독과 가정 폭력과 아동 학대로 고통받는 가정, 아무런 비판 없이 지지해 주는 모임을 절실히 필요로 하는 가정을 우선으로 선정했다. 우리 프로그램은 간혹 감옥에서 막 출소한 엄마와 아이가 재회하는 공간이기도 했다. 부모들이 자녀 양육 프로그램에 녹아들어 자신감과 자존감을 키우는 사이 나는 환하게 밝아오는 희망의 빛을 보았다.

공감이라는 주제가 우리의 발길을 어린 엄마들에게 이끌었다. 어린 엄마들에게 다가가려면 먼저 이들의 처지를 이해하고 이들에게 진심 어린 마음을 보여주어야 했다. 개중에는 아이를 낳으려고 학교를 그만둔 어린 소녀들도 있었다. 이들에게 다시 학교로 돌아가라고 설득하기란 쉬운 일이 아니다. 대다수가 학교에 대한 좋지 않은 기억을 간직하고 있고, 무엇보다 패배 의식에 사로잡혀 있었다. 나는 우선 복지 수당을 지급하는 날 친구의 아기를 포대기에 안고 은행 앞에서 줄을 섰다. 어린 엄마가 은행 안으로 들어올 때마다 나는 자녀 양육 프로그램에 관해 들려주고 우리 프로그램은 항상 열려 있으니 언제든 오라고 말했다. 복지 수당을 타가는 어린 엄마들 입장이 되어보면서 돈이 있어야 세탁도 하고 식료품도 사고 감자튀김과 고기 수프로 조출하게 축하 파티라도 열 여유가 생기는 현실을 알게 되었다. 다른 날 나는 아기를 안고 아파트 단지 내의 세탁실에 가서 빨래가 마르기를 기다리는 어린 엄마들과 이야기를 나눴다. 나는 비누 거품으로 아기의 호기심을 자극했고, 찰흙으로 걸음마 꼬마들의 관심을 끌었다. 어리든 나이가 들었든 엄마들은 누구나 자기 아이와 놀아주는 사람에게 고마워하고 아기를 안은 여자에게 쉽게 마음을 연다.

나는 또 폴라로이드 카메라를 가져가서 아기 사진을 찍어주겠다고 했다. 역시 엄마들은 누구나 아기 사진을 소중하게 생각한다. 나는 사진을 엄마에게 주면서 한 장을 더 찍어서 이번에는 A4용지 크기로 확대해 주겠다고 제안했다. 그러면서 사진은 가까운 학교에 설치된 자녀 양육 센터에서 찾아갈 수 있다고 했다. 엄마들이 아기 사진을 찾으러 센터로 올 즈음 고등학교 영화 동아리 멤버들이 와서 가족 사진을 찍고 있었다. 이들의 촬영 부탁을 거절하는 엄마는 아무도 없었다. 엄마들은 그렇게 점심시간에 잠깐씩 머무르다가 서로 공통점을 발견하고 그 인연을 평균 6년까지 이어갔다.

이처럼 엄마들을 일 대 일로 만나다가, 프로그램과 아무 상관이 없는 사람을 고용해서 엄마들을 초대하게 할 수는 없다. 상처받기 쉬운 엄마들은 상대방으로부터 꼭 와주길 바라는 진심을 느껴야 찾아오기 때문이다.

학교와 지역 사회 간의 관계 만들기

　부모에게 자녀 양육과 관련해 지원을 해주고 아이를 유치원에 보내기 전에 함께 공부하도록 격려해 주면 아이는 건강하게 첫발을 내딛을 수 있고, 부모도 아이의 학교 생활에 긍정적으로 참여할 수 있을 것이라는 게 우리 프로그램의 핵심 개념이었다. 자녀 양육 센터와 학교가 협력하게 되면서 학교 일에 선뜻 나서지 못하던 부모들에게 학교가 좀 더 가까운 곳이 되어갔다. 부모들은 교사와 편안하게 대화하면서 자녀의 학습을 돕는 방법을 배웠다. 또 부모를 따라온 아이들도 부모가 복도에서 교장 선생님과 대화하는 모습을 보고 학교에 소속감을 느꼈다. 또 부모들에게 놀이 중심의 학습 방법을 가르쳐줘 유치원에서 보조 교사로 자원 봉사할 수 있도록 이들을 훈련시켰다. 보조 교사를 지원한 부모는 교사에게 자녀의 능력이 어떤지 들려주면서 교사와 함께 자녀가 빠르게 발전하도록 도울 수 있었다.

　부모가 모두 일터로 나가고 할머니가 아이들을 돌보는 지역도 있었다. 특히 두세 세대가 한 집에 사는 포르투갈 이민자 사회에서 그런 곳이 많이 나타났다. 검은색 옷차림의 할머니들이 손자들을 우리 프로그램에 데려왔다. 할머니들은 모국어로도 글을 배우지 못한 채 토론토로 이민 온 사람들이었다. 우리는 한 페이지에 한 줄만 있는 포르투갈 어 이야기책을 구했다. 교육위원회에서는 할머니들이 포르투갈 어를 배울 수 있도록 강사 비용을 대주었다. 덕분에 아이들은 할머니 무릎에 앉아 모국어로 이야기를 들을 수 있었다. 할머니들 역시 처음으로 가정과 학교를 연계하는 데 자신감을 가졌다. 프로그램 첫 모임은 포르투갈 어로 진행됐다. 교장은 통역사를 불러 교사들을 위해 영어 통역을 해주었다. 늘 부엌에서만 지내던 할머니들은 이제 포르투갈 어로 진행되는 의사 결정 과정에 참여할 수 있었다. 운동장에 들여놓을 놀이 기구, 도서관 개관 시간, 음악 교사를 고용할지 여부를 직접 결정했다. 당연히 손자들이 학교 생활을 시작하는 데 긍정적인 영향을 주었다. 학교로서도 지역 사회의 다양한 문화를 새로운 시각으로 바라보고, 가정이 아이의 발달에 기여한다는 생각을 갖게 된 점에서 큰 이득이었다. 이런 이해를 바탕으로 가정과 학교 사이의 높은 장벽이 서서히 허물어지기 시작했다.

자녀 양육과 입학 준비

교육위원회에서 실시한 연구에 따르면, 우리는 자녀 양육 프로그램을 기획하면서 처음 세운 목표를 초과 달성했다고 한다. 도심 지역 아이들의 입학 준비 수준을 높이고 부모를 학교로 끌어들이면서 아이들의 학업 성취도가 향상된 것이다. 이민자 가정 아이들이 입학할 때 독서 능력을 측정해 본 결과 자녀 양육 프로그램에 참여하지 않은 인근 지역 아이들에 비해 수준이 훨씬 높았다.

우리 자녀 양육 프로그램은 캐나다 최초로 학교에서 실시한 자녀 양육 및 가족 교육 프로그램이었다. 현재는 캐나다 학교에서 실시하는 프로그램 가운데 가장 규모가 크다. 이 프로그램은 나날이 발전해 2004년에는 54개 학교에서 실시해 1만 2천여 명의 아동과 8천여 가족을 프로그램에 수용했다. 프로그램은 주로 언어와 문화적 배경이 다양하고 경제적으로 어려운 가족의 비율이 높은 지역에서 실시된다. 60퍼센트 이상은 집안에서 영어를 쓰지 않는 가족이었다. 그럼에도 불구하고 학교에 들어갈 무렵이면 아이들은 학교에서 제공하는 학습 기회를 누릴 준비를 마칠 수 있었고, 학교도 학생들을 맞이할 준비가 되어 있었다.

:부록 2:

'공감의 뿌리'가 아동의 감성 능력과 사회 능력 향상에 미치는 효과

킴벌리 스코너트 레이첼 박사, 브리티시컬럼비아 대학

서론

아기가 변화의 촉매가 될 수 있을까? 다시 말해 '공감의 뿌리Roots of Empathy, ROE' 프로그램이 아동의 사회 능력과 감성 능력을 향상시키고 공격 행동을 줄이는 데 효과가 있을까? 우리가 지난 4년 동안 브리티시컬럼비아 대학[1]에서 연구한 질문이다. 우리는 ROE가 아동의 사회 능력과 감성 능력에 미치는 효과를 파악하기 위해 2000년부터 일련의 연구를 진행해 왔다. 지금까지 우리가 진행한 연구 결과를 아래와 같이 요약한다. 우선 학교에서 아동의 사회 능력과 감성 능력을 향상시키는 이론적 근거를 요약한다.

배경: 학교에서 사회-감성 능력을 향상시키는 사례

온갖 심리 문제와 행동 문제로 원만한 대인 관계와 성공적인 학교 생활, 그리고 생산적이고 사회에 보탬이 되는 시민으로 성장할 잠재력에 방해를 받는 학령기 아동들이 나날이 늘어나고 있다.(Canadian Education Statistics Council, 2000; OECD, 1995; Steinhauer, 1996 참조) 장애 유병율 역학 보고서에 따르면 아동과 청소년 다섯 명에 한 명 꼴로 정신과 치료를 받아야 할 정도로 심각한 정신 질환을 경험한다.(National Advisory Mental Health Council, 1990; Offer & Schonert-Reichl, 1992; Offord, Boyle, & Racine, 1991; Romano, Tremblay, Vitaro, Zoccolillo, & Pagani, 2001) 특히 연구자들이나 임상의들, 교육자들은 모두 아동기 공격성에 주목한다. 아이들에게 공격 행동이 계속해서 나타나고(Farrington, 1992; Loeber, Wung, Keenan, & Giroux, 1993; Patterson, 1993), 또래 따돌림이나 과잉 행동 같은 아동기 공격성과 관련된 여러 문제가 발생하는 것뿐만 아니라(Coie & Dodge, 1998; Parke & Slaby, 1983), 이러한 공격 행동으로 인해 교실과 학교는 물론 지역 사회 다른 아동들의 사회적 분위기와 학업 분위기가 침해당하고 있기 때문이다. 아동기의 공격 행동은 청소년 비행과 이후 성인의 공격성을 예측케 하는 가장 강력한 예측 요인으로(Farrington, 1991), 학교에서 조기에 예방하고 개입해야 할 대상으로 떠올랐다. 따라서 나중에 치료하거나 처벌하기보다 조기에 예방하는 것이 반사회적 행동과 공격 행동을 줄이는 데 효과적이다.(Institute of Medicine, 1994; Offord et al., 1991)

지난 몇 십 년 동안 연구자들은 공격 행동을 줄일 수 있는 다양한 방법을 찾아냈다. 특히 최근 몇 년 동안에는 사회적-감성적 이해가 아동의 현재와 미래의 적응력을 결정하는 요인으로 부각되고 있다.(Battistich,Solomon, Watson, & Schaps, 1997; Cook, Greenberg, & Kusche, 1994; Dodge & Coie, 1987; Eisenberg & Miller, 1987; Miller & Eisenberg, 1988; Schonert-Reichl, 1993) 최근에 가장 각광 받는 사회적-

감성적 이해의 한 가지 차원이 바로 '공감' 이다. 여기서는 공감을 다른 사람의 감성 경험에 대한 개인의 정서적 반응으로 정의한다. 공감이 점차 중요한 사회 능력으로 인정받는 이유는 공감이 이타적 행동을 끌어낼 뿐 아니라(Eisenberg & Miller, 1987; Hoffman, 1981) 공격성을 통제하는 데 특히 중요한 역할을 할 수 있기 때문이다.(Feshbach, 1983, p. 267) 수많은 연구에서 공감이 공격 행동과 반사회적 행동을 제거하거나 적어도 줄여주는 것으로 나타났다.(Miller & Eisenberg, 1988) 공감은 공격 행동을 중단시키는 데 중요한 역할을 하고, 사회적 관계의 질을 향상시키거나 하락시키는 데도 중요한 역할을 한다.(Schonert-Reichl, 1993) 또한 돕기, 나누기, 협력과 같은 친사회적 행동과도 긍정적으로 연관된다.

아동의 심리적 안녕과 행동의 적응에서 중요한 영향을 미치는 사회-감성 요인을 찾아내려는 이론이나 연구가 늘어난 반면(Denham, 1998; Saarni, 1999), 아동기의 감성적 및 사회적 이해를 지원하거나 향상시키는 개입이나 예방 노력에 대한 연구는 상대적으로 적었다.(for, exceptions Conduct Problems Research Group, 1999; Denham & Burton, 1996; Feshbach, 1979; Greenberg, Kusche, Cook, & Quamma, 1995 참조) 그럼에도 불구하고 지난 10년 동안 학교에서 사회 능력을 향상시키는 방법이 중요한 문제로 떠올랐다.(Consortium on the School-Based Promotion of Social Competence, 1994; Durlak, 1995; Durlak & Wells,1997; Schonert-Reichl & Hymel, 1996; Weissberg & Greenberg, 1998) 사회적-감성적 요인이 아동기 공격성, 학업 성취도, 자퇴와 같은 요인과 필연적으로 연결된다는 인식이 커진 덕분인지 미국과 캐나다 전역에서 아동의 사회 능력을 높이고 공격성을 줄이려는 개입 및 예방 프로그램이 단계적으로 늘어났다.(Greenberg, Domitrovich, & Bumbarger, 2001; Miller et al., 1998) 특히 개입보다 예방 프로그램이 늘어난 이유는 아동 발달에서 '회복력'이 새롭게 부각됐기 때문인 듯하다. 실제로 지난 10년 동안 정신 장애의 발병과 악화의 원인을 찾으려는 노력보다는 반사회적 행동을 그만두게 만드는 요인을 찾는 쪽으로 변화가 일어났다. 뒤락Durak과 웰스Wells가 지적하듯이(1997) "⋯⋯ 정신 보건에서 일차적 예방책은 현재 일반인 집단에서 적응 문제가 발생할 가능성을 줄이는 개입이자 정신 건강을 향상시키려는 노력으로 정의할 수 있다."(p.117)

  단순히 위험 요인을 제한하는 것이 아닌 아동의 능력을 촉진하는 방향으로 우선순위를 정하다 보면 문제가 있는 아동뿐 아니라 전체 아동에게 관심을 두게 된다. 우리 연구와 가장 밀접하게 관련된 연구 결과로는 "특히 공립 학교와 같은 주요 사회 기관에서 세심하게 구성한 예방 프로그램을 통해 아동의 탄력성을 키울 수 있다"(Doll & Lyon, 1998, p.349)는 주장이 있다. 다른 장소와 달리 학교에서는 인격 형성기의 대부분의 시기에 모든 아동에게 정기적이고 지속적으로 접근할 수 있다. 따라서 학교가 변화의 중심이 될 수 있다.(Elias et al., 1998) 하지만 많은 교실과 학교에서 사회-감성 발달을 촉진하는 프로그램을 실시하고 있지만 프로그램의 효과를 검증하는 연구는 거의 없다.(Miller, Brehm, & Whitehouse, 1998) 더욱이 일차적 예방 프로그램으로서 사회-감성 능력 촉진 프로그램이 아동의 사회 및 정신 건강에 미치는 장기적 영향을 직접 평가하는 장기적 연구는 턱없이 부족하다.

'공감의 뿌리'의 목표와 이론적 배경

ROE의 일차적 목표는 세 가지이다. 첫째, 아동의 사회적 이해와 감성적 이해를 개발한다. 둘째, 아동의 친사회적 행동을 격려하고 공격 행동을 줄인다. 셋째, 아동의 인간 발달에 대한 지식과 효과적 자녀 양육 기회를 늘린다. ROE 교과 과정은 감정 처리와 사회 이해가 아동의 대인 관계와 사회 행동에서 중요한 역할을 한다는 발달심리학의 연구와 이론을 바탕으로 구성된다.(Shipman, Zeman, Penza, & Champion, 2000) 구체적으로 말해서 ROE 모형은 감성에 대한 기능주의적 이론과 연구를 바탕으로 구성된다.(Campos, Mumme, Kermoian, & Campos, 1994) 기능주의 접근법에서는 아동이 대인 관계를 형성하고 유지하는 데 감성, 이해, 표현이 중요한 역할을 한다고 본다.(Saarni, 1999) 마찬가지로 ROE 모형의 '뿌리'는 "감성이 공감과 친사회적 행동의 동기가 된다"는 믿음에서 시작한다.(Izard, Fine, Mostow, Trentacosta, & Campbell, 2002, p. 761) 특히 공감은 도덕적 인격의 중심을 차지하기 때문에 ROE 교과 과정의 핵심으로 간주된다. 사실 공감은 공격 행동을 중단하게 해줄 뿐 아니라 긍정적 사회 관계나 친사회적 행동의 발달과 긍정적으로 연관되기 때문에 성격 특질의 본질적 측면 중 하나로 인식되었다.

연구자들은 오랫동안 공감을 정의하고 측정할 방법을 찾으려고 애써왔다. 30년 넘게 공감을 연구해 온 UCLA 교수 노르마 페시바흐 Norma Feshbach는 3요소 모형을 제안하면서 공감을 인지 요소이자 감성 요소로 이해한다. 세 가지 구성 요소에는 첫째, 다른 사람의 감정을 알아채는 능력, 둘째, 다른 사람의 감정을 이해하고 설명하는 능력, 셋째,

다른 사람에게 감성적으로 반응하는 능력이 있다. 이 세 가지는 공감에 꼭 필요한 요소이다. 본질적으로 이 세 가지가 '공감의 뿌리'이다. 페시바흐의 모형은 ROE 교과 과정의 이론적 배경이자 평가 방법을 설계할 때 활용하는 측정 기준이다.

다양한 사회 능력 향상 프로그램과 마찬가지로 ROE 프로그램에는 소속감을 느끼고 서로를 배려하며 협력하고 이해하는 교실 분위기를 조성하기 위한 요소가 포함되어 있다.(Cohen, 2001) 예를 들어 프로그램이 진행되는 한 학년 동안 아이들은 힘을 모아서 아기를 위해 친사회적 활동(노래하거나 노래를 녹음하는 활동)을 할 수 있다. 이처럼 다른 사람을 위해 함께 노력하는 활동은 이타심과 친사회적 가치관을 길러 주는 것으로 밝혀졌다.(Battistich et al., 1997 : Staub, 1988)

'공감의 뿌리' 프로그램 평가

지금까지 ROE의 효과를 검증하는 연구가 네 차례 진행됐다. ROE가 초등학교 저학년에 미치는 효과, 전국 평가(밴쿠버와 토론토 포함), 시골-도시 평가, 무작위 대조군 연구(RCT)가 있다. 모두 킴벌리 스코너트 레이철 박사가 클라이더 허츠먼 박사와 베로니카 스미트 박사와 공동으로 진행한 연구이다.

2000~2001 초등학교 저학년 '공감의 뿌리' 평가

ROE의 효과를 경험적으로 연구한 최초의 시도는 2000~2001 학년에도 밴쿠버에서 실시된 연구이다.(Schonert-Reichl et al., 2005) 1학년에서 3학년까지 초등학교 저학년 10개 교실(ROE 교실 5학급, 비교 집단

5학급)에서 학생 132명을 평가했다. 비교 집단 학급과 ROE 학급의 학년, 성별, 인종 및 민족 구성을 최대한 일치시켰다.(전체 표본에서 아동의 61퍼센트가 영어를 모국어로 사용하지 않는 가정 출신이었다.) 강사는 ROE 프로그램 훈련 과정을 이수했고, 한 학년 동안 한 달에 세 번 프로그램을 진행했다. 프로그램을 실시하기 이전과 이후에 감성적 이해와 사회적 이해를 측정하는 평가 도구를 실시했다. ROE가 아동의 친사회적 행동과 공격 행동에 미치는 영향을 측정하기 위해 프로그램 실시 이전과 이후에 사회 행동의 몇 가지 차원을 측정했다. 또한 최근 연구에서 공격성의 다양한 측면이 밝혀진 덕분에 세 가지 공격성 차원을 추가로 평가했다.

- **적극적 공격**—'냉혈한' 공격. 적극적 공격을 도구적 공격이라고도 한다. 적극적 공격 성향을 지닌 아동은 자원(대상이나 권한이나 영역)을 확보하려면 반드시 공격 행위가 필요하다고 믿거나, 괴롭히거나 지배하려는 목적으로 다른 아이에게 접근할 수 있다. 그래서 적극적 공격을 또래 괴롭힘과 같은 뜻으로 이해하기도 한다.
- **반응적 공격**—'다혈질' 공격. 반응적 공격은 주로 충동적으로 비춰지고, 위협이나 도발 행위에 대한 반응으로 나타난다.
- **관계적 공격**—사회적 공격 혹은 간접 공격이라고도 한다. 관계적 공격은 의도적으로 조종하거나 따돌림, 험담, 배신 같은 행위로 친구 관계를 해치면서 상대를 괴롭히는 것이다.

결과적으로 ROE 프로그램에 참여한 아동은 비교 집단에 비해 거의 모든 차원에서 감성적 이해와 사회적 이해 점수가 높았다. 발달 과정에서 사회적-정서적 지식이 달라지면서 공격 행동이 줄어들고 돕기, 나누기, 협력과 같은 친사회적 행동은 크게 늘어났다. 특히 ROE 프로그램 집단에서는 한 학년 동안 적극적 공격(괴롭힘과 연관된 도구적 공격)이 확연히 줄어든 반면, 비교 집단에서는 적극적 공격이 크게 늘어났다. 다시 말해서 ROE 집단 아동은 비교 집단에 비해 공격 행위를 사회적 목적을 달성하는 데 꼭 필요한 수단으로 보지 않았다. 그리고 ROE 집단에서는 프로그램 이전과 이후에 적극적 공격이 유의미하게 줄어든 반면, 비교 집단에서는 적극적 공격이 유의미하게 늘었다. 실제로 ROE 집단에서는 사전 검사에서 적극적 공격을 보이던 아동의 88퍼센트가 사후 검사에서 적극적 공격이 줄어든 반면, 비교 집단에서는 9퍼센트만 줄어들었다. 게다가 비교 집단의 50퍼센트는 사전 검사와 사후 검사에서 적극적 공격이 증가했다.

2002~2003 공감의 뿌리 전국 평가

ROE의 두 번째 평가는 2001~2002 학년도에 여러 지역에서 실시됐다. 캐나다(밴쿠버와 토론토) 28개 학급(ROE 14학급, 비교 집단 14학급)에서 4학년부터 7학년까지 학생 585명을 대상으로 실시했다. 이번에도 ROE 집단의 학년, 성별, 인종 및 민족 구성, 교사의 경험을 세심하게 조절했다.(아동의 53퍼센트가 영어를 모국어로 사용하지 않는 가정 출신이었다.) 아동은 공감과 감성적 이해를 평가하는 검사를 받았고, 교사는 사전 평가 도구와 같은 도구로 아동의 사회 행동을 평가했다. 교사가 아동의 사회 행동을 평가할 때 편견이 개입될 수 있다는 우려 때문에(교사는 아동이 ROE 집단인지 비교 집단인지 알고 있다는 지적이 나왔다), 아동의 친사회적 행동과 공격 행동을 같은 학생이 평가하는 측정 도구도 포함시켰다.

이 연구는 첫 번째 연구 결과를 반복 검증하고 확장했다. 구체적으로 살펴보면 ROE 집단에서는 비교 집단에 비해 감성적 이해와 친사회적 행동이 유의미하게 증가했고 공격 행동은 유의미하게 줄었다. 예를 들어 첫 번째 연구 결과와 마찬가지로 ROE 집단에서는 교사가 한 학년 동안 평가한 적극적 공격 점수가 줄어든 반면에 비교 집단에서는 이 점수가 늘었다. 또한 ROE 집단에서는 교사가 평가한 관계적 공격 점수가 유의미하게 줄었다. 사전 검사에서 몇 가지 공격성을 보인 아동만 따로 평가한 결과, 사후 검사에서 적극적 공격 점수가 ROE 집단 아이들은 67퍼센트가 줄어든 반면, 비교 집단 아이들은 오히려 64퍼센트가 늘었다. 관계적 공격에서도 비슷한 양상이 나타났다. ROE 집단에서는 61퍼센트가 줄었고, 비교 집단에서는 67퍼센트가 늘었다.

한 학년이 끝날 무렵 교사가 평가한 ROE 집단 아동의 공격성이 줄었을 뿐 아니라 다른 아동도 ROE 집단 아동을 친절하고 친사회적이라고 평가했다. 특히 ROE 집단 아동은 또래 평가에서도 비교 집단에 비해 친사회적 행동(돕기, 나누기, 협력)과 친사회적 성격(친절함, 신뢰감, 다른 사람의 입장에 서보는 능력)이 향상됐다는 평가를 받았다.

2002~2003 시골-도시 평가

2002학년에는 ROE 평가를 확대하여 시골과 도시에서 ROE의 효과를 검증하는 연구를 포함시켰다. 시골과 도시 학교에서 4학년에서 7학년까지 학생 419명을 표본으로 연구했다.(ROE 집단 10학급, 비교 집단 10학급) 이번에도 ROE 집단의 학년, 성별, 인종 및 민족 구성, 교사의 경험 등 주요 요인을 비교 집단과 일치시켰다.(아동의 30퍼센트가 영어를 모국어로 사용하지 않는 가정 출신이었다.) 교사와 또래 친구가 아동의 감성 이해와 사회 행동을 평가하고, 이번에는 아동의 자녀 양육에 대한 믿음(예컨대 자녀 양육의 효과)을 측정하는 평가 도구와 함께 교실의 소속감과 지지 수준을 평가하는 도구도 포함시켰다.

이 연구는 이전 연구 결과를 반복 검증하고 확장했다. ROE 집단에서는 한 학년 동안 친사회적 행동, 관계적 공격, 반응적 공격에 대한 교사 평가 점수에서 긍정적인 변화가 나타났다. 또 ROE 집단에서는 사전 검사와 사후 검사에서 이들 행동이 개선된 반면에 비교 집단에서는 개선된 모습을 보이지 않았다. 마찬가지로 ROE 집단은 비교 집단과 달리 친사회적 행동, 친사회적 성격, 또래 수용에 대한 또래 친구들의 평가에서 높은 점수를 받았다. 다시 말해서 ROE 아동은 비교 집단 아동보다 친절하고 배려심이 많은 아이로 비춰지고, 한 학년이 끝날 무렵에는 같은 반 친구들에게 호감을 준다는 뜻이다. ROE 학급이 서로를 배려하는 따뜻한 분위기로 바뀌는 것은 교실의 지지적 분위기를 평가하는 결과에서도 드러난다. ROE 집단 아동은 비교 집단에 비해 교실의 지지적 분위기와 자율성(교실에서 '목소리'를 내는 정도)을 높게 평가했다. 이런 결과는 ROE 프로그램의 생태학적 관심을 입증하고 서로를 배려하는 분위기를 조성하는 것이 얼마나 중요한지 보여준다. 또한 자녀 양육의 효율성에 관한 결과도 특기할 만하다. 즉 ROE 집단 아동은 비교 집단에 비해 스스로 부모 역할을 이해하는 능력에서 긍정적인 변화를 보였다.

프로그램 실행 평가

흔히 프로그램 실행이라고 하면 '의도대로 프로그램을 전달하는 정도'나 '실제로 프로그램을 구성하는 요소'라고 말한다. 프로그램의 실행을 평가하는 작업은 프로그램의 효과를 평가하는 데 꼭 필요한 과정이다. 그러나 현실적으로 실행 평가가 제대로 이루어지지 않고 있다. 예를 들어 뒤락(1997)은 사회-감성 능력 향상 프로그램을 평가하면서 1,200개 프로그램 중에 5퍼센트에만 실행 평가 정보가 포함되어 있다고 지적했다.

실행 과정과 검증

실행에는 두 가지 요소가 있다. 실행 과정과 실행 검증이다. 실행 과정에는 프로그램 진행자가 프로그램을 정확하게 전달하는 데 필요한 모든 단계가 포함된다. 실행 검증은 프로그램이 원래 의도대로 실행되었는지 평가하는 것이다.(예컨대 투입량, 프로그램 충실도, 참가자 반응)

바이스버그Weissberg와 그린버그Greenberg(1998)는 학교 및 지역 사회에서 실시하는 예방 프로그램을 폭넓게 검토하면서 실행 과정 수준이 높은 프로그램은 강사가 프로그램의 이론적 배경을 잘 이해하고 있고, 훈련 및 교육 내용 설명서, 현장 멘토링 등이 잘되어 있으며, 학교 당국의 지원 수준이 높다는 특징을 보인다고 지적한다. ROE를 안정적이고 철저하게 실행하기 위한 단계를 살펴보면 바이스버그와 그린버그가 제기한 구성 요소가 모두 포함되어 있음을 알 수 있다. 따라서 ROE는 실행 과정 수준이 가장 높은 프로그램이다.

하지만 실행 과정만으로는 충분하지 않다. 프로그램 실행 수준을 체계적으로 검증할 필요가 있다. 2001~2002년에 캐나다에서 4학년부터 7학년 사이의 ROE 학급을 대상으로 실시한 연구는 바로 이 부분에 초점을 맞추었다. 구체적으로 말해서 프로그램 투입량과 질을 평가하기 위해 ROE 강사와 교사는 프로그램 이전과 이후에 ROE 프로그램의 실행을 평가하는 질문지를 작성했다.

분석 결과 몇 가지 흥미로운 사실이 드러났다. 우선 프로그램 투입량(ROE 강사 한 명이 학생들에게 제공하는 수업 시간)의 경우 강사 14명의 평균 수업 횟수는 25.21회였으며, 범위는 23회에서 26회 사이였다. 따라서 ROE 강사와 학급 전체에서 프로그램 투입량이 매우 높은 것으로 나타났다. 프로그램 실행의 차원과 그 결과의 연관성도 조사하여 다음과 같은 결과를 얻었다.

- 강사의 경력은 ROE 아동이 아기의 울기에 관해 아는 내용이 늘어나는 정도와 상관이 있었다.
- 강사의 경력은 교사가 평가한 관계적 공격성의 유의미한 감소와 상관이 있었다.
- ROE 교사가 ROE 프로그램의 효과를 긍정적으로 믿는 태도는 ROE 아동의 적극적 공격과 관계적 공격의 감소와 상관이 있었다.
- 강사가 이전에 ROE 교육을 전달해 본 경험은 ROE 아동이 아기의 울기와 연관된 감정 상태를 아는 정도와 긍정적인 연관성을 보였고, 관계적 공격과 적극적 공격의 감소와도 연관성을 보였다. 이 결과는 강사와 교사가 ROE를 2~3년 진행해 본 경험이 있으면 아동의 결과가 좋게 나온다는 이전 연구 결과와 일치한다.(Pepler, King, & Byrd, 1991)

- ROE 시간에 열심히 참여한다고 평가받은 아동은 다른 아동보다 감정과 아기의 감정 상태를 잘 이해했다.

요컨대 이상의 결과는, 프로그램 실행 과정은 아동의 평가 결과에 영향을 미치므로 프로그램을 제대로 진행하는 것이 중요하다는 사실을 강조한다.

: 주 :

1장

1. Yau, Maria. "Roots of Empathy: Overall feedback from classroom teachers and students." Toronto: Roots of Empathy, 2003. 마리아 야우의 2003년 연구에서 유치원생부터 8학년 학생까지 '공감의 뿌리'에 참여한 학생들 중 95퍼센트는 아기가 방문한 시간이 어땠냐는 질문에 "아주 좋았다"고 높은 점수를 주었다.
2. McCain, Hon. Margaret Norrie, and Mustard, J. Fraser. "Early Years Study: Reversing the Real Brain Drain." Toronto: Publications Ontario, April 1999: 7.
3. 메이트리 재단은 캐나다의 사설 자선 단체로 1982년에 설립됐다. 메이트리 재단은 캐나다에서 빈곤과 불평등을 줄이고 강력한 시민 공동체를 세우는 데 앞장섰다. 그리고 변화를 일으키고 공공의 선을 이끌어낼 수 있는 이념과 지도자, 기관을 찾아서 지원하고 자금을 마련하는 방식으로 목표를 달성하려고 노력한다.(메이트리 웹사이트 www.maytree.com에서 인용)
4. Bettelheim, Bruno. *A Good Enough Parent: A Book on Child-rearing*. New York: Alfred A. Knopf, 1987.
5. Kohn, A. "Caring kids: The role of schools." *Phi Delta Kappan*, 72/7, 1991: 496~506. Gallo, D. "Educating for Empathy, Reason and Imagination." *The Journal of Creative Behavior*, 23/2, 1989: 98~115.
6. Schweinhart, L.J., Barnes, H.V., & Weikart D.P. "Significant benefits: The

High/ Scope Perry Preschool Study through age 27." In *Monographs of the High/ Scope Educational Research Foundation*, Ypsilanti: High/ Scope Press, 1993: 10.

7. Hoffman, M. L. *Empathy and Moral Development: Implications for Caring and Justice*. New York: Cambridge University Press, 2000.

2장

1. McCollough, T.E. *Truth and ethics in school reform*. Washington: Council for Educational Development and Research, 1992.

2. Ekman, P., Sorenson, E.R. & Friesen, W.V. "Pan-cultural elements in facial displays of emotions." *Science*, 164: 875, 1969: 86~88. 문자를 사용하지 않는 뉴기니 부족을 연구한 결과, 얼굴에 드러난 수많은 표정을 일본, 브라질, 미국의 피험자와 같은 방식으로 식별했다.

3. Zahn-Waxler, C. & Yarrow, Radke M. "The development of altruism: Alternative research strategies." In *The Development of Prosocial Behavior*, ed., N. Eisenberg, New York: New York Academic Press, 1982.

4. Hoffman, Martin L. *Empathy and Moral Development: Implications for Caring and Justice*. New York: Cambridge University Press, 2000.

5. Eisenberg, Nancy. *The Caring Child*. Cambridge: Harvard University Press, 1992.

6. Five-year-old Kingsley Okuru fell to his death from his apartment balcony in Toronto at around 10:45 p.m. on June 5, 2004./ 2004년 6월 5일 오전 10시 45분에 다섯 살 소년 킹슬리 오쿠루가 토론토의 아파트 베란다에서 떨어져 사망했다.

7. Olweus, D. *Bullying at School: What We Know and What We Can Do*. Cambridge: Blackwell, 1993.

8. Jones, B.F. "The New Definition of Learning: The First Step to School Reform." In *Restructuring to Promote Learning in America's Schools: A Guidebook*, Elmhurst: North Central Regional Educational Laboratory, 1990: 19.

3장

1. Denham, Susanne A. *Emotional Development in Young Children.* New York: The Guilford Press, 1998.

5장

1. Eliot, Lise. *What's Going on in There? How the Brain and Mind Develop in the First Five Years of Life.* New York: Bantam Books, 1999: 27.
2. Gopnik, Alison. *The Scientist in the Crib: Minds, Brains and How Children Learn.* New York: William Morrow & Co., 1999: 106.
3. Pollak, Seth D., & Kistler, Doris J. "Early experience is associated with the development of categorical representations for facial expressions of emotion," *Proceedings of the National Academy of Sciences USA,* 99: 13, 2002: 9072~6.
4. Gunnar, M.R., & Nelson, C.A. "Event-related potentials in year-old infants predict negative emotionality and hormonal responses to separation," *Child Development,* 6S, 1994: 80~94.
5. "The Early Years Study." 1장의 주 2 참조.

6장

1. Chess, S. & Thomas, A. *Know Your Child: An Authoritative Guide for Today's Parents.* New York: Basic Books, 1987.
2. *Ibid.*
3. Bourgeois, Paulette. *Franklin Has a Sleepover.* Toronto: Kids Can Press, 1996.

7장

1. Bowlby, John. *A Secure Base: Parent-Child Attachment and Healthy Human Development.* New York: Basic Books, 1988. 이 책에서 보울비는 메리 에인스워스와 메리 메인이 진행한 대규모 애착 연구를 참조한다.
2. Shonkoff, Jack P. & Phillips, Deborah A., Eds. *From Neurons to Neighborhoods: The Science of Early Childhood Development.* Washington: National Academy

Press, 2000: 225~266.
3. *Ibid.*
4. *Ibid.*
5. Bowlby, John. *A Secure Base: Parent-Child Attachment and Healthy Human Development.* New York: Basic Books, 1988.

8장

1. Sorce, J.F., et al. "Maternal emotional signaling: Its effect on the visual cliff behavior of 1-year-olds," *Developmental Psychology,* 21: 1, 1985: 195~200.
2. Brazelton, Berry & Greenspan, Stanley. *The Irreducible Needs of Children.* New York: Perseus Books, 2000: 121~122.
3. Greenberg, M.T, et al. "Promoting emotional competence in schoolaged children: The effects of the PATHS curriculum," *Development and Psychopathology,* 7, 1995: 117~136
4. Saarni, Carolyn. *The Development of Emotianal Competence.* New York: The Guilford Series on Social and Emotional Development, 1999.
5. Kohn, A. "Caring Kids: The Role of the Schools," *Phi Delta Kappan,* 72/7, 1991: 496~506.
6. Gallo, D. "Educating for Empathy, Reason and Imagination," *The Journal of Creative Behavior,* 23: 2, 1989: 98~115.

9장

1. Brazelton, Berry & Greenspan, Stanley. *The Irreducible Needs of Children.* New York: Perseus Books 2000: 148.
2. Kaiser Family Foundation, News Release re *Kids & Media @ The New Millennium,* November 17, 1999. www.kff.org
3. Children Now: "Tuned in or Tuned Out? America's Children Speak Out on the News Media," 1994. www.chiidrennow.org

10장

1. Glossop, Dr. Robert. "Interview: Dr. Robert Glossop of the Vanier Institute of the Family." *Link (Roots of Empathy Newsletter)*, 1: 1, 2002: 1.
2. Zeigler, S & Yau, M. "Do parenting and family literacy centres make a difference?" Toronto: Toronto District School Board Report, 2001.
3. Tremblay, R.E., et al. "Do children in Canada become more aggressive as they approach adolescence?" In *Growing up in Canada: National Longitudinal Survey of Children and Youth*, Human Resources Development Canada and Statistics Canada, Ottawa: Statistics Canada, 1996: 127~137.

11장

1. 1999년 1월 영국 맨체스터에서 여덟 살의 메리 벤담이 자기 방에서 줄넘기 줄로 목을 매 자살했다. 더 이상 학교에서 괴롭힘을 당하기 싫다는 이유였다.
2. 2000년 11월 미션, B.C.에서 열네 살의 돈 매리 웨즐리가 십대 소녀 세 명과 통화한 직후에 스스로 목숨을 끊었다. 웨즐리는 유서에 그동안 괴롭힘을 당해왔고, 죽음만이 유일한 탈출구라고 생각한다고 써놓았다.
3. 2002년 4월 노바 스코티아, 할리팩스에서는 성 아그네스 학교에 다니는 열네 살의 에멧 프랠릭이 반 친구들에게 괴롭힘을 당해왔다는 이유로 자기 방에서 권총으로 자살했다. 에멧은 얌전하고 친구들에게 친절한 학생이었다.
4. Underwood, Marion K. *Social Aggression Among Girls*. New York: The Guilford Series on Social and Emotional Development, 2003.
5. Olweus, D. *Bullying at School: What We Know and What We Can Do*. Oxford: Blackwell, 1993.
6. Tremblay, R.E. et al. "Developmental trajectories of childhood disruptive behaviors and adolescent delinquency: A six site, cross-national study." *Developmental Psychology*, 39: 2, 2003: 222~245.
7. "Bullying at School." 11장 주 5 참조.
8. Baillargeon, R., Tremblay, R.E. & Willms, J.D. "Physical aggression among toddlers, does it run in families?" In *Vulnerable Children: Findings from Canada's National Longitudinal Survey of Children and Youth*. Ed. Willms,

J.D. Edmonton: University of Alberta Press, 2002: 121~130.

12장

1. Connor, Sarah K. & McIntyre, Lynn. "The effects of smoking and drinking during pregnancy." In *Vulnerable Children: Findings from Canada's National Longitudinal Survey of Children and Youth.* Ed. Willms, J.D. Edmonton: University of Alberta Press, 2002: 131~145.
2. Source: *Canadian Council on Smoking and Health*, 1993.
3. Source: *Health Canada, Government of Canada*, 1996.

13장

1. Caprara, G.V., et al. "Prosocial foundations of children's academic achievement." *Psychological Science*, 11, 2000: 302~306.
2. Gardner, Howard. *Frames of Mind: The Theory of Multiple Intelligences.* New York: Basic Books, 1983.

14장

1. Cook, Cynthia & Willms, Douglas J. "Balancing Work and Family Life." In *Vulnerable Children: Findings from Canada's National Longitudinal Survey of Children and Youth.* Ed. Willms, J.D. Edmonton: University of Alberta Press, 2002: 183~197.
2. Eisenberg, Nancy. *The Caring Child.* Cambridge: Harvard University Press, 1992: 87 references the study of Oliner, S.P. & Oliner, P.M. "The Altruistic Personality: Rescuers of Jews in Nazi Europe." New York: Free Press, 1988.

15장

1. Roots of Empathy research, Appendix B: p.239 참조. Grateful acknowledgements to Kathleen Cotton for "Developing Empathy in Children and Youth", her report on empathy research, School Improvement Research Series, North West Regional Education Laboratory (2001).

부록 1

1. *Statistics Canada (2000). Youth Court Statistics 1997-8.* Ottawa: Canadian Centre for Justice Statistics

부록 2

1. 브리티시컬럼비아 대학은 현재 킴벌리 스코너트 레이첼 박사와 클라이더 허츠먼 박사의 주도하에 캐나다를 비롯해 여러 국가에서 실시되는 모든 '공감의 뿌리' 평가를 총괄한다. 허츠먼 박사는 공감의 뿌리 연구위원회의 자문위원으로 활동하기도 한다. 마지막으로 지금까지 브리티시컬럼비아 대학에서 실시된 모든 공감의 뿌리 평가를 위해 스코너트 레이첼 박사가 개발하거나 선정한 평가 도구는 캐나다와 일본, 호주에서 공감의 뿌리 평가에 사용되고 있다.

: 참고 문헌 :

- Battistich, V., Solomon, D., Watson, M., & Schaps, E. 1997. "Caring school communities." *Educational Psychologist*, 32, 137~151.
- Campos, J., Mumme, D., Kermoian, R., & Campos, R. 1994. "A functionalist perspective on the nature of emotion." *Monographs of the Society for Research in Child Development*, 59 (2-3), 284~303.
- Canadian Education Statistics Council. 2000. Education Indicators in Canada: Report of the Pan-Canadian Education Indicators Program 1999.
- Cohen, J., ed. 2001. *Caring Classrooms/Intelligent Schools: The Social Emotional Education of Young Children*. New York: Teachers College Press.
- Conduct Problems Prevention Research Group. 1999. Initial impact of the fast track prevention trial for conduct problems: II. Classroom effects. *Journal of Consulting and Clinical Psychology*, 67, 648~657.
- Consortium on the School-based Promotion of Social Competence. 1994. "The school-based promotion of social competence: Theory, research, practice, and policy." In *Stress, Risk, and Resilience in Children andAdolescents: Processes, Mechanisms, and Interventions*, eds., R.J. Haggerty, L.R. Sherrod, N. Garmezy, & M. Rutter, 268~316, New York, NY: Cambridge University Press.

- Coie, J.D., & Dodge, K.A. 1998. "Aggression and antisocial behavior." In *Handbook of Child Psychology*: Vol. 3: *Social, Emotional, and Personality Development*, 5th ed., W. Damon and N. Eisenberg, 779~862. New York: Wiley.
- Cook, E.T., Greenberg, M.T., & Kusch?, C.A. 1994. "The relations between emotional understanding, intellectual functioning, and disruptive behavior problems in elementary school aged children." *Journal of Abnormal Child Psychology*, 22, 205~219.
- Denham, S.A. 1998. *Emotional Development in Young Children*. New York: Guilford.
- Denham, S.A., & Burton, R. 1996. "A social-emotional intervention program for at-risk four-year-olds." *Journal of School Psychology*, 44, 224~245.
- Dodge, K.A., & Coie, J.D. 1987. "Social-information processing factors in reactive and proactive aggression in children's peer groups." *Journal of Personality and Social Psychology*, 53, 1146~1158.
- Doll, B., & Lyon, M.A. 1998. "Risk and resilience: Implications for the delivery of educational and mental health services in schools." *School Psychology Review*, 27, 348~363.
- Dryfoos, J.G. 1990. *Adolescents at Risk: Prevalence and Prevention*. New York: Oxford University Press.
- Durlak, J.A. 1995. *School-based Prevention Programs for Children and Adolescents*. Thousand Oaks, CA: Sage.
- Durlak, J.A. 1997. *Successful Prevention Programs for Children and Adolescents*. New York: Plenum Press.
- Durlak, J.A., & Wells, A.M. 1997. "Primary prevention mental health programs for children and adolescents: A meta-analytic review." *American Journal of Community Psychology* 25, 115~152.
- Eisenberg, N., & Miller, P.A. 1987. "The relation of empathy to prosocial and related behaviors." *Psychological Bulletin*, 101, 91~119.
- Elias, M.J., Zins, J.E., Weissberg, K.S., Greenberg, M.T., Haynes, N.M.,

Kessler, R., Schwab-Stone, M.E., & Shriver, T.M. 1998. *Promoting Social and Emotional Learning: Guidelines for Educators.* Alexandria, VA: Association for Supervision and Curriculum Development.

- Farrington, D.P. 1991. "Childhood aggression and adult violence: Early precursors and later-life outcomes." In *The Development and Treatment of Childhood Aggression*, ed., D.J. Pepler & R.K. Rubin, 5~29. Hillsdale, NJ: Erlbaum.
- Farrington, D.P. 1992. "Explaining the beginning, progress, and ending of antisocial behavior from birth to adulthood." In *Facts, frameworks and forecasts: Advances in criminological theory*, vol. 3, ed., J. McCord, 253~286. New Brunswick, NJ: Transaction.
- Feshbach, N.D. 1979. "Empathy training : A field study in affective education." In *Aggression and Behavior Change: Biological and Social Processes*, ed., S. Feshbach & Fraczek, 234-249. New York: Praeger.
- Feshbach, N.D. 1983. "Learning to care: A positive approach to child training and discipline." *Journal of Clinical Child Psychology*, 12(3), 266~271.
- Greenberg, M.T., Domitrovich, C., & Bumbarger, B. 2001. "The prevention of mental disorders in school-aged children: Current state of the field." *Prevention &Treatment*, 4, 1~48.
- Greenberg, M.T., Kusche, C.A., Cook, E.T., & Quamma, J.P. 1995. "Promoting emotional competence in school-aged children: The effects of the PATHS curriculum." *Development and Psychopathology*, 7, 117~136.
- Hoffman, M.L. 1981. "Is altruism part of human nature?" *Journal of Personality &Social Psychology*, 40(1), 121~137.
- Institute of Medicine. 1994. *Reducing Risks for Mental Disorders: Frontiers for Preventative Intervention Research.* Washington, D.C.
- Izard, C.E., Fine, S., Mostow, A., Trentacosta, C., & Campbell, J. 2002. "Emotional processes in normal and abnormal development and preventive intervention." *Developmental and Psychopathology*, 14, 761~787.
- Locher, R., Wung, P., Keenan, K. & Giroux, B. 1993. "Parameters influencing

social problem-solving of aggressive children." In *Advances in Behavioural Assessment of Children and Families: A Research Annual*, vol. 5, ed., R.J. Ping, 31~63. London: Kingsley.
- Miller, P.A., Brehm, K., & Whitehouse, S. 1998. "Reconceptualizing schoolbased prevention for antisocial behavior within a resiliency framework." *School Psychology Review*, 27, 364~379.
- Miller, P.A., & Eisenberg, N. 1988. "The relation of empathy to aggressive and externalizing/antisocial behaviors." *Psychological Bulletin*, 103, 324~344.
- National Advisory Mental Health Council. 1990. National Plan for Research on Child and Adolescent Mental Disorders (DHHS Publication No. 90-1683). Washington, DC: U.S. Department of Health and Human Services.
- Organization for Economic Co-operation and Development. 1995. Our Children at Risk.
- Offer, D., & Schonert-Reichl, K.A. 1992. "Debunking the myths of adolescence: Findings from recent research." *Journal of the American Academy of Child and Adolescent Psychiatry*, 31, 1003~1014.
- Offord, D.R., Boyle, M., & Racine, Y.A. 1991. "The epidemiology of antisocial behavior in childhood and adolescence." In *Development and Treatment of Childhood Aggression*, eds., D.J. Pepler & K.H. Rubin, 31~52. Hillsdale, NJ: Erlbaum.
- Parke, R.D., & Slaby, R.G. 1983. "The development of aggression." In Handbook of Child Psychology: vol. 4, *Personality and Socialization Processes*, 547~641, ed., E.M. Hetherington, 4th ed. New York: Wiley.
- Patterson, G.R. 1993. "Orderly change in a stable world: The antisocial trai as a chimera." *Journal of Consulting and Clinical Psychology*, 61, 911~919.
- Pepler, D.J., King, G., & Byrd, W. 1991. "A social-cognitively based social skills training program for aggressive children." In *Development and Treatment of Childhood Aggression*, eds., D.J. Pepler & K.H. Rubin, 361~379. Hillsdale, NJ: Erlbaum.
- Romano, E., Tremblay, R.E., Vitaro, F., Zoccolillo, M., & Pagani, L. 2001.

"Prevalence of psychiatric diagnosis and the role of perceived impairment: Findings from an adolescent community sample." *Journal of Child Psychology and Psychiatry*, 42, 451~461.
- Saarni, C. 1999. *The Development of Emotional Competence*. New York: Guilford.
- Schonert-Reichl, K.A. 1993. "Empathy and social relationships in adolescents with behavioral disorders." *Behavioral Disorders*, 18, 189~204.
- Schonert-Reichl, K.A., & Hymel, S. 1996. "Promoting social development and acceptance in the elementary classroom." In *Teaching Students with Diverse Needs*, ed., J. Andrews, 152~200, Toronto, Canada: Nelson Canada.
- Schonert-Reichl, K.A., Smith, V., Zaidman-Zait, A., 2005. Effects of the *"Roots of Empathy" Program on Children's Emotional and Social Competence*. Manuscript submitted for publication.
- Shipman, K., Zeman, J., Penza, S., & Champion, K. 2000. "Emotion management skills in sexually maltreated and nonmaltreated girls: A developmental psychopathology perspective." *Development and Psychopathology*, 12, 47~62.
- Steinhauer, P. D. 1996. *Developing Resiliency in Children from Disadvantaged Populations*. Ottawa: National Forum on Youth.
- Staub, E. 1988. "The evolution of caring and nonaggressive persons and societies." *Journal of Social Issues*, 4.4, 81~100.
- Weissberg, R.P., & Greenberg, M.T. 1998. School and community competence-enhancement and prevention programs. In *Handbook of child psychology: vol.5. Child psychology in practice*, ed., I.E. Siegel & K.A. Benninger. 877~954, 5th ed. New York: Wiley.

: 감사의 글 :

먼저 소중한 시간을 내서 아기를 데리고 '공감의 뿌리' 교실에 와주신 수많은 부모님들께 감사의 말씀을 드립니다. 값진 경험을 나눠준 '공감의 뿌리' 강사들과 멘토, 교사 여러분, 그리고 하루도 빠짐없이 '공감의 뿌리'에 열정과 확신을 보여준 연구원 여러분께도 감사의 인사를 전합니다. '공감의 뿌리' 창립위원이자, 이 프로그램이 연구를 기반으로 하는 탄탄한 프로그램으로 발전할 수 있도록 이끌어준 댄 오포드 박사 영전에 사랑과 감사를 바칩니다. 그는 제게 소중한 것이 무엇인지 일깨워주었습니다.

캐나다 최초로 '공감의 뿌리'를 후원해 준 기업, 메릴 린치에도 감사드립니다. '공감의 뿌리' 이사회 여러분은 우리가 꿈을 향해 하루하루 포석을 놓을 수 있도록 정확한 방향을 제시하고 지원을 아끼지 않았습니다. 감사합니다. 늘 활기찬 모습으로 이 책이 나오기까지 누구보다도 큰 힘이 되어준 수전 쿡에게도 인사를 전합니다.

그리고 저를 믿고 이 책을 믿으며, 끈기 있게 기다려주고 격려해 준 토머스 앨런 출판사의 패트릭 크린과 짐 앨런에게 감사드립니다. 초고를 읽고 긴 시간 저와 함께 토론하며 값진 의견을 준 조안 그린도 고맙습니다. 오랜 친구이자 후원자이며 '공감의 뿌리' 초기에 프로그램을 함께 이끌어준 헤더 맥팔레인과 크리스토퍼 사르손에게도 인사 전합니다. 여러 방면에서 이 책을 쓸 수 있게 도와준 모든 분께 감사드립니다.

남편 키이스는 제게 든든한 버팀목이 되어주었습니다. 딸 멜라니는 무한한 참을성을 발휘하며 집필을 도와주었습니다. 아들 에릭은 내게 늘 영감을 주었습니다. 큰 오빠 그윈 다이어는 긴 시간 함께 토론하면서 좋은 의견을 주고 응원해 주었습니다. 언니 수전 나이트는 내 삶에서 늘 새로운 가능성을 열어주는 분입니다. 남동생 데이브와 제프 다이어는 집필 초반에 전략을 세우는 데 도움을 주고 항상 격려와 사랑을 아끼지 않았습니다. 모두 감사합니다.

비서 셰리 포가티는 집필 후반부에 들어왔지만 항상 번거로운 일을 처리해 주고 이 책의 정신을 진심으로 받아들여 주었습니다. 캐스린 마틴의 뛰어난 편집 능력과 침착하게 배려하는 마음에 감사드립니다. 크리스틴 보이어는 아동 미술에 대한 열정으로 아이들의 작품을 꼼꼼히 정리해 주었습니다. 덕분에 이 책을 빛나게 할 작품을 고를 수 있었습니다.

케이트린 브루바커는 지적인 탐구와 열정, 그리고 끝없이 온화한 마음으로 작업을 도와주었습니다.

이 책의 판매 수익은 전액 '공감의 뿌리' 사업부로 들어가서 아이들의 공감 발달을 지원할 것입니다. 아이들 한 명 한 명이 세상을 바꾸는 데 일조할 것입니다.

샨티 회원제도 안내

샨티는 사람과 사람, 사람과 자연, 사람과 신과의 관계 회복에 보탬이 되는 책을 내고자 합니다. 만드는 사람과 읽는 사람이 직접 만나고 소통하고 나누기 위해 회원제도를 두었습니다. 책의 내용이 글자에서 머무는 것이 아니라 우리의 삶으로 젖어들 수 있도록 함께 고민하고 실험하고자 합니다. 여러분들이 나누어주시는 선한 에너지를 바탕으로 몸과 마음과 영혼에 밥이 되는 책을 만들고, 즐거움과 행복, 치유와 성장을 돕는 자리를 만들어 더 많은 사람들과 고루 나누겠습니다.

샨티의 회원이 되시면

샨티 회원에는 잎새·줄기·뿌리(개인/기업)회원이 있습니다. 잎새회원은 회비 10만 원으로 샨티의 책 10권을, 줄기회원은 회비 30만 원으로 33권을, 뿌리회원은 개인 100만 원, 기업/단체는 200만 원으로 100권을 받으실 수 있습니다. 그 외에도,

- 신간 안내 및 각종 행사와 유익한 정보를 담은 〈샨티 소식〉을 보내드립니다.
- 샨티가 주최하거나 후원·협찬하는 행사에 초대하고 할인 혜택도 드립니다.
- 뿌리회원의 경우, 샨티의 모든 책에 개인 이름 또는 회사 로고가 들어갑니다.
- 모든 회원은 샨티의 친구 회사에서 프로그램 및 물건을 이용 또는 구입하실 때 할인 혜택을 받을 수 있습니다.
- 샨티의 책들 및 회원제도, 친구 회사에 대한 자세한 사항은 샨티 블로그 http://blog.naver.com/shantibooks를 참조하십시오.

샨티의 뿌리회원이 되어
'몸과 마음과 영혼의 평화를 위한 책'을 만들고 나누는 데
함께해 주신 분들께 깊이 감사드립니다.

개인

이슬, 이원태, 최은숙, 노을이, 김인식, 은비, 여랑, 윤석희, 하성주, 김명중, 산나무, 일부, 박은미, 정진용, 최미희, 최종규, 박태웅, 송숙희, 황안나, 최경실, 유재원, 홍윤경, 서화범, 이주영, 오수익, 문경보, 여희숙, 조성환, 김영란, 풀꽃, 백수영, 황지숙, 박재신, 염진섭, 이현주, 이재길, 이춘복, 장완, 한명숙, 이세훈, 이종기, 현재연, 문소영, 유귀자, 윤홍용, 김종휘, 보리, 문수경, 전장호, 이진, 최애영, 김진회, 백예인, 이강선, 박진규, 이욱현, 최훈동, 이상운, 김진선, 심재한, 안필현, 육성철, 신용우, 곽지희, 전수영, 기숙희, 김명철, 장미경, 정정희, 변승식, 주중식, 이삼기, 홍성관, 이동현, 김혜영, 김진이, 추경희, 해다운, 서곤, 강서진, 이조완, 조영희, 이다겸, 이미경, 김우, 조금자, 김승한, 주승동, 김옥남, 다사, 이영희, 이기주, 오선희, 김아름, 명혜진, 장애리, 신우정, 제갈윤혜, 최정순, 문선희

단체/기업

샨티 이메일로 이름과 전화번호, 주소를 보내주시면 샨티의 신간과 각종 행사 안내를 이메일로 받아보실 수 있습니다.

이메일 : shantibooks@naver.com
전화 : 02-3143-6360   팩스 : 02-6455-6367